世界银行

公共财政管理系列丛书

U0836809

地方公共财政管理

沙安文 主编
大连市财政局翻译小组 译

中国财政经济出版社

图书在版编目（CIP）数据

地方公共财政管理/（美）沙安文主编；大连市财政局翻译小组译．—北京：中国财政经济出版社，2012.9

（公共财政管理系列丛书）

书名原文：Local Public Financial Management

ISBN 978－7－5095－3408－3

Ⅰ.①地…　Ⅱ.①沙…　②大…　Ⅲ.①地方财政－公共管理：财政管理　Ⅳ.①F810.7

中国版本图书馆CIP数据核字（2012）第047807号

著作权合同登记号：图字01－2012－4671

责任编辑：胡　博　　　　责任校对：黄亚青

封面设计：郁　佳　　　　版式设计：兰　波

中国财政经济出版社出版

URL：http：//www.cfeph.cn

E－mail：cfeph@cfeph.cn

（版权所有　翻印必究）

社址：北京市海淀区阜成路甲28号　邮政编码：100142

发行处电话：88190406　财经书店电话：64033436

北京财经印刷厂印刷　各地新华书店经销

787×1092毫米　16开　14印张　250 000字

2012年9月第1版　2012年9月北京第1次印刷

定价：40.00元

ISBN 978－7－5095－3408－3/F・2885

（图书出现印装问题，本社负责调换）

本社质量投诉电话：010－88190744

Local Public Financial Management
Copyright © 2007 by The International Bank for Reconstruction and Development/The World Bank
1818 H Street, N. W., Washington, D. C. 20433, U. S. A.

《地方公共财政管理》版权由国际复兴开发银行/世界银行所有

This work was originally published by The World Bank in English as *Local Public Financial Management* in 2007. This Chinese translation was arranged by China Financial & Economic Publishing House (CFEPH). CFEPH is responsible for the quality of the translation. In case of any discrepancies, the original language will govern.

本著作由世界银行最初于2007年以英文出版，书名为《地方公共财政管理》。

中文翻译工作由中国财政经济出版社组织完成。中国财政经济出版社将对翻译质量负责。如出现任何与原版的不一致，以原版语言为准。

一切观点、解释及结论均为本书作者所持有，不代表世界银行的执行董事或其所代表的政府的观点。

世界银行不对著作中包含的数据的准确性提供保证。书中任何地图上的边界、颜色、名称及其他信息不表示世界银行对任何区域法律地位的判断或对于任何边界的认可与接受。

前　言

《地方公共财政管理》一书是世界银行为了完善发展中国家的公共支出管理和财政问责制度改革而编著的文献。本书提供了地方政府财务会计和报告的概述，介绍了较为成熟的现金管理实践，详尽阐述了使用透明的采购程序减少腐败，以及反腐败中外审的作用和审计方法，并就如何以及何时使用债务，怎样评估债务支付能力，以及如何管理债务等给予了实践指导。

本书反映的发展中国家财政领域存在的热点、难点和焦点问题，在我们财政工作中也不同程度地存在。自2000年部门预算改革实施以来，我们先后开展了收支两条线、国库集中收付、政府采购、政府收支分类等多项改革，为提高公共财政管理水平奠定了基础。但我们应该看到，在公共财政管理当中还存在很多问题，如财政管理透明度不高，政府财务报告不完整，内部控制和审计制度不健全，政府债务管理不规范等等。解决这些问题需要我们在工作中不断的探索和思考，而《地方公共财政管理》一书无疑也为我们提供了很好的指导和借鉴。

考虑到本书对我国财政管理工作具有较强的借鉴意义，同时也为了激发大连市财政局干部职工注重学习、钻研业务、更新知识和提高素养的热情，大连市财政局党组经过研究，决定成立大连市财政局翻译小组，利用业余时间翻译此书。经过一年多的辛苦付出，译书终于付梓出版。

本书由大连市财政局翻译小组负责翻译，其中：第一、二章由战宇翻译；第三、四章由王家永翻译；第五章由战宇、王政力翻译；第六、七章由王政力翻译。本书的翻译出版得到了大连市政府主要领导的肯定和支持，得到了中国财政经济出版社和世界银行的指导和帮助，在此表示衷心的感谢！

由于初次译书，经验不足，水平有限，恐有失误，恳请读者谅解。

大连市财政局局长　毛岩亮

2012 年 7 月

目　录

序

200 多年来，西方民主制度中政府结构的制衡体系是政府有效行使管理职能的核心，赋予了公民应享有的权利。公务员和决策者的动机——公共部门因为其工作所受的表彰与惩罚——都是从国家责任的框架出发的。完善的公共部门管理和健全的政府支出有利于经济发展和社会公平，特别是有利于穷人和弱势群体，比如老年人和妇女。

然而，很多发展中国家的政府管理体系仍然经常运作不力，存在着寻租和渎职行为、资源分配不当、税收体制效率低下以及一些关键的公共服务设施质量不高等问题。管理不善导致的直接后果是穷人和一些弱势群体（如妇女儿童、少数民族等）无法享受到公共服务。在解决这些普遍关注的问题时，从普通的发展援助团体到世界银行都在不懈努力，希望从世界各地的实践中汲取经验教训，可以更清楚哪些措施可以提高公共服务的管理质量，哪些措施不可以，特别是在反腐倡廉和为贫困人口提供服务方面。

公共部门治理与问责系列丛书从实践出发，为提高公共服务部门的效率和公平性，以及加强职能部门的管理责任，提供了方法和经验教训，丰富了我们这方面的知识。这套丛书所主张的框架是要创造一个激励型的环境，并在政府职能部门内外形成一种对优秀管理的推动力。这个框架列举了公民如何要求政府对所做事情负责的行政机制，并为如何取得结果和审慎的财政管理提供了较为实用的指导。本书列举了对付腐败和渎职的方法，为拓展公共服务领域的几个适用框架提供了理论和指导。本书还提出保护穷人、妇女、少数民族和其他弱势群体利益的措施，加强发表意见和退出的行政结构安排，评价政府公共项目的方法，建立负责任政府的管理框架，以及财政联邦制和地方政府管理等问题。

本套丛书将有助于政府官员、发展经济的实践者、学习发展经济学的学生以及那些对发展中国家公共管理感兴趣的人士进行这方面的研究。

Frannie A. Léautier

世界银行学院副院长

致　谢

过去的三年中，本书将世界银行学院为学习项目准备的关于地方财政管理的学习模块进行了组合。这些学习模块及在本书的出版主要是由瑞典政府通过与世界银行的公共支出和财政问责（PEFA）合作项目提供的资助，该项目也由本书编辑负责指导。日本政府为编辑此书提供了额外的资金支持。本书编辑感谢瑞典国际发展代理机构（斯德哥尔摩）的 Hallgerd Dryssen 为 PEFA 项目提供的全程指导和支持；此外，感谢 Bengt Anderson、Goran Anderson、Gunilla Bruun、Alan Gustafsson 和对此项目的设计和发展作出贡献的 PEFA 项目外部咨询部的其他成员。

本书从非洲及其他地区主要政策制定者和主流学者对世界银行学院学习项目的贡献中受益良多。尤其特别感谢：南非应用财政研究中心经理，Tania Ajam；加拿大财政部前代理副部长，Paul Boothe；南非国家财政部部长，Neil Cole；斯德哥尔摩普华永道，Anders Haglund；杜克大学教授，Roy Kelly；乌干达财政部公共财政咨询师，Florence Kuteesa；印第安娜大学教授，John Mikesell；南非国家财政部总干事，Ismail Momoniat；以及开普敦南非民族机构，Christina Nomdo。

本书编辑向撰写本书章节的主要学者表示感谢，对给予本书评论的杰出评论家表示感谢。对 Anupam Das、Alta Folscher、Adrian Shall 和 Chunli Shen 在本书筹备各个阶段提供的帮助和对各章的编辑修改表示感谢。

对 Stephen McGroarty 确保本书快速出版、Dina Towbin 优秀的编辑管理和 Denise Bergeron 确保本书优秀的印刷质量表示感谢。

本书作者

沙安文

编写人员介绍

AAD BAC，荷兰蒂尔堡大学会计学院主任，会计学教授，主要的研究领域是政府会计。自 1993 年以来，他一直是荷属安的列斯大学的客座教授。从 1974 年到 2001 年，作为德勤会计师事务所的合伙人和法律上的前责任人，他将学术与实践合而为一。在实践及学术事业中，他专门从事财务报告、财务管理、行政组织和信息系统（作为一名顾问），以及公共部门审计（作为一名执业审计师）等方面的工作。他发表各种论文，出版书籍，并在其他大学和国家就这些议题进行讲学。

MUSTAFA BALTACI，土耳其检查委员会副主任。2005 年，他是世界银行关于财政管理、问责制、财政分权、内部控制和审计方面的研究分析师。MUSTAFA BALTACI 获有宾夕法尼亚大学行政管理硕士学位和公共财政专业文凭。

W. BARTLEY HILDRETH，堪萨斯公共财政中心和威奇托州立大学巴顿商学院公共财政方面杰出的特聘教授和主任。他曾是 2005 年秋季蒙特利尔麦吉尔大学公共政策的富布莱特访问研究学者。

JESSE HUGHES 博士，在过去 10 年，为国际会计师联合会进行研究，为许多国家的政府财务管理问题提供咨询，这些国家包括亚美尼亚、阿塞拜疆、波斯尼亚、黑塞哥维那、马其顿、马拉维、摩尔多瓦、尼日利亚、阿拉伯、叙利亚和赞比亚。Tesse Hughes 是弗吉尼亚州汉普顿市汉普顿大学和弗吉尼亚州诺福克市奥多明尼昂大学名誉会计教授，讲授会计和财务管理课程长达 20 年。教学之前，Jesse Hughes 曾作为审计员、管理分析师、系统分析师、首席会计师和审计主任，为联邦政府工作 20 年。他是政府财务经理国际联盟的公共基金月刊的主编，并且是董事会成员。

ROWAN JONES，英国伯明翰大学公共部门会计学教授。《公共部门会计》一书的合著者（与 M. W. Pendlebury）（第五版，2000 年）和《欧洲政府会计与预算改革》一书的合编者（与 K. Luder）（2003 年；中文翻译，2005 年）。

M. CORINNE LARSON，1999 年 7 月加入 MBIA 资产管理集团，为企业的第三方账户管理市场和客户服务，并提供现金管理方面的技术和咨询服务。她以前曾担任政府财政官员协会（GFOA）研究中心的主任助理，负责协会的现金管理规划。她是现金管理和投资主题常见的演讲人，是包括《公共基金投资》（第二版）等在内的许多著作的工作者。她担任《公共投资者》和 GFOA 每月投资通讯的编辑达 7 年，并是 GFOA 退休和福利常务管理委员会的成员。此外，她拥有超过 10 年的企业财务管理经验，获有财经专家协会授予的国际财资管理师证书，是协会专业杂志《金融理财师交流》的编辑咨询委员，并获有南本德印第安纳大学艺术学士学位，印第安纳圣母大学工商管理硕士学位。

CLIFFORD P. MCCUE，佛罗里达大西洋大学公共管理学院副教授。他的教学和研究领域在公共管理、公共采购和公共政策方面。他是佛罗里达大西洋大学公共采购研究中心的高级研究学者。

GERALD J. MILLER，新泽西州州立大学、罗格斯大学公共政策和管理学院教授，讲授公共预算和财政课程。他曾是加拿大渥太华大学 2007 年春季公共政策和管理的富布莱特访问研究学者。

ERIC W. PRIER，佛罗里达大西洋大学政治学系副教授。他的教学和研究领域在政治，公共采购和公共政策方面。他是佛罗里达大西洋大学公共采购研究中心的高级研究学者。

Anwar Shah，最权威的经济学家，是华盛顿世界银行学院公共部门治理项目组长，也是德国慕尼黑财政国际研究所执行委员会成员，加拿大艾伯塔省公共经济研究所成员。他曾在加拿大财政部和阿尔伯塔省政府部门工作，负责联邦—省和省—地方之间的财政关系的协调。他还就阿根廷、澳大利亚、巴西、加拿大、中国、德国、印度、印度尼西亚、墨西哥、巴基斯坦、波兰和土耳其等国家的财政体制改革提出建议。Anwar Shah 是世界银行援助治理改革评估报告的主要作者。他发表了大量关于治理、反腐败、财政管理、财政联邦制、地方治理、公共及环境经济学等方面的论文。

SERDAR YILMAZ，世界银行资深的社会发展经济学家，致力于权力下放、地方治理和问责制等问题的研究。加入社会发展部之前，他在世界银行学院（WBI）负责协调世界银行学院关于公共财政的能力建设、政府间关系和地方财务管理的发展等课程。他主要的研究领域是分析公共部门问责制，发展中国家政府间政策和区域发展模式下基础设施服务作用的分析。他的研究成果发表在学术期刊和编辑在该领域主要的学术书籍中。他获有弗吉尼亚州乔治梅森大学（费尔法克斯市）公共政策博士学位。

总 论

Anwar Shah

透明、谨慎的地方财政管理对建设地方公共部门的诚信、赢得和保持市民对政府的信任是很关键的。这样的诚信和信任在一些发展中国家，尤其在非洲地区的地方政府中，有时是缺失的。本书试图对有兴趣建立健全的财政管理系统的地方政府提供实际指南。权威的国际专家们对地方财政管理的所有相关方面——现金管理、内部控制、会计、审计和债务管理作出了许多贡献。

Rowan Jones 在第一章提供了关于地方政府财务会计和报告的所有概要。这章从确定财务会计和报告的传统职能，即对交易和预算会计的正确记录开始。然后，解释了收付实现制、权责发生制和基金会计在履行会计传统职能时的作用。重要的是，这章讨论了会计传统职能如何被扩展到包括所有相关的应计项目，并把每个地方政府作为一个整体来提供财务报告。这章还解释了预算如何有效地采用权责发生制，强调了最近被认为是会计理论和实践重要部分的产出核算，讨论了地方政府会计和国家会计之间日益增强的相关联系。最后，鉴于权责发生制财务报告的重要性在不断增加，这章阐述了国际公共部门会计准则。

M. Corrine Larson 在第二章关注了地方政府现金管理的实践。根据政府组织的规模和结构，财务负责人或总会计师负责地方政府的现金管理。现金管理职能主要包括征收政府应收收入，支付政府运营费用，投资闲置资金，保障政府资金的安全。技术和不断扩大的投资权力使政府现金管理方式发生了革命性变化。现在，现金管理已是重要的财政职能。作者在这章强调地方政府的主要职能之一是征收收入。地方政府的收入来源包括罚款、规费、税金、营业执照收费、许可证收费特别评估收费。政府应及时征收收入，将收入记入适当的资金账户，并尽快存入相应的银行账户。政府应通过使公民的支付过程简单、方便，以及加强对逾期账户的征收管理，来征收所有应收收入。

作者认为，负责现金管理职能的财政官员必须确保地方政府在及时征收的基础上，用具有成本效益的方式履行支付义务。现金管理另一个同样重要的目标是提供资金需求信息，有效地管理资金流动性的不确定性。财政官员通过了解支出需求，可以作出有效的投资决策。

现金管理的重要职能是投资。多年来，政府不断被赋予权力，对过剩的资金进行投资。扩大的投资权力可以使政府提高投资收入。然而，财政官员必须保证资金安全，作出谨慎的投资决定。投资职能不可或缺的内容是现金流预测，它决定了政府何时有投资资金，有多少投资资金以及这些资金可以投资多久。

此外，通过实施有效的内部控制和资金集中程序，对公众存款实行中央保险限额担保（例如美国联邦存款保险公司的担保限额是 10 万美元），以及与金融机构和其他业务伙伴建立和保持良好的工作关系等措施，财政官员在现金管理周期的所有阶段必须保证公共资金的安全。一个运行良好的现金管理计划能保证政府的资金安全，并使资金有效地使用。

Clifford P. McCue 和 Eric W Prier 在第三章确保地方政府采购活动的诚信方面，提供了实践指南。不能高估公共采购对治理的作用，地方政府只有进行有效的协调，才能高效地提供公共产品和服务。本章还阐述了地方政府采购中的腐败机会，讨论了发展中国家从事采购的官员的腐败动机和激励因素。作者通过检验优秀治理和健全的采购政策与实践之间的联系，使用几个例子解释了地方采购程序如何减轻发展中国家的腐败，阐明了遵守正规的采购流程可以提供所需的反腐败措施。此外，本章还就构成公共采购的主要概念，例如透明、公平、可持续和正义等进行了讨论。

本章的结论是，在发展中国家公共领域内开展优秀的治理，就要通过采用合理的采购实践来发挥采购中的体制和人的能力，使采购人员在倡导伦理道德的实践中发挥主要作用。

Gerald T Miller 和 Barfley W Hildreth 在第四章讨论了地方债务管理，回答了如何使政府可以制定一套适合其具体情况的财政政策问题。问题谈及的主题是如何使用债务，何时使用债务，如何评估债务支付能力，使用什么样的债务，如何发债以及如何管理债务。在第一个方面，本章将借入资金的使用和来源放在系统的分析中，讨论了借入资金的目的和来源，以及对资本改善计划的需要。第二个方面涵盖了适合举债，以及在规划和法律框架下可以利用债务的具体项目。第三个方面涉及的是一个地区可以负担的债务，用众所周知的措施建立了地方债务支付能力的分析框架。第四个方面概述了债务类型和每个类型的重要特征。第五个方面概述了发债的程序。最后一个方面提供了对借入债务管理的详细信息，包括从投资过程到再融资，到面对财务紧急状况时债务偿还管理的过程。

Jesse Hughes 在第五章讨论了关于确保效率和诚信的地方政府内部控制。内部控制的法定和监管基础在政府间各不相同。本章阐明了构成内部控制的原则、必须遵循的核算规则、资源的使用和预算支出的规则。本章内部控制的例子有助于管理人员确保内部控制制度是全面和有效的。

内部控制可以定义为包括对财务和其他整个系统的控制，建立内部控制制度可以提升组织运营的效果和效率，提高财务信息和报告的可信度，以及提供符合法律和法规的制度保证。因为组织在规模和复杂性的发展上超出了个人的直接控制，需要书面的控制系统来管理运营，所以内部控制是必要的。随着组织面临范围广泛的财务和行政风险，内部控制对识别、评估和控制这些风险是必要的。

内部控制制度提供了正确管理预算机构事务的保证，但因为所有的制度容易受到人为错误的影响，所以预算负责人必须保持警惕。内部控制程序面临的主要风险是管理过度、勾结、腐败，因不遵守程序导致工作量出现高峰、低谷或人员缺勤，以及员工不具有执行程序的知识和技能，对程序本身有误解，不理解程序的重要性。

美国特德威委员会下属的发起人委员会（COSO）开发了内部控制的整体框架，这个框架后来并入了风险管理的整体框架。内部控制基本上可以帮助组织实现绩效目标，防止资源流失，有助于保证财务报告的可信度，帮助组织遵守法律和规章，避免损害组织声誉和导致其他后果。总之，内部控制有助于组织实现目标，避免过程中的失误和意外。COSO 指出，在组织内设立审计职能，可以有效监督内部控制系统的效果和效率。

地方政府的所有工作人员有责任评估其所负责领域的风险，并建立必要的内部控制程序减少风险。建立内部控制程序的基本规则是："管理"要负有建立和实施内部控制的职责，"审计"要负有查明内部控制是否充分和有效的职责。

Mustafa Baltaci 和 SerdarYihmaz 在第六章讨论了发展中国家内部控制和审计的作用。他们认为，在过去的 20 年中，发展中国家的财政权力下放一直是公共部门改革的核心。然而，发展中国家最近的改革显示，因为浪费、腐败和效率低下，权力下放不一定产生更好的效果。权力下放的成功与否取决于是否有让地方政府按目标运行并使地方政府官员对结果负责这样的框架，而这恰恰是最近权力下放改革中缺少的两个部分。作者建议，应通过发展地方层面的内部控制和审计的概念框架，缩小执行差距。作者还分析了内部控制在财政管理实践中的作用，特别指出在地方政府建立内部控制和审计制度的必要步骤。

Aad Bac 在第七章首先解释了为什么审计政府部门不同于审计私营商业机构。本章借鉴发达国家的学者在公共管理方面的研究成果，阐述了环境因素和公共部门有关任务因素对审计的影响。作者指出，政府审计的广度和内容的一个重要标准是关于国家自由裁量权的立法。因此，在世界各国的管辖区域内，政府审计的程度和内容有很大的差异。至于审计范围，政府审计人员可能会对简单的预算执行情况或全面的财务报告进行审计。有时，审计范围不包括财务票据，而是侧重于审计对象的作为、管理方式或绩效；有时，审计对象制定的制度也是被评判的范围。

审计范围可以涵盖审计财务报告、政策范围和项目内容的合法和合规。审计范围当然也可以包括财务报告的质量，这要根据报告的种类，对财务报告的合理或者真实、公允出具意见。这些审计的例子是针对有序的和可核查的财务管理和绩效的审计。审计重点是处理滥用权力，使用法律、法规不适当，或诈骗和腐败。本章还简要回顾了政府审计的可能用户，解决政府审计的组织构成和组织方式，总结了审计报告指南。

第一章

财务会计报告

Rowan Jones

地方政府会计像所有其他会计一样，关注特定时间特定组织的需要。会计制度是100多年前最初在英国和美国得到发展的会计专业的产物，会计制度日益要求地方政府会计加入其中，成为会计制度的一部分[①]。

地方政府会计独有的难题是地方政府在提供免费服务，或通过税收和拨款获得资金时，如何记账的问题。地方政府的最终责任通常由在有限和短暂时间内被赋予权力的政治家承担，直到下一届选举。

会计作为一种控制，重要的是可以确保财务廉洁和反腐败。现今，地方政府会计与其他类型组织的会计一样具有影响力。然而，从会计行业初始，私营部门会计就系统地与一个更广意义的会计联系——用货币衡量企业绩效。企业所提供服务的价值通过从销售获得的货币确定，因为货币还被用来衡量所提供服务的成本，所以货币提供了一个衡量企业绩效的通用方法。就货币而言，政府必须与企业在同一市场上购买商品或服务，所以地方政府提供服务的成本可以用货币计量。但政府服务的接受者不用货币来表达满意度，因此用货币衡量政府绩效的方法是不适用的。

对这一难题的传统反应是，政府会计的作用被限制在正确的交易记录，预算支出控制和最小支出上。有关服务提供的数量和质量问题都留给了服务行业和政治家。然而，20 世纪下半叶，接二连三的改革都有着相同的基本前提：假设资源稀有，对所提供服务的明确的数量衡量（不是质量衡量）与对资源消耗的衡量相联系能产生更好的服务。虽然会计师对改革有时起重要作用，但这些改革往往不是源自会计师。这些改革的目的是增加经济衡量，减少政治影响。从会计技术和实际执行的观点来看，改革按时间顺序以三种形式出现：20 世纪 70 年代以前，以预算为主；随后，以审计为主；从 20 世纪 90 年代至今，改革以权责发生制会计为主。

通常，地方政府会计先于国家政府会计改革，并逐步地进行。但 20 世纪 90 年代，无论在理论上，还是在不断增多的实践上，最突出的改革都出现在国家一级。在此之前，中央政府以控制为目的的收付实现制预算会计制度是准则，并在很大程度上是不容置疑的。而现今，收付实现制正受到质疑，并从根本上向权责发生制转变。

20 世纪下半叶，英美企业的会计制度最明显的变化是出现了关于外部财务报告的成文规定。美国首先将上述规定用于股票交易所上市的公司。会计法规往往伴随着概念框架，对会计目标和为取得这些目标作出限制性说明。1984 年，美国政府会计准则委员会建立，委员会对国家和地方政府负责，之后，政府会计法规第一次在较大范围内使用。20 世纪 90 年代，会计界通过其全球组织（国际会计师联合会，总部设在纽约市），开始为附带说明材料的政府会计和报告制订国际公共部门会计标准（IPSAS）。

迄今，财务困境和欺诈的存在是会计制度向权责发生制会计转变的最主要原因。财务困境通常意味着政府开支太高，以致使贷款人或纳税人不能承担。财务困境和欺诈不是会计的一个职能，但会计通常会被直接或间接牵扯进去。会计制度发生改变也往往是管理方式发生更广泛变化的结果。

收付实现制会计本质上忽略了太多的经济活动，所以会计制度向权责发生制的改变是有必要的。在实践中，权责发生制会计结合现金收付制会计，是可用的最完整的记录和估量经济活动的方法。对政府的内部管理或是外部问责来说，收付实现制会计不能反映真实情况。当然，实行权责发生制会计也不是无成本的。更多、更高质量的信息涉及更高的处理费用，而且还需要通过培训使权责发生制的好处被充分了解。此外，权责发生制会计在解决现金流被操纵问题的同时，也带来了其自身不可忽略的可信性问题，因此还需要对权责发生制会计另外审计。在其他条件相同，并且相关性不大的前提下，就性质而言，收付实现制会计比权责发生制会计更可信。

财务会计报告的传统职能

政府财务会计报告的传统职能是交易的正确记录和预算会计。

交易的正确记录

在管理理论和实践背景下，变化通常被认为是有益的，会计制度的变化也被认为是有益的。但是，管理的所有要素中，会计尤其抵制变化。所以，对交易的正确记录和对预算开支的控制这些传统中心职能并没有改变。在经济繁荣期，这些中心职能可能不足，但永远不能被忽视。虽然它们不是防范腐败的充分条件，但却是必要的先决条件。在政府会计中，传统中心职能一直特别牢固，这也是会计理论和实践在许多组织中保持长久不变的主要原因。但复杂的会计制度不必保持这些传统中心职能。

交易记录是会计制度的基础。关于这些记录是由所有组织用标准化方式记账[②]，还是由每个组织自己决定怎样记账，存在一个两极分化的争论。即使由组织自己决定怎样记账，对交易结果进行一些统一分类也是必须的。争论的不同观点取决于对会计系统提供有意义的统一分类程度的看法（例如成本）。一种极端的观点认为统一记录形成统一类别；相反的观点认为，不同组织的经济情况不同，统一记录不能反映这种不同。不管基本纪录是否已经以统一的方式进行，在实践中，尤其是政治家和非财务经理对某种程度的统一记录的需求必须被满足。

记录交易的一些现有制度是单式记账法，其他一些制度是复式记账法。在英、美国家，单式记账法已经过时[③]。过去，很少有全面的、综合的记录制度（辅助制度的使用很普遍），但信息技术系统的流行改变了这种状况。

政府会计的中心职能一直是对交易的正确记录这一内部财务控制职能。与此密切相关的是对预算支出的控制。

预算会计

预算是对资金的需求，对地方政府来说，是对来自税收和拨款的公共资金的需求。在最终形式中，预算是从立法机关获得征税权的政府行政部门对资金的需求。在地方政府中，预算可被视为政府官员对政治家的议会权力的要求。

因此，预算根本不是会计制度的产物，但是，预算一旦获得批准，首席财务官的职责就是监管预算的实际支出，提供内部或外部财务控制的主要形式。预算的形式和内容非常影响财务控制的程度，因此，即使财政官员不总是能做到，也还是希望在预算需求的形成中起核心作用。而且，即使衡量标准经常是模糊的，地方政府也通常被要求平衡预算（预算开支来源于税收资金），这增加了预算会计的影响力。

传统上，预算被用来对政府的各个方面施加中央财政控制。已制定的许多预算规定仍在用来提供控制。其中一个规定是预算仅提供一年的资金，之后就失效（有时被称为“年度性”）。另一个规定是预算提供总收入，因此，预算负责人获取的任何收入都必须上缴中央金库（“总预算原则”）。强调中央财政控制也与公众的钱要花费在买到最便宜物品上的想法有关，尤其在日常事务、经常开支等方面。

随着时间的推移，预算形式与所有财务报表形式一样，也在不同的组织和国家间变化。预算传统的共同特征出现了，在过去五六十年里，这些特征一直受到挑战，特别是通过技术，预算已将重点从必须按照预算支出（投入）什么，向从预算支出中实现（产出和结果）什么转变 。虽然这个全面替代方案（项目预算和零基预算是两个主要的例子）还没有被完全接受，但构成方案的要素具有预算相关性，已被使用。

传统预算以组织结构为基础，尤其与政府内负责预算资金支出的官员紧密联系。预算的这个特征适用于预算无论是高度集中还是显著下放的情形——组织结构决定预算。

预算通常要列出使用申请的资金（即投入）购买所需的物品。这是非常广泛的规定，但在极端的例子里，也可以是单个数额。预算通常在很多细节上被特殊规定。全部雇员成本可以被分解成具体项目，如加班工资。但是，无论什么层级的规定，预算通常是个投入清单，称为分项目。

预算也倾向于以下一财政年度为中心。这个年度要求体现预算的另一个共同特征：对下一年度的申请是根据上一年度预算的边际变化来调整的（通常被称为渐进）。这个特征的本质是既然预算根据以前年度的边际变化进行调整，预算就不应总是增加的，从理论上说，预算可能是递减的。

总之，传统上，预算是分项目预算，其递增的需求反映了组织结构。预算以货币表示，是申请资金的正常方式。因为这些预算具体明确了谁花钱，购买什么，所以预算还非常有助于提供财政官员需要的财务控制。这不仅符合财政官员的需求，也有利于保护纳税人的公众利益。预算作为法规被通过是很常见的，这从某种程度上更加强调了预算控制的重要性。这些传统预算职能是会计师所关注的关于财务廉洁的一部分。

图 1 – 1 是分项目预算报告的一个例子。在实践中，特别是在权责发生制下，预算会计的基础不同于财务报表会计。在这种情况下，预算会计的基础和权责发

生制会计之间要能有效地协调。

权责发生制预算的比较

20××年（财务报告的日期）

货币单位	最初预算	修订后预算	实际发生	差额：少于(多于)
收入				
税收	×××, ×××	×××, ×××	×××, ×××	×××, ×××
拨款	×××, ×××	×××, ×××	×××, ×××	(×××, ×××)
服务收费	×××, ×××	×××, ×××	×××, ×××	×××, ×××
总收入	×××, ×××	×××, ×××	×××, ×××	×××, ×××
支出				
各级政府	×××, ×××	×××, ×××	×××, ×××	×××, ×××
部门 A	×××, ×××	×××, ×××	×××, ×××	×××, ×××
部门 B	×××, ×××	×××, ×××	×××, ×××	(×××, ×××)
部门 C	×××, ×××	×××, ×××	×××, ×××	×××, ×××
总支出	×××, ×××	×××, ×××	×××, ×××	×××, ×××
总净支出	×××, ×××	×××, ×××	×××, ×××	×××, ×××

图 1－1 年末预算报告

预算控制的一个重要特点是具有周期性，通常是每月对预算支出进行比较。这需要将年度预算转换成每项预算支出的分解。大部分地方政府预算可以很容易地被分解（薪金，财务费用，在指定的日期按合同支付的运营费用），但一些项目的分解可能比较困难。然而，预算的分解是必要的，可以使预算负责人规避外来不间断的关于支出为什么不是按比例的质疑。

会计基础

政府传统上使用的是收付实现制会计，或以收付实现制为基础的会计。一些政府部门也使用承诺确认会计。此外，基金会计的一些形式也被普遍采用。

收付实现制会计

收付实现制会计强调对交易事项，即关于每项交易的单独记录。这些记录被定期地总结（每周，每月和每年的收入和支出）、分类（支付月薪，月运营费用，月税收收入），并经常与预算进行比较。这些记录对各种组织（和个人）来说是所有会计制度的基础。会计制度强调会计以实际发生的、可核实的交易为基础。交易记录要与地方政府的银行账户相符。收付实现制会计提供营运收支表（支出减收入）和非常简单的资产负债表（现金余额）。

图1-2和图1-3提供了收付实现制核算下两个财务报表的例子。在这两种情况下，地方政府也可以在报表中列示前一财政年度的可比数字。

营运收支表

20xx年（财务报告的日期）

	货币单位
收入	
税收	xxx, xxx
拨款	xxx, xxx
借款	xxx, xxx
贸易收入	xxx, xxx
总收入	x, xxx, xxx
支出	
薪水,工资和雇员其他报酬	xxx, xxx
供给物和消费品	xxx, xxx
拨款	xxx, xxx
资本支出	xxx, xxx
总支出	x, xxx, xxx
现金的增加(减少)	x, xxx
年初现金余额	xx, xxx
年末现金余额	xxx, xxx

图1-2　分项目收付实现制会计下的营运收支表

完全收付实现制会计只有当现金流出，或流入地方政府时才确认交易。然而，除了最简单的交易，会计制度还可以有效识别所有交易期间的其他事项。购买的三个事项通常包括订购商品或服务，收到附发票的商品或服务，以及支付现金。而收入被确认通常只包括两个事项：提供附发票的商品或服务，以及收到现金。对预定商品和服务的确认被称为承诺确认会计，将在下部分讨论。在任何信用经济中，除最简单的，其他所有交易都以提供或接受的信用为基础，所以对收到或提供商品和服务的确认是必要的。在收付实现制会计下，使用信用的购买交易按照现金支付、接受有发票的商品和服务后发生的债务来确认。在这样的会计

支　出　表	
20xx 年（财务报告的日期）	
	货币单位
支出	
营运	
服务 A	xxx, xxx
服务 B	xxx, xxx
服务 C	xxx, xxx
其他	xxx, xxx
总营运支出	x, xxx, xxx
资本	
服务 A	xxx, xxx
服务 B	xxx, xxx
服务 C	xxx, xxx
其他	xxx, xxx
总资本支出	x, xxx, xxx
总营运和现金支出	x, xxx, xxx

图 1 - 3　收付实现制会计下详细的营运和资本支出表

制度下，营运收支表记录收到的商品和服务（由支付的现金加上或减去应付账款［贷方］期初和期末间的变化组成），减去收入；同时，资产负债表记录期末应付账款，以及现金余额。

收付实现制会计也确认信用交易的收入，在这种情况下，营运收支表也记录提供商品和服务取得的收入（由现金收入加上或减去应收账款［借方］期初和期末间的变化组成），同时，资产负债表将扩展记录期末应收账款。在地方政府从商品和服务中获得收入的情况下，这样记账是有用的。

然而，地方政府收入的很大比例来自包括中央政府在内的其他层级政府的拨款，以及税收。收付实现制会计对这些种类收入的记录是必要和简单的，虽然确定应收账款和应付账款是有用的，但这通常很困难。“交易”这个词的笼统意义也暗示了这种困难。一个交易意味着至少有两方，每一方都收到一些和放弃一些。当地方政府收到拨款或税收时，要放弃什么？在什么时候？推论开来，当其他层级政府、其他组织或个人给地方政府拨款或纳税时，他们收到什么？在什么时候？这些困难在于三个方面。第一，取得拨款和税收的时间很难确认，因为这不像出售商品和服务那么简单。或许有人会说有一点是完全可以确认的，就是发票开具的时间。但直接的回应是，发票开具的时间也是见仁见智。第二，在判断应得的拨款和税收是否以现金方式收到时，会计制度面临着另外的不确定性。即使在收付实现制会计下，收到现金并不一定意味着该交易完成，因为收到现金后可能很快调整交易记录，也可能很久才调整记录，这自然产生了不确定性。第三，政治家、服务提供者和服务接受者通常对更多的服务有永不满足的需求，这使会计制度通常与谨慎性原则有偏差，以致费用被高估和收入被低估。对于典型的地方政府会计制度来说，只在收到现金时才确认收入；在已收到商品和服务，还尚未付款前，应审慎确认商品和服务。

就收付实现制会计的讨论甚至在当代各层级大型政府中引起了关于簿记制度的问题，尤其是复式簿记制度是否必要的问题。信息技术系统不断取得的快速发展可能使这个问题无关紧要，但在实践中，这个问题还是重要的。原则上，完全的收付实现制会计用单式记账法是高效和有效果的。然而，使用复式记账法对已收发票的确认也是必要的，至少可以利用其毫无疑问的自动平衡的好处。

承诺确认会计

承诺确认会计是对地方政府订购的商品和服务进行确认的会计制度[④]。理论上，会计制度可以设定为对地方政府订购的商品和服务进行确认，但这种制度不可能是实用的。承诺确认会计的主要目的应是预算控制。事实上，承诺确认会计面临的主要困难之一是其与财务报告的关系。

对预算负责人和对预算控制有更多责任的人员来说，与记录收到的商品和服务（这对承诺确认会计是完全不必要的），或记录现金支付（这对所有会计制度是必需的）相比，承诺确认会计提供了更有用的预算支出记录。承诺确认会计是在更早的时点，即在采购商品和服务的官方指令发出时记录支出，所以预算负责人记录的是一个承诺，地方政府因此获得既定价格下既定数量的商品或服务。承诺确认会计取决于所发出的指令，虽然可以涉及许多小的交易，但仅适用于地方政府的部分预算。通常承诺确认会计不适用于不需要提供经常性订单的雇员开支、财务费用，以及运营成本（如煤气、电力、电话）。

承诺确认会计的逻辑是预算负责人想要既不结余也不超支地支出预算。虽然超支比结余更容易受到严厉的惩罚是不合理的，但却经常发生。鉴于实际的重点是不超支，那么比收付实现制会计更谨慎的会计制度就是在指令发出时确认支出，而不是在随后收到商品和服务并付款时才确认支出。

困扰承诺确认会计的三个主要问题是：在某些情况下，承诺确认会计是高成本和不可靠的，其效用也值得怀疑。因为承诺确认会计总是在收付实现制会计之外使用，这显然增加了会计的复杂性。而当它与收付实现制会计制度一起使用时，复杂性变得更大。不仅要有每笔交易的额外记录，而且因为收到的商品数量可能与订购的商品数量不同，价格也可能不同，所以预订商品的记录，不一定与收到商品的记录相同。一个给定交易的初始成本是商品被预定时的成本，当收到商品时又不得不按实际调整成本，当最终支付商品价款、交易结束时，成本会再发生变化。由于承诺确认会计反映大量相对较小的交易，所以额外的记录和修正会产生不可忽略的复杂性。

承诺确认会计在预算控制上的可信性也要比收付实现制会计少。因为承诺确认会计仅仅通过发出指令，就提供了轻松加快预算支出的机会，所以如果预算负责人把预算看作是一个期间的，特别是一年的预算，就会结余资金（按发出的指令计算）。

在理论上，因为发出官方指令不是一件小事，所以用“仅仅”这个词是不恰当的，它通常意味着地方政府承诺收取商品并支付款项。然而在实践中，正常发生在发出指令和支付之间的不确定性可以在支出预算中以不同的方式被人利用。这些方式的范围从合理的可以接受的（在需要商品前少量订购）到不可接受的（订购不打算收取或支付的商品）。承诺确认会计的这个可能的弱点可以通过预算控制者和审计人员加强监管来克服，但会增加额外费用。

从财务报告的角度来看，承诺确认会计的实用性变得更小。因为“支出”太容易被操纵，地方政府不能发布包括已订购但还未收到的商品和服务的预算支出的通用年度外部财务报告。监督预算支出的内部财务报告会记录已订购但还未收到的商品和服务，从内部报告中去掉这部分支出后即为外部财务报告。这使地方政府要使用两个支出标准，一个是内部财务报告使用的，一个是外部财务报告使用的。内部财务报告使用的标准是支出尽可能接近预算，外部财务报告使用的标准（使用支出的更改标准）则是尽可能结余。想提高预算的预算负责人可能会在以后的预算谈判中利用这种差异。

基金会计

会计的一个核心问题是对“报告实体”的定义。这个术语在外部财务报告中最常用，始终很重要，并随着组织在法律和管理上变为更复杂的集成体而显现出更大的重要性。在所有组织的内部会计中，报告实体这个术语也很重要。企业关于外部财务报告实体的主要问题是与集团公司合并财务报表的报告对比。在公司或集团公司内部，争论总是集中在成本中心、利润中心和投资中心的采用上。

在政府会计中，涉及内部或外部会计更常见的问题是如何使用基金和随后这些基金的合并。在这个意义上说，基金是被指定用途，并一开始就与其他资金分离的一个资金资源。在一般情况下，基金会计提供每个基金自成一体的财务报表。基金会计是传统上对财务控制关注的结果，是对特定用途的指定资金技术性上的正常回应。基金会计满足了对单独资源分别核算的需求。

在地方政府里，区分不同类型的收入，随后区分如何使用每一类型的收入是很常见的。一般财产税和专用税（征收前已被指定以特定方式支出的税）收入之间、税收和拨款之间、不同种类的拨款之间、贷款和其他收入之间、使用费和其他收入之间都存在区别。对贷款人或拨款人来说，明确区分收入，或用普通法区别一般财产税或专用税，是很普遍的。地方政府自身在可用于长期和只可用于短期的资源之间作出区分，也是很普遍的。在某些情况下，被外部施加的区分称为限制，被内部施加的称为指定。有这两个区分是正常的，但往往带来复杂性。虽然收入来源可以是明确的，但某一特定地方政府的许多职能是共同进行的，需要在基金和基金间的转移中进行困难的和主观的分配。

关于基金会计的主要争论不是基金的使用（考虑到基金可以增值，所以对一个组织需要的基金数量一直有争论），而是是否应该，或在多大程度上应该对基金整合，特别是在通用的外部财务报告中。基金会计面临的主要问题是其与地方政府作为整体的观点相冲突。特定拨款人可能需要清楚地知道拨款是如何支出的。另外，因为纳税人承担地方政府的最终风险，所以纳税人（无论是地方的还是国家的）也同样需要清楚地知道与地方政府整体有关的拨款是如何支出的。事实上，基于基金会计的复杂性，拨款者也应该明白其他基金的拨款是如何支出的。即使贷款已约定对特定资产有特殊收费，出借人也需要了解支出情况。如果出借人的贷款是以地方政府征税能力为担保的，显然需要将地方政府看作一个整体。

然而，就本质而言，财务报表对基金的合并模糊了单个基金，容易产生误导。合并财务报表显示可以用于任何目的（可能是为社会的一般利益）支出的资源可能被法律限制在有限的用途上，或者合并报表显示现在就可取得并支出的资源实际上只有在长期中才能获得。如果财务报表编制篇幅和复杂度没有限制，那么同时提供单个基金和合并基金财务报表是最好的解决方案。不过，对外部财务报表的约束和趋势性要求是要编制合并财务报表，即使不是整体编制，也应是部分合并编制，并附有为特定需要而单独编制的基金报表。

传统职能的扩展

近几十年来，会计和财务报告的传统职能受到权责发生制会计、权责发生制预算和服务成效衡量的挑战。

权责发生制会计

在理论和实践上，“权责发生制会计”（有时称为应计制会计）含义的差别很大。权责发生制会计最广泛的含义是对地方政府所有收入、支出、资产、负债和现金流的全面和连续记录。权责发生制会计影响交易、定期内部财务报表，以及对外发布的财务报表的记录。权责发生制会计制度的前提是对拥有的资产（现有的地方政府会计制度通常不存在此前提）和发生的负债（或有负债通常除外）的全面记录。

“全面”的含义仍有争议。会计的传统基础过去全是历史成本法。在企业会计实践中，历史成本法在许多方式上正向现值法（越来越多以“公允价值”的形式被提到）的一些形式转变。虽然过去一直尝试现值会计的全面制度，但现值会计制度还不是现有制度的一部分。实践中，在一些政府采用以权责发生制会计为基础的新会计制度中，现值会计即使未被全面采用，也正被更广泛地使用。

本章已讨论了现金收付制会计可以扩展到确认应付款项和应收款项，增加资产负债表的项目，从而影响营运收支表。权责发生制会计确认更多的项目。除了对现金流出的计量，对应付账款的确认意味着会计系统对已收商品和服务的计量。权责发生制会计接下来是确认存货，所以会计制度提供对已使用商品和服务的计量（调整已收到商品和服务在存货期初和期末间的变化）。在这方面，会计制度还对持有的库存进行计量。在地方政府预算的许多组成中，这种调整不会对计量成本产生实际影响，也就不需要调整。对存货价值的计量是困难的，但一直有常规方法进行记录。

在资产负债表的资产部分，完全的权责发生制会计要确认的另一个主要项目是应计折旧资产的折旧。与存货一样，折旧涉及的问题包括对已使用商品和服务的成本进行相关的计量。应计折旧资产最常见的例子是设备和车辆。权责发生制会计提供了资产负债表中应计折旧的资产价值，以及运营表中发生的折旧费用。

然而，有些类别的资产不能清楚地界定为应计折旧资产。其中一类经常被称为文物资产（例如有重要历史意义的遗址），这些资产正常情况下是不出售，不可更换的，并且可能需要保护，通常不需要折旧。有些人坚持认为这类资产不能也不应该有经济价值。另一类存在争议的是基础设施资产（例如输水管），这类资产被认为应该有一个包括保证其未来维修成本的系统的工程计划，应对这类资产提供比折旧更有意义的成本计量。事实上，这个观点已被广泛地应用到建筑物上：只要一个建筑物有用的经济年限无限期地保持下去，则可以不对其计提折旧。

资产中还有一些是不计折旧的资产，其对经营成本没有直接影响，但应记录在资产负债表中，以提供所有资产的全面记录。最明显的例子是土地，在正常情况下，不对土地计提折旧。其他的例子还包括那些在某些情况下可被计提折旧，但已被调整为不计提折旧的资产。

在负债部分，加上收付实现制可能确认的短期应付款项，所有明确的负债都应被记录。在权责发生制下，对利息费用的记录是对营运收支表最重要的影响。除了与收付实现制会计一样记录已支付的利息外，完全权责发生制会计下的营运报表还记录所有债务的到期利息。

图1-4、图1-5和图1-6提供了权责发生制下三个主要财务报表的例子。如果这些报表是根据国际公共部门会计标准编制的，就有前一财政年度的比较数字。图1-5权责发生制的营运收支报表提供了根据所购买的内容分类的费用(月薪、时薪、用品等)。

财务状况表

20××年（财务报告的日期）

	货币单位
资产	
流动资产	
现金和现金等价物	×××，×××
应收账款(借方)	×××，×××
存货(库存)	×××，×××
预付款	×××，×××
投资	×××，×××
流动资产总计	×，×××，×××
非流动资产	
应收账款(借方)	×××，×××
投资	×××，×××
其他财务资产	×××，×××
基础设施、厂房和设备	×××，×××
土地和建筑物	×××，×××
非流动资产总计	×，×××，×××
资产总计	×，×××，×××
负债	
流动负债	
应付账款(贷方)	×××，×××
短期借款	×××，×××
长期借款的流动部分	×××，×××
准备金	×××，×××
流动负债总计	×，×××，×××
非流动负债	
应付账款(贷方)	×××，×××
长期借款	×××，×××
准备金	×××，×××
非流动负债总计	×，×××，×××
负债总计	×，×××，×××
净资产总计	×，×××，×××
净资产	
政府投入的资本	×，×××，×××
储备金	×××，×××
累积盈余(赤字)	×××，×××
净资产总计	×，×××，×××

图1-4　权责发生制的财务状况表

损 益 表	
20××年（财务报表的日期）	
	货币单位
营运收入	
税金	×××, ×××
规费	×××, ×××
拨款	×××, ×××
其他	×××, ×××
营业收入总计	×, ×××, ×××
营运费用	
管理	×××, ×××
A 服务	×××, ×××
B 服务	×××, ×××
C 服务	×××, ×××
营运费用总计	×, ×××, ×××
营运活动盈余(赤字)	×××, ×××
财务成本	×××, ×××
设备销售收益	×××, ×××
营业外收入合计(费用)	×××, ×××
非经常项目前的净盈余(赤字)	×××, ×××
非经常项目	×××, ×××
年度净盈余(赤字)	×, ×××, ×××

图 1－5　权责发生制的营运收支报表

净资产变化报表

20××年（财务报表的日期）

货币单位	投入资本	重估价准备	累积盈余（赤字）	合计
期初余额	×××, ×××	×××, ×××	×××, ×××	×××, ×××
会计政策变化	(×××)	n. a.	(×××)	(×××)
修正后期初余额	×××, ×××	×××, ×××	×××, ×××	×××, ×××
财产重估增值	n. a.	×, ×××	n. a.	×, ×××
投资重估赤字	n. a.	(×, ×××)	n. a.	(×, ×××)
财务绩效报表确认的净盈利和净损失	n. a.	×××	n. a.	×××
年度净盈余(赤字)	n. a.	n. a.	×, ×××, ×××	×, ×××, ×××
期末余额	×, ×××, ×××	×, ×××, ×××	×, ×××, ×××	×, ×××, ×××

图 1－6　权责发生制的净资产变化报表

由于现金在任何组织都具有重要性，权责发生制财务报表附有现金流量表。这个表的理想形式是从现金账户直接获取数字（因此被称为直接法）。图 1－7 就是一个例子。

现金流量表 20 ×× 年（财务报告日期）	
	货币单位
运营取得的现金流	
收入	
税收	×××, ×××
商品和服务的销售	×××, ×××
拨款	×××, ×××
其他	×××, ×××
支付	
雇员成本	(×××, ×××)
供应商	(××, ×××)
已付利息	(××, ×××)
其他支出	(××, ×××)
运营取得的净现金流	×, ×××, ×××
投资取得的现金流	
购买设备	×××, ×××
销售设备取得的收入	×××, ×××
投资取得的净现金流	×, ×××, ×××
财务活动取得的现金流	
贷款收入	×××, ×××
支付贷款	×××, ×××
财务活动取得的净现金流	××, ×××
现金和现金等价物的净增加(减少)	××, ×××
年初现金和现金等价物	××, ×××
年末现金和现金等价物	××, ×××

图 1－7　直接法下的现金流量表

虽然“权责发生制会计”不要求每个组织都编制一套合并财务报表，但实际上这却是被希望的。除最小型政府之外，所有地方政府的组织结构都是复杂的，所以合并要以决定哪些组织应包括和哪些组织不应包括在合并报表内为基础。典型的两难决定是在采取“所有权”标准可能产生的法律确定问题之间，或者是在采取“控制”标准可能产生的政治或经济标准问题之间难以兼顾。

权责发生制会计经常在要作权责制调整的财务会计和报告制度中被讨论。但是，对收入、费用、资产、负债和现金流量的全面计量，是与内部管理账户一样重要的，所以管理人员要对它们有一个完整的记录。

虽然对政府权责发生制会计的争议一直存在，但其具有的好处也是显而易见的。现金收付制会计制度对影响政府运作的经济事件仅提供有限的反映。最重要的是，现金收付制会计无法对政府提供的服务成本作任何有经济意义的计量，只有权责发生制会计可以。当然，在实践中，尤其在权责发生制会计是历史成本会计时，权责发生制会计可能达不到理想的效果。现在，政府会计的明显例子是采用现值会计形式。

权责发生制会计相对于收付实现制会计有个另外的好处，因为收付实现制会计太简单而很容易被操纵，特别是在从一个会计年度推迟到另一个会计年度支付现金的时候。此外，由于任何全面的会计制度必然包括现金流的记录，在原则上，完全的权责发生制会计制度完善了现有的收付实现制会计制度。

显见的好处总是要增加成本。权责发生制会计核算具有更大的复杂性，必须加强教育和培训，以及配备更先进的硬件和软件。此外，无论权责发生制会计是以历史成本还是以现行成本为基础，从本质上来说，都充满了主观判断。最后，尽管会计准则和审计限制了相同数据的不同计量的范围，但计量间的区别绝不会被完全根除。

权责发生制预算

权责发生制预算从权责发生制会计制度而来。预算与实际比较，无论是正式还是非正式的，都是重要的，所以实际值是预算的基础。然而，作为一个术语和一种实践，权责发生制预算既不是众所周知的，也不好被理解。在企业会计中，尽管不使用这个术语，但实践中还是常见的：编制预计的损益表和资产负债表就是预算的一部分。这种做法移植到传统以收付实现制为基础的政府预算中，就需要预算负责人改变对支出的思考方式。举例来说，在完全权责发生制下，支出包括应计折旧资产的折旧费用，许多预算负责人需要强调折旧费是支出的一部分。

在实践中，权责发生制会计保留了承诺确认会计和收付实现制会计的基础⑤，常被从预算会计中分离出来，作为一项独立的会计制度使用。权责发生制账户提供了丰富的额外数据，但因为当涉及财务问题时，大多数人的注意力仍然在预算上，所以这些数据不必然改变政府发挥职能的方式。

服务成效衡量

近几十年来，对政府的各种衡量在逐渐增多。随着非财务衡量的增多，更多的财务衡量已经产生并公布。鉴于信息处理技术的可行性，储存和复制已经变得很容易，所以对政府展开衡量不会产生什么困难。但对这种衡量的增加有一个基本前提：假设资源匮乏，对政府所提供服务明确的数量衡量与资源消耗以及产生更优质服务的衡量相关。

公共部门审计的重点是廉洁（也被称为合规性），更具体在支出是否正确和支出是否符合预算。虽然有时不直接言明，但通常很明确，这种审计是对财务报表的审查。

要审核支出的适当性，其中之一是必须对所提供服务的质量和数量作出判断，但由于以前并非总是衡量这些因素，所以它们在审计中的作用微乎其微。除了对支出合规性和财务报表的审查外，政府审计人员必须考虑服务所耗费的资源，对所提供服务的数量和质量发表意见，这个在20世纪70年代初期形成的观点改变了审计的作用。其后，“衡工量值式审计”和“绩效审计”成为很平常的提法。然而，审计往往不要求审计人员提供关于政府绩效的意见，而是要求就政府部门是否设置了适当的制度来评判其自身绩效的问题提供意见。尽管各层级政府自身已展开绩效衡量，但在这种方式下，审计又促进了绩效衡量的进一步扩展，开始明确质量问题的处理。

在缺乏绩效衡量的情况下，强调“经济”、“效率”和“效果”的服务成效衡量是有效的。经济是指最少的成本；效率是指以不同的方式比较投入和低水平（或中等）的服务成效；效果是指更高水平的服务成效。这三个观念要相互配合使用。低水平和高水平的服务成效描述了任何服务成效的层次性：所有服务成效都是有价值的，但低水平的服务成效具有有限价值（易于衡量），高水平的服务成效具有较广泛价值（难以衡量）。在传统的会计制度中存在的权衡状况，也就是为更有价值而以牺牲一些可信性为代价的状况，也同样出现在服务成效衡量中。在极端的情况下，无论如何复杂，没有衡量措施也可以捕获所提供服务的任何信息。那么，在这种情况下，用“成果”来评价所提供的服务非常重要，但成效是不可衡量的。

将“经济”、“效率”和“效果”用于评价不是由使用费，而是由一般税收提供资金的垃圾收集服务时，效果要求考虑所提供的服务对当地社区是否适合，包含可能通过用户调查衡量更高水平的服务成效。效率评判较低水平的服务成效，如每周收集垃圾的数量和收集费用（收集的单位成本）之间的比率是否是最佳的。在理论上，如果服务被评判为有效率和有效果的，就应该足够了，所以经济不应该是一个有意义的目标。然而，公共资金通常供不应求。鉴于对服务成效的判断总是不确定的，而且公共资金短缺严重，所以在判断是否尽可能廉价地提供服务方面，经济比其他理念更占据主导地位，而很少强调服务是否有效率和效果。

因此，服务成效衡量必须提供关于绩效尽可能充分多的意见。要生成和公布单位成本的统计，其中，如果服务成效处于太低的水平，则要适当地衡量投入

（例如，一个学校每名学生的成本），因为这是对服务成效的低水平衡量（例如，学生与教师比率），所以是相对容易的。然而，对整体绩效作出评判是困难的，必须有正式的、可审计的衡量记录。但即使衡量的可信性令人满意，也存在更困难的问题，即可信的衡量记录与整体绩效的相关性。在试图捕获尽可能多的复杂性的过程中，产生太多的低水平衡量已是一个趋向。将绩效每一个低水平衡量间的关系视为一个整体将更为复杂，并会产生混乱。一般来说，只衡量几个关键的服务成效，并加倍谨慎地解释是更好的途径。

收付实现制会计无助于任何意义上的效率的衡量。权责发生制会计可以通过衡量所提供服务的成本，然后将其与服务数量和质量比较，产生对绩效的衡量。随着权责发生制会计应用的增加，有必要公布衡量标准，并在组织管理中使用这些衡量标准。相关的审计要求可能一直是促进绩效衡量的因素，但在有些环境中，上级政府会要求下级政府使用特定的基准，执行特定的绩效衡量。

<u>国民经济核算数据</u>

地方政府会计与所有其他会计一样，关注的是一个时点上对一个组织的核算。同时，每个国家都有关于其经济的统计制度，最终的统计数据由政府收集、计量以及发布。所有的经济活动都包括在统计内，而且按经济部门来分类经济活动。这些部门之一是政府本身，其中包括地方政府。这个统计制度被称为“国民经济核算”（它不是会计专业意义上的核算，这有点令人困惑）。国民经济核算已是一个标准化的制度，产生于经济学的理论框架，被政府统计所采用。国民经济核算的很多统计数字从会计数据中得来。

全球系统被称为国民经济核算体系，由主要的有关国际机构颁布（包括联合国、国际货币基金组织和世界银行）。这种国家和地区的核算是用来监测世界各国的经济；国际货币基金组织还使用其自有的政府财务统计系统（重点是关于进出口）。

即使国民经济核算与会计都是部分地针对地方政府同样的经济活动，这两个系统也是明显不同的。国民经济核算，就其性质而言，需要每个国家所有地方政府的比较信息。地方政府权责发生制会计也由于其性质而不能提供这样的信息。这个矛盾通过使用统计程序基本上可以避免。不过，由于国民经济核算的需要，按照统一分类的地方政府会计系统更被建议使用。

虽然与任何政府会计使用的权责发生制不同，国民经济核算仍以权责发生制为基础。而且，地方政府权责发生制会计制度的使用将大大提高国民经济核算的可信性。一个明显的例子是采用权责发生制会计的政府，第一次生成了对应计折旧资产进行折旧的可信计量。不采用权责发生制，而是在收付实现制会计制度下，国民经济核算不得不对折旧作出主观推断。因此，国民经济核算方法的不断改进对以权责发生制为基础的政府会计起了促进作用。

财务报告标准

权责发生制会计规定了财务报告标准。近些年，国际公共部门会计标准得到了发展。

国际公共部门会计标准（IPSAS）是一套对以权责发生制为基础的财务报告的衡量和披露原则（并非详尽，且明确允许选择），由世界政府组织使用。其基于历史成本，也允许使用现值。国际公共部门会计标准可能导致两种类型的变化：第一种是每个政府都开始使用权责发生制会计，第二种是每个政府都开始使用标准化的权责发生制会计。

国际公共部门会计标准是会计行业的标准，更具体地说，过去是一个临时委员会的标准，现在是国际会计师联合会（IFAC）的国际公共部门会计标准委员会（IPSASB）的标准。由于国际会计师联合会的成员来自100多个不同的国家，所以代表了许多不同的社会、政治、经济和法律环境。然而，用国际会计师联合会自己的话说，它是"会计业的全球性组织"，通过建立和促进遵守高质量的专业标准，推动这些标准的国际趋同，并以维护公众利益为使命，加强全球会计专业，致力于发展强有力的国际标准（IFAC，2006年）。欧洲会计师联合会（FEE）是代表欧洲会计专业的类似机构，与国际会计师联合会的成员交叠，有一个支持国际公共部门会计标准的公共部门委员会。独立的专业会计机构也是国际会计师联合会和欧洲会计师联合会的成员。

国际公共部门会计标准委员会发布标准（要求遵循）、指导方针（建议）、研究报告（提供咨询意见，并包括最佳实践研究）和不定期的论文。委员会已经发布了关于权责发生制会计的21个标准和关于收付实现制会计的1个标准，这1个标准中包括对收付实现制的要求，以及对说明性财务报表和关于合并财务报表的要求。以收付实现制为基础的国际公共部门会计标准也包括财务报告中额外披露事项的标准，这个标准是被鼓励使用的，而不被强制要求使用。

国际公共部门会计标准以国际会计准则（IAS）为基础（2001年，新发布的标准被称为国际财务报告准则（IFRS））。国际会计准则是会计行业的标准，尤其是国际会计准则委员会的一个标准。国际会计准则委员会与国际会计师联合会的成员相同，管理总部设于伦敦。现在的国际财务报告准则是由国际会计准则管理委员会制定的，这是会计行业独立的机构，在美国注册成立，管理总部仍然在伦敦。国际会计准则最初是为企业编写的。准则最初的重点是公司向投资者和债权人发布报告。事实上，一些标准甚至更狭窄地只关注在股票交易所上市的公司的报告。国际公共部门会计标准委员会正在制定关于特定政府问题的标准，这也是国际会计准则或国际财务报告准则没有解决的。

目前，国际公共部门会计标准委员会的首要任务是制定有关公共部门问题的标准［例如，文化遗产，无对价交易（包括税收和转移支付），以及政府的社会政策］。第二个重点是继续使适合公共部门的国际公共部门会计标准与国际会计准则和国际财务报告准则接轨。第三个重点是使国际公共部门会计标准与国民经济核算的统计基础相融合。

国际公共部门会计标准比会计准则狭窄，只是关于财务报告标准。自称有责任制定规则，但没有直接权力加以执行的非营利、非政府、非政治组织通过适当程序后，把以权责制为基础的衡量和披露政策制度化，并广泛发布，这些规则已被承认为英美惯例的一部分。但在地方政府，这种权力往往来自上级政府或贷款人或捐助人。

虽然公共部门会计标准是有关财务报告的规则，但隐含其中的是要有能产生可信的权责发生制财务报表的会计制度。基于国际公共部门会计标准的起源，其不涉及处理权责发生制预算。国际公共部门会计标准委员会还未制定权责发生制预算标准的概念框架。

总　　结

管理他人资金是一个沉重的负担，管理公共资金是更沉重的负担。地方政府会计传统的重点职能在于交易的正确记录和对预算支出的控制，这种职能也不应该被改变。然而，在不减少传统的重点职能外，政府会计制度现在可以提供更多的信息，其中包括所提供服务成本的相关经济性衡量，资本和日常开支的明确区别，以及对所使用的负债和资产的全面计量。其结果是促进了对政府绩效相当广泛的衡量。所有这些都可以在预算和财务报表中得到反映。

权责发生制预算和会计最广泛的含义，是对组织的所有收入、费用、资产、负债和现金流的全面和连续记录。权责发生制预算和会计影响交易的记录、内部财务报表，以及公布的对外财务报表。此外，当所有会计的传统基础是历史成本法时，现值法比以往更广泛地得到使用。

额外的信息费用不是小事。必要的信息技术系统可以更加自由地获得数据，而存储和检索数据只是程序的一部分。理解随后的信息也是必要的，这需要在教育和培训上投资。国际公共部门会计标准的应用可以帮助降低成本，并提供一个进一步衔接世界各国政府会计制度的独有机会。全面的、标准化的地方政府权责发生制会计制度只能出现在很远的未来。

在过去的50年里，随着公共部门的规模和复杂性不断增加，在政府会计和预算有时令人困惑的变化中，一个重要的主题是每个政府都越来越不愿意承担政府的财务风险。这种不情愿已导致对这些风险确认的增加，也导致了许多政府将其中一些风险从一级政府正式转移到另一级，以及从一级政府转移到其他组织。信息技术和会计已使这种确认成为可能，而对财务风险及其相关事项的理解也将变得重要。

本章注释

①欧洲大陆政府会计关于理论和实践的全面论述仅在近来才可以获得。就核心的政府服务，Lader和Jones（2003）描述了九个国家中每个国家在国家和地方层面（国家或地区层面），在其当前和未来体制中的政府会计和预算。这九个国家是芬兰、法国、德国、意大利、荷兰、西班牙、瑞典、瑞士和英国。书中阐明欧洲大陆国家之间和各国内部的做法是多种多样的，但欧洲大陆严重依赖法律这点是与许多英美地方政府会计在根本上的不同。书中还表明，九个国家地方政府会计都以权责发生制为基础。但是，因为权责发生制会计的标准化改革不是紧急的，所以各国的这些改革处于不同的实施阶段，并正在以不同的方式实施。

②欧洲大陆的做法通常是采用这个作为统一的"会计图表"的一部分。

③这种观点不否认现有的单式记账制度在保证政府会计传统的重点职能中是合理的，或者在特定情况下，不值得承担从单式记账转换为复式记账的费用。

④在美国，承诺的同义词是负担。

⑤这个制度尤其适用于欧洲大陆体制。

本章参考文献

International Public Sector Accounting Standards Board（IPSASB）of the International Federation of Accountants（IFAC）. 2006. 2006 Handbook of International Public Sector Accounting Standards. http://www. ifac. org.

Jones, R. 2002. "Public Sector Accounting." In The International Encyclopedia of Business and Management, 2nd ed., ed. M. Warner, 5454 – 62. London: Thomson Learning.

Jones, R., and J. Craner. 1990. "Accrual Accounting for National Governments: The Case of Developing Countries." Research in Third World Accounting 1: 103 – 13.

Jones, R., and M. Pendlebury. 2000. Public Sector Accounting, 5th ed. London: Financial Times/Prentice Hall.

Lüder, K., and R. Jones, eds. 2003. Reforming Governmental Accounting and Budgeting in Europe. Frankfurt: Fachverlag Moderne Wirtschaft.

Tanzi, V., and T. Prakash. 2003. "The Cost of Government and the Misuse of PublicAssets." In Public Finance in Developing and Transitional Countries, ed. J. Martinez – Vazquez and J. Alm, 129 – 45. Cheltenham, UK: Elgar.

United Nations Statistics Division. 1993. System of National Accounts. New York: United Nations.

第二章

地方政府现金管理

M. CORINNE LARSON

多年以来，作为财政规章制度组成部分的现金管理已经发生了重大改变。在20世纪70年代以前，大多数现金管理活动包括支付账单、收费、罚款以及其他收入。多余资金闲置在银行支票账户里或投资于本地银行的存款证。20世纪70年代开始，在反对增加税收的同时，市民开始要求地方政府提供更多的服务。这促使财政官员探索资金使用效益最大化的各种方式。同一时间，利率开始上升，并最后在1980年3月30日，联邦基金利率（银行间隔夜拆借利率）上升至20%时达到最高点。因为增加的投资收益可以补偿管理现金余额所付出的努力，所以用较高的利率使现金管理更有效是值得的。反过来，新千年开始后利率下降到历史新低。2003年6月30日，联邦基金利率下降至1%。提资收入是一项重要的收入来源，许多国家政府依赖于投资收入，但较低的利率显著减少了政府的投资收益，导致许多政府遭受严重的预算限制，所以有效管理资金的必要性再次被凸显。

在过去的20多年，技术的发展也对现金管理实践的改变起了重要作用。银行业创造了新产品，允许存款人进入实时账户余额信息系统，并能够以电子方式转移资金。美国联邦储备系统改善了支票处理程序，加快了客户资金取得的速度。华尔街公司设计了新的金融产品，使投资者可以从闲置资金中获取更高收益。所有这些因素结合在一起，使现金管理成为财政职能的重要部分。

根据地方政府的规模和结构，现金管理职能通常在财务部，是财务主管或总会计师的职责。一个雇员可能处理整个财务工作或几个雇员共同承担这项职能。例如，各级规模较大政府的财务部门中，有的财务人员专门负责征收收入，其他人员则重点发挥在投资基金、分配支出、记账和记录保存等方面的职能作用。

现金管理的目标包括尽快将资金纳入政府国库，尽可能高效率地支付资金，并在支付运营费用之前有效地使用这些资金。有时，政府可能发现在财政年度间有收入缺口，需要借款来弥补缺口。借款数量和时机是负责现金管理的财政官员的职责，也可能是其他工作人员，如预算官员的职责。现金管理的另一个相关目标是提供准确和及时的记载政府现金管理活动的记录。现金管理过程的一个例子见图2－1。现金管理的目标将在本章进一步阐述。

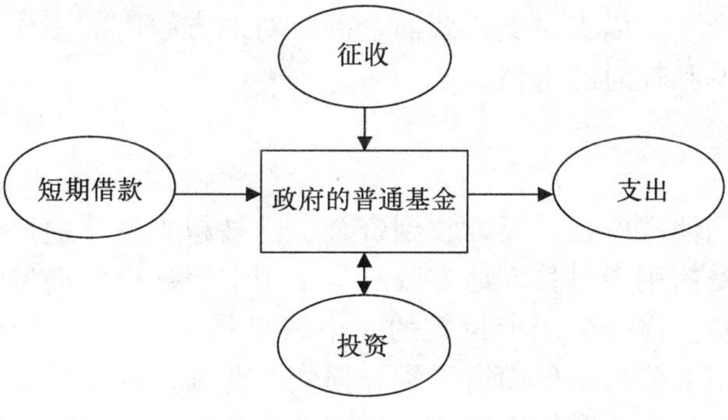

图2.1　现金管理过程

征　　收

征收收入是地方政府的主要职能之一。地方政府的收入来源有多种，包括罚款、规费、税金、证照、许可，以及特种评估。政府应该及时收到应收收入，将收入记入适当的资金账户中，并尽快存入正确的银行账户。此外，政府应致力于应收收入的高收缴率，并保持支付程序简单和便民。

征收方式

地方政府用多种方式征收应收收入，如硬币和纸币、纸制支票、信用卡收费、美联储电信（由美国联邦储备系统管理的电子支付系统）或自动票据清算所（通过自动化结算中心网络管理的电子支付系统）。每种征收方式都有各自的优点。

硬币和纸币

直接销售取得的硬币和纸币是“好”资金，政府可即时使用。然而，硬币和纸币收入的收取需要工作人员查清总数，封捆，存入当地银行，还可能使用运钞车服务，这些增加了政府的额外费用。

纸制支票

纸制支票是支付最常用的方式。地方政府一般通过柜台及邮件接受支票。支票应在收到的同一天被存入银行，使支票尽快进入美国联邦储备支付系统，有助于地方政府尽快获得资金。接受纸制支票的一个缺点是“空头”支票的风险，即支票账户的资金不足以支付支票票面金额。对地方政府的工作人员来说，收到空头支票是高成本和耗时的事情。

信用卡付款

信用卡付款能使政府在一天内收到资金，已被越来越普遍地用于收取规费和税收。为了能接受信用卡付款，地方政府与信用卡服务提供商签订合同，并支付每笔交易的手续费。接受信用卡付款的一个缺点是纳税人可能对收费提出质询，政府可能由于信用卡公司退单而遭受资金损失。此外，许多政府不能通过减少纳税额来支付信用卡公司收取的手续费，信用卡公司也不允许政府将手续费摊派给信用卡持有人。但是，政府还是对信用卡付费提供便利。网上交易是特别常用的方式，此外，信用卡付款也被普遍用于柜台征收、电话交易和信汇付款。

美联储电信

美联储电信是由美国联邦储备系统管理的电子支付系统。美联储电信发出的资金可立即使用。但由于使用美联储电信的成本较高，所以这种方式通常用于大额的美元支付。根据发出的方式（电话或个人电脑），以及是否重复的不同情况，收到电子转账要花费 9—15 美元，发送电报要花费 8—20 美元。非重复电报是一次性交易，比重复电报成本高；重复电报是定期发送，并在发送者的银行设置一个代码，可以加快交易。

自动票据清算所交易

自动票据清算所交易方式一天就能获得可用资金，并是一个节约成本的征收方式。自动票据清算所交易是电子资金转账，它通过自动票据清算所的网络转款，操作类似于美联储的电信系统，但成本只是它的一小部分。例如，使用美联储电信可能要花费15美元，而通过自动票据清算所交易可能只需0.20美元。自动票据清算所交易尤其适用网上支付，使公民有可替换的付款方式。同时，网上支付也可以在几个方面使地方政府受益，包括减少提供面对面服务所需的工作时间，减少空头支票发生率和加快获得资金。

征收系统的目标

征收系统的目标是加快收到资金，保障政府资金的安全，并通过保持适当的账户结构和限制银行账户数量的管理，使银行业务成本降到最低。要建立有效的征收系统，政府应理解在途的概念，在途如何影响资金的获得，并对在途资金提出及时和准确的报告。

在　途

在途是收款人（政府）收到付款人（纳税人）的资金，并使资金成为可用资金所花费的时间。在途有许多类型：

- 邮寄在途是从付款人邮寄支票到收款人收到所花费的时间。
- 处理流程在途是从收到支票到将支票存入银行所花费的时间。
- 支票结算在途是从存入支票到通过付款人银行账户结算支票所花费的时间。
- 可用在途是从存入支票到成为可用资金所花费的时间。

在途如何影响征收过程？因为在支付处理系统明确资金成为可用资金之前，政府不能从收到的这些资金中获益，所以在途使政府利益受损。减少在途的好处可以在下面的例子看到：假设政府从某公司征收物业税1 000万美元，政府的年投资收益率是5.25%。通过减少两天在途，按年投资收益率基准计算，政府多受益2 917美元：

1 000万美元×2天×0.0525/360＝2 917美元

政府在银行的业务办理截止时间前存入支票的前提下，如果政府将纳税人的支票在同一银行存储和提取，则可于当日收到支票存款。例如，如果中午存入支票，银行的业务截止时间是下午2时，则政府当日就可获得存款。如果支票在下午3时存入，则政府将于次日收到存款。在相同银行提取和存入的支票，被称为银行内求偿支票。

假定一个纳税人在同一城市内使用不同的银行，通常情况下，因为在成为可用资金前，支票必须通过当地票据交换所结算，所以资金要一天以后才可以使用。

现在假定纳税人是一家公司，它使用外州的银行。该公司的支票需要一天或两天成为可用资金，取决于公司使用哪家银行以及这家银行与当地政府开户行的关系。如果这两家银行有代理关系，支票 1 天就能成为可用资金；如果这两家银行没有业务关系，那么这个外州支票就得通过联邦储备系统清算，并只能在付款人开户的银行成为可用资金。当发生这种情况时，支票需要 1 天或 2 天成为可用资金取决于银行所在的美国联邦储备区以及政府开户行的可用性时间表。可用性时间表是银行如何尽快给在特定联邦储备区提取的支票以信用的时间列表。

过去，支票结算在途和可用在途需要花费 7 天时间。现在，支票成为可用资金通常少于 3 天。由于联邦储备系统一直致力于消除支付系统风险，以及 2003 年 21 世纪支票交换法案（21 世纪支票法）得以通过，纸质支票的处理方式得到了改进。

21 世纪支票法允许银行将纸质支票转换为电子影像，即所知的替代支票，通过消除纸制支票的物理传输，加速支票通过美国支付系统的速度。当地方政府收到纸制支票时，纸制支票就通过支付系统转换为电子影像。电子影像反映原始纸制支票的相同信息，当原始纸制支票被转换为电子影像后，纸制支票就被消除掉。未来对支票复印件的任何要求都从电子影像中获取。21 世纪支票法使支票结算程序更加快速，也有助于降低支票结算的在途。

可用资金

财政官员的一个重要目标是增加可用资金的数量。资金变为可用资金的速度越快，政府就可以越早使用这些资金。技术的改进使财政官员可以通过电子资金转账达到可用资金的最大化。例如，通过托管代理征收房产税的政府可用电子方式收到资金，从而加快资金可用的速度。许多州已实施通过自动票据清算（ACH）系统向地方政府支付的电子程序，这样，地方政府第二天就可以使用资金。这种付款方式无论对资金的支付方还是接收方来说都节约了成本。

报告的准确性和及时性

任何征收系统的重要组成部分之一都是准确和及时的报告。地方政府需要财务管理软件使征收人员经常更新记录。准确、最新的信息能让政府跟踪被拖欠的应收收入，消除过时或不准确的账户信息。

征收系统设计

根据不同的组织类型和规模、已收收入的性质和准许的付款方式，政府间的征收系统各不相同。有些是集中征收系统，这意味着一个部门负责所有的征收。其他是分散的系统，各部门征收各自的收入。财政官员应限制征收收入的办事处数目、执行保障政府资金征收的程序，实施有效的现金管理。

收入来源和具有成本效益的征收方法

有些政府与当地金融机构约定通过柜台征收税款和其他款项。这种类型的征收可以加快获得资金，减少政府的工作量，并通过政府办公室放弃使用纸制支票以加强政府的内部控制。

有康乐中心、文娱中心、高尔夫球场设施和提供其他公共服务的政府发现，即使支付信用卡公司手续费，接受信用卡付款还是有利的。越来越多的政府允许市民直接在线支付或通过安全的互联网支付。为公民提供在线服务使政府在许多方面受益，包括减少提供面对面服务的工作时间，减少空头支票问题，加快获得资金的速度。通过使支付更方便和节省时间，信用卡支付也使市民受益。例如，市民可以在网上处理大量的类似牌照、许可证续期和注册娱乐项目等事项。

对企业的纳税来说，自动票据清算所信用提供了对政府和公司的服务，是一种有效的支付机制。公司可以更长时间地保留资金，确切知道何时清算缴税。政府也能确保在到期日收到资金，且这些资金在 1 天内成为可用资金。通过对征收收入的类型进行成本效益分析，政府能够确定哪些支付方式是最有效的。

银行余额报告

财政官员需要银行余额、现金收入以及影响其现金状况的其他交易的每日信息。建立银行网上报告系统是具有成本效益的方法，例如，它让财政官员确切知道征收了多少收入，有多少资金可供即时使用，或有多少资金 1 或 2 天的在途。当银行电子报告银行账户结余时，财政人员可以据此更新每日现金状况表，跟踪支票结算，监控如还本付息等自动支付事项，并记录所有电子存款。这种类型的信息大大提高了记录保存的准确性，并使政府可以更有效地管理现金。

加锁信箱

加锁信箱是用于收集支票的一种方式。由于种种原因，加锁信箱常见于私营机构，而不是公共部门。政府不常使用加锁信箱的一个原因是，大多数纳税人都处于同一或邻近的地理区域。另一个原因是许多政府只能使用州内银行，并且法规规定要收取现金税款。

加锁信箱只是一个用于收集支票的邮政信箱，由银行接收这些支票，并全天候处理以减少在途。大多数加锁信箱位于主要城市以减少邮寄在途。在理想情况下，加锁信箱设立在城市或邻近有大额支票或大额美元邮寄客户的城市。市民通过加锁信箱邮寄支票，银行每日清空信箱。银行再将支票收入立即存入相应账户，并把收入记录通过电子邮件或快递发送给政府。有些加锁信箱用户更喜欢接收列出美元存款数额的传真，并以普通邮件寄出支票副本。而有些用户则宁愿支付额外的快递服务费，在第二天就收到信息。老用户可以享受银行电子更新其应收账款记录的服务。因为银行每天 24 小时收集支票，并通过结算程序迅速发送，所以加锁信箱方式可以加快征收。

根据政府征收的类型，零售锁箱、批发锁箱，或者两者同时都在被使用。零售锁箱用于收集大量的小额美元支票。例如，公用事业与银行或第三方签约，银行或第三方收集支票，支付通过连同发票邮寄到客户的可扫描文件进行电子处理。批发锁箱处理少量的大额美元缴款。政府可使用批发锁箱征收物业税或其他大额款项。有些政府可能既需要零售锁箱，也需要批发锁箱。

通过使用锁箱，政府可以在办公室外处理支票，减少工作人员的处理时间。例如，锁箱不需要员工打开有支票的信封、复印支票、填写存款单，并每天将存款存入银行。

零余额账户

许多政府使用零余额账户（ZBAs）征收资金。这些账户的余额在工作日结束时是零，被转移到集中账户。零余额账户对需要在不同的银行账户聚集资金的政府特别有用。此外，因为可以将资金存储在政府开户行的分行，所以边远地区的政府机构，如社区休闲中心、公园和文娱中心都认为零余额账户很有用。每天结束时，银行自动把资金转移到政府的主零余额账户或集中账户。使用零余额账户体系减少了政府的银行业务费用，并使资金自动转移到一个用于投资的账户。

资 金 集 中

政府持有的银行账户数量应保持在最低限度。但有时，政府因某些原因需持有单独账户，如为指定的具体基金征集款项，或使不同类型的基金核算更简便。当使用单独的银行账户时，政府往往会把这些账户中的资金转入一个通常被称为一般账户的集中账户，将集中的资金用于投资，更有效地使用资金，并减少与投资有关的交易费用。

具有成本效益的资金转移方法

有效地集中资金是政府现金管理的一个重要职能。如何集中资金取决于账户的数量和类型，以及政府使用的银行数目。资金转移必须尽可能地降低费用。因为集中账户的闲置资金余额不具有效益，并产生机会成本，所以资金被集中后，就应及时进行投资。一般来说，集中账户设在政府机构的主要银行。根据政府的账户体系，支出账户通过集中账户提供资金，而且任何存款在工作日结束时都被转入集中账户。政府可以通过使用大量的银行产品来集中资金。随着技术的提升和小型政府负担能力的增强，银行产品正日益变得复杂。

零余额账户

正如上一部分提到的，零余额账户是具有成本效益的资金集中方式。零余额账户的一个缺点是财政官员直到下一个工作日才知道账户资金的变动情况。政府必须建立一个边远地区的内部报告制度，通知存款的总办事处，否则总办事处就要第二天通过银行余额报告制度获得存款信息。

自动票据清算所交易

政府还通过自动票据清算所转移资金。这种方法对使用一个以上银行的政府特别有用且具有成本效益。例如，地方政府使用银行软件进行自动票据清算所转账，银行平均收费为 0.12 美元，对存储资金的信用账户只收取象征性的费用（通常 0.21 美元）（Phoenix - Hecht Company，2006 年）。通过自动票据清算所转账的资金，需要一天才能成为可用资金。如果账户都设在相同的银行，那么，资金在同一天即可以使用。

美联储电信

有些政府使用美联储电信方式调动资金。这种方法保证了政府在收到资金的同一天就可以使用这些资金，但费用昂贵。如果设置为重复电报，并通过个人电脑发送，则平均花费为 8—10 美元，接收传入电报平均花费为 9—15 美元。美联储电信方式通常只用于调动大额美元，例如，资金转入到投资账户或从投资账户转出资金通常使用这种方式。

计算使用美联储电信具有经济意义的最低转账数额，通常用电报成本（从一家银行发出的电报和发入到另一家银行的电报）除以每日投资率（隔夜投资利率除以 360 天）。在下面的例子中，假定电报的总成本为 15 美元，政府收到的隔夜投资利率为 5.25%，则具有经济意义的最低转账金额为 102 857 美元。

电报成本/（年利息率/360）= 具有经济意义的最低转账金额

15/（0.0525/360） = 102 857

自动余额转存账户

另一有用的资金集中方式是使用自动余额转存账户。余额转存账户是零余额账户，在工作日结束时，政府的可用资金从自动余额转存账户自动转为投资资金，例如投资于隔夜回购协议或货币市场共同基金。

第二个工作日开始时，投资资金被返回到余额转存账户。余额转存账户经常有一个平衡界限，超过界限数额的资金自动转为投资资金。银行存款余额多的政府会发现使用余额转存账户能带来更多的收益。而有流动性问题的政府会发现，使用余额转存账户的成本大于其利息所得。图 2-2 显示了账户结构和资金流动的一个例子。

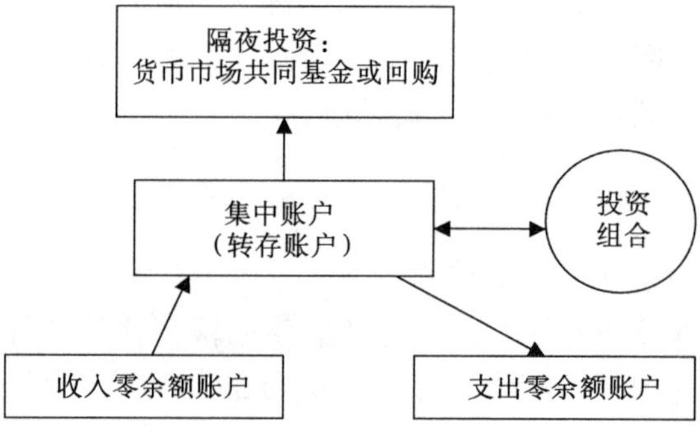

图 2.2　账户结构和资金流动

存储资金的安全——抵押方式和实践

对受托管理公共资金的财务官员来说，他们的首要任务是保障存入银行及其他存款机构的资金的安全。美国联邦存款保险公司 10 万美元限额的证券抵押是充分保障公共资金在金融机构存款安全的唯一办法。20 世纪 80 年代末 90 年代初，美国数百个存款机构破产。这些银行的倒闭突显了注意保护政府存款安全的必要，并促使各州立法机构起草法律对公众存款进行担保。这些法律规定了银行可以承诺保护公众存款的担保类型。

自此，国家金融机构的状况得到大大改进。现在，商业银行已合并成较少的全国性机构，这改变了银行业的面貌。银行的经营更加多元化，更少受到区域经济衰退的影响，但是，银行倒闭的风险依然存在。所以，政府还要采取具体措施来保护存款。

大多数州已经颁布法规要求或允许存款机构抵押担保证券，尤其要求用高品质政府证券（如美国财政部债券、联邦机构债券和市政债券）抵押，确保公众存款安全。在没有法律要求担保公众存款的州，地方政府可以按照地方条例和实际情况要求存款机构对公共资金存款担保。有些州设有抵押组合。有些州允许政府制定规则，并与当地银行签订担保协议。也有法律不要求担保存款的地方政府主动对存款担保，以防止金融机构潜在的违约风险，确保资金安全。各层级政府应执行风险控制措施，如：（1）制定正式的风险管理政策；（2）对金融机构的日常信贷进行分析；（3）使用完全担保的投资①。

识别已暴露的存款风险也是很重要的。因为现金流不稳定，财政官员很难取得活期存款担保。有些政府利用隔夜账户或其他类似的工具，确保资金自动投资于隔夜回购协议或货币市场共同基金，减少多余的存款余额，减少政府的存款风险。如果政府活期存款是由一组证券抵押担保的，财政官员应该研究在现金流高峰期间出现的最大风险。当政府现金余额达到最高水平，大大超过抵押品价值时，政府应该意识到这一问题，并要求银行相应调增抵押品。

一些州允许金融机构以票面价值，而不是市场价值抵押证券。如果证券的市场价值低于票面价值，存款抵押不足，政府将面临一定的风险。财政官员应该认识到这种风险，并要求存款应由短期高品质的证券，如美国国库券担保，或者担保存款的证券价值要超过它所提供担保的存款价值（例如102%）。关于要求的覆盖比例和可抵押的证券种类，一些州都有具体的法律规定。

通过独立的第三方银行持有担保抵押物，公众存款能得到最好的保障。要做到这一点，抵押证券可以由联邦储备银行、其分支机构或其他商业银行持有。

支　付

国家法规和地方条例规定了总的支付程序，包括批准的方法和政府官员的责任。支付程序被设计用来保障政府免受不正当的索赔，并平衡预算收支。现金管理关注的是用最有效率和效果的方式支付已获批准的支出。

支付系统的目标

一个支付系统的主要目标是用及时和有成本效益的方式履行政府义务。同样重要的一个目标是向财政官员提供有关资金需求和减除政府流动性不确定性的资料。通过了解支付需求，财政官员可以作出有效的投资决策或者确定知道是否将发生资金短缺，进而作出必要的安排，用具有成本效益的方法解决资金短缺。支付系统还有一个目标是减少或消除诈骗和盗窃的机会。

支付在途

支付在途是从准备支付（例如，支票）到提交给政府开户行的时间。与征收在途一样，很多因素可以影响支出在途，例如支票到达收款人的时间，收款人存支票所花费的时间，支票最初存放的美联储区和支票被提取的美联储区，收款和支付银行的关系，支付方式。如果政府通过自动票据清算的方式支付，就会产生一天的支付在途。这意味着政府可多一天使用这些资金。电汇是立即得到资金，所以不会有支付在途。

支付的时间安排

财政官员必须与其他部门一起工作，决定支付所需的时间和金额。财政官员还要作出是否利用供应商所提供的折扣等决定。有效的现金管理实务包括建立支付程序，使政府及时支付款项，并消除频繁的支票业务。许多政府一个星期鉴发一次支票，甚至一个月才签发两次支票。通过分批签发支票，政府可以更有效地管理现金流，并节省银行业务的交易费用、用品和邮资。

支付制度的设计

一些政府实行集中支付制度，而另一些政府实行分散支付制度。集中支付制度的主要优点是账款支出与现金流入一致。如果政府具有较大的支出和季节性的现金流，这种支出制度尤为有用。集中支付制度使政府可以精简支票账户数目，降低交易和签发支票的数量，并减少对账户活动的监测量。

分散支付程序在特定和紧急用途下是必要的。当发生分散支付时，财政官员应要求银行向监测现金需求和核对银行账户的主要办公室经常报告。

支付方式

标准支付程序通常要求发票票据与采购指令（如有要求）、商品和服务的收据一致。根据支付的类型，政府可以选择支票、自动票据清算所或电汇支付。

电汇很少用于支付供应商。因为电汇费用昂贵，政府一般仅在需要履行合同义务或者支付美元数额非常大的时候使用电汇。电汇支付使政府在付款到期日前可以使用该部分现金。

自动票据清算所正越来越多地被使用，特别是用于联邦税支付、公司贸易支付以及雇员和与福利相关的薪酬支付。事实上，很多雇员已发现通过直接存款收到薪酬的好处。大多数政府提供直接存款，并鼓励雇员参与。直接存款的优点包括：

- ■ 减少支票处理程序的费用；
- ■ 减少工作人员准备支票、更换受损支票、为缺席雇员做特殊安排的时间；
- ■ 减少员工的支票兑现时间；
- ■ 减少账户核对的时间；
- ■ 减少作废支票的存储费用；
- ■ 减少支票丢失或被盗的情况。

对支票的预防措施

使用支票支付的主要问题是，支票可能被盗窃或被涂改。修订后的《统一商法典》规定雇主负责支票的安全。由于支票欺诈金额已达数十亿美元，为减少支票欺诈，银行开始提供积极的支付服务。

银行通常提供两种类型的积极支付服务。标准积极支付要求政府事先向银行转交已签发的合法支票档案。当到有支票提交给银行要求支付时，银行的软件会将提交的支票和已签发的存档支票进行核对。核对一致的支票由银行支付，核对不一致的支票被拒付，退回政府。有些银行会在拒付支票前通知政府，给政府一段时间进行查验（通常是 24 小时），由政府就是否支付支票通知银行。这项服务使银行负有处理异常情况的责任。

积极支付服务的其他类型是反向积极支付。银行派出指定人员与政府方面联系，将银行要求支付支票的磁性墨水字符识别线或图像发送给政府。然后，由政府通知银行支付支票或退回支票的特定时间。这项服务使政府作为签发人，负有处理异常情况的责任。

内部控制

内部控制确保了支付系统的完整性。责任分工有助于保护政府资金的安全，并且可以通过支付程序的各项职能来实现资金安全的目标。支付授权和支付程序等各项职能、职责应该分开。如负责应付账款支付授权的人员不应同时负责支票事项。这种分工对只有一个人监管财务的小企业来说，可能难以实现。然而，可以实现的任何程度的分工都将给组织提供更多的保护。

银行业务关系

因为银行是政府现金管理程序的一个组成部分，所以，与银行建立和保持良好的工作关系至关重要。要做到这点，关键是找到可以提供政府需要的具有竞争力价格的银行服务，并能以最小的失误率提供这些服务的银行。

金融机构选择

许多地方政府使用竞标程序选择金融机构和银行服务。政府在日常工作基础上提出对银行服务的招标书，判断是否从银行获得了具有竞争力的报价。发出招标书（RFP）的时间取决于以下事项：

■ 政府正接受的服务类型。如果合作银行开始有失误，存款变现不如其他银行顺畅，或合作银行的财务状况恶化，政府可能考虑提前招标。

■ 兼并和收购。已经被另一家银行合并或收购的合作银行可能不再提供与以前相同的服务或类型的产品。在这种情况下，政府可能考虑招标找到更适合的商业伙伴。

■ 地区的竞争。由于银行业众多的合并和收购，特别是如果政府只与其地理区域内的银行开展业务，政府可能发现符合招标资格的银行很少。在这种情况下，政府会与中标银行签订长期的合同，不常发出招标，也许每 4 至 5 年招标一次。招标是一项劳动和时间密集度高的工作，常占用政府工作人员数月的时间。

为帮助制定招标书，很多专业协会设计了样本文件来描述关键组成部分[②]。设计好的招标书包括投标的最低条件、当前制度的描述、所需求服务的描述、规范的答复形式或具体标准。如果政府持有的现金量大，招标还有对银行的规模要求。持有 1 000 万美元现金的地方政府可能只需要一家当地银行就能解决它所有的需求，而持有 1 亿美元现金的政府可能需要多家银行，一家银行监管资金安全、一家银行负责存款服务、一家银行或经纪公司负责投资服务。投标资格还可能包括地域限制、处理特殊情况的能力、担保要求或社区再投资法评级[③]。

为了更容易地比较各银行的投标，政府可以设计一个评价标准矩阵。评价标准应加权反映政府重要程度不同的要求的排序，并且给每家银行评级。权重和评级标准应力求简单，避免复杂的评估过程。一旦选定了优胜方案，将通过书面的银行业务合同正式确立合作关系。

持续的关系管理

一些因素可能会促使政府更换银行。然而，更换银行是高成本和费时的过程。银行必须订购新支票，销毁旧支票存货，更新用于美联储电信和自动票据清算所交易的银行操作指南，培训工作人员掌握新的银行系统。而且，财政官员还要就政府与银行的业务关系作定期评价。

定期评价考虑的问题包括（Lockhart 2004 年）：

■ 是否提供了一切所需的服务？
■ 存款利率是否具有竞争力？
■ 是否有积极的可用的预定计划？
■ 是否拥有最先进的技术？
■ 银行工作人员与政府工作人员的沟通是否有效？
■ 是否对政府工作人员的问题作出及时回应？
■ 是否能迅速解决问题，并让各方都满意？

在许多情况下，财政官员与有业务往来的银行的关系是长期的。合作银行熟悉政府的国库业务，能多年来一直满足政府的相关需求。从经营的角度来看，这种关系是有益的，但从成本的角度看就未必了。因此，财政官员会在已建立的银行关系中获得的益处，与新建立银行关系可获得的潜在成本节约，以及在更好的服务中权衡。

账户分析概述

账户分析是银行提供给机构客户对银行所提供服务成本情况的说明。账户分析显示的信息包括实际提供的服务，服务发生的次数（例如，接受支票并清算的次数），每个项目的单位成本，以及每项服务的总费用。除了所有账户的总报表外，财政官员还要求一个银行账户对应一份账户分析。因为有些账户只有较少的资金活动，对这类账户服务的付费应少于对资金活动多的账户的付费，所以银行的报酬应以总报表，而不是以单个账户报表为基础。

现 金 流 预 测

虽然准确预测现金流的高峰和低谷是现金管理中最困难的内容之一，但是，及时准确的现金流预测是必要的，是一个正确投资方案的基础。准确预测可以使财政官员确定有多少资金可以用于投资，什么时间能获得资金，以及资金能用多长时间，从而有利于优化投资方案。因为收益率往往是与投资规模和投资期限联系在一起的，所以上述考虑是重要的。就重要采购时机、是否以及何时在收入预期或者预交税金票据下进行短期融资等问题，准确的现金流预测对帮助财政官员审慎作出决定是必要的。

现金流预测的种类

现金流预测是一定时期内收入和支出的预定计划。预测的种类和频率将取决于几个因素。现金流可预测，现金储备充足的政府通常作年度预测。年度预测提供了每月的现金预期状况。大多数政府编制年度预测并依据年度预测来作长期投资决定。现金状况不稳定、现金流不稳定和人口结构不断变化的政府，可能需要更频繁和详尽的预测。月预测估计每周现金状况，并帮助监测年度预测的准确性。月预测比年度预测更具有操作性，适用于存在现金流波动或有流动性问题的政府。周预测估计每天的现金状况，可以帮助监测每月预测的准确性。周预测对需要密切监测现金状况的政府是有用的。日预测是关于现金状况的工作底稿。日预测以当日实际资金结余为基础，估计次日的可用资金结余，有助于作出隔夜投资决策。

一些财政官员编制以项目为基础的预测。这种预测对长期建设项目和资本项目是有用的。它提供了项目情况的月度数据，并附有应付款项时间表。但因为项目往往落后于计划或超出预算，所以这一预测需要得到承建商或者内部项目经理的配合，以使财政官员了解项目动态状态。

预测现金流

现金流预测的准备可以得益于主要日常事项的记录，如应收账款收款，应付账款付款，工资和相关费用，偿债支出，以及整个财年中，这些款项按月份支付的时间表。目前的年度预算文件可以提供预期收入和支出概算，而总分类账的历史数据将有助于查明非经常性收入和支出。

使用历史数据

通常情况下，财政官员根据以前年度的数据估计每月收入和支出。这些数据可以通过分析上年同期的现金账或银行报表、编制每月经常性收入和支出摘要来收集。一旦收集了这些数据，财政官员就可以调整历史收入和支出数据，以反映当前的预期变化。

调整历史数据

对2至3年数据的比较分析有助于确定现金流的路径或趋势。历史收入和支出报告可能受以下事项影响：收缴率或经济、人口状况变化及其对地区的影响，联邦或州援助资金，资本项目下购买的变化，地方税征收或税收法律变化或修订，不合季节的天气以及劳工谈判。对这些可能影响事项的辨别，将有助于提高预测的准确性。

例如，如果一个政府通常能征收到应收收入的95%，则收入预测应该是预计收入的95%，而不是100%。征收率可以由收到的现金量除以应收收入的比值来确定。假设某一年度，地方政府预测的财产税收入 2 940 万美元，历史数据显示的政府平均征收率是 95%，那么，该年度的财产税收入估计是 2 940 万美元的 95%，即 2 790 万美元。

在查验收入时，政府应考虑所在地区的支付方式。以纳税为例，通过分析使用邮寄税单方式来纳税的比例，财政官员可以作支付模式的研究。有些市民收到税单就支付，有些直到到期日才支付，但大多数市民介于两者之间。通过确定在一个月内邮寄，30—45 天内邮寄等所占总支付税单的百分比，财政官员可以得到更准确的关于何时可以收到税收的预计。同样，通过数据的调整，也可以预算支出。例如，如果未来一年预期通货膨胀率为 3%，则工资、公用事业和供给等支出预算可以简单地以历史数据乘以 3% 向上调整。因此，如果政府每年在工资和应付账款上平均支出 2 600 万美元，那么，新一年的预测支出应当是 2 678 万美元。如果这些购买在全年均匀分布，则每月预测的费用是 225 万美元。

监测预测的准确性

一年中，财政官员应根据需要适时调整对现金流的预测，通过获得的新信息修正预测，尽可能保持数据。跟踪实际的现金流也有利于财政官员判别现金流模式，促进编制更准确的预测。对现金流预测进行持续监测有助于财政官员更早发现年度财政预算中的问题，有助于通过跟踪预测与实际的变动来识别不准确的记录，有助于通过剔除征收问题或未到的存款来加强内部控制。

政府预测现金流不需要复杂的软件。易于理解的现金流模式和简单的电子制表软件程序是建立一个可用的现金流预测所需要的。表 2－1 显示了使用电子数据表编制的简单的现金流预测。这个预测显示了地方政府收到财产税收入和销售税收入的现金流。财产税在每年 1 月和 7 月取得两次，销售税收入和其他收入全年稳步取得。这个预测显示了政府该年第一季度的实际现金流和该年剩余时期的计划现金流。根据投资期限，政府应编制当前财年和未来一到两年的预测。

这种类型的预测对决定逐月现金状况的净变化是有用的。如果预计的净变化是正的，则政府预期的现金收入大于支出；如果是负的，政府要为资金缺口和到期投资作计划，以弥补缺口。

用于投资目的的预测

在表 2－1 中，政府 4 月份预期征收收入比计划支出多 416 万美元。到期投资是 525 万美元。由于 4 月份净现金是正的，不需要这些多出的资金，因此，财政官员要查看未来月份的现金状况，决定何时需要这些资金。从 5 月份预计的净变化来看，政府将有 21.8 万美元的小资金缺口，但同时有 152.5 万美元的到期

表 2－1　　现金流预测　　单位：美元

项　目	期初余额	2006 年 1 月	2006 年 2 月	2006 年 3 月	2006 年 4 月	2006 年 5 月	2006 年 6 月	总计
期初余额	54 525 000							
财产税收入		5 855 000	1 500 000	0	5 855 000	1 500 000	0	14 710 000
销售税收入		320 000	295 000	205 000	320 000	295 000	205 000	1 640 000
供水收入		250 000	250 000	250 000	250 000	250 000	250 000	1 500 000
其他收入		57 000	57 000	57 000	57 000	57 000	57 000	342 000
工资总支出和应付款项		－2 230 000	－2 230 000	－2 230 000	－2 230 000	－2 230 000	－2 230 000	－13 380 000
资本项目		－500 000	－400 000	－375 000	－37 000	－40 000	－35 000	－1 387 000
其他支出		－550 000	－375 000	－250 000	－50 000	－50 000	－50 000	－1 325 000
预测的净变化		3 202 000	－903 000	－2 343 000	4 165 000	－218 000	－1 803 000	
投资组合收入和到期投资		0	0	0	5 250 000	1 525 000	100 000	
预测的投资组合余额		57 727 000	56 824 000	54 481 000	58 646 000	58 428 000	56 625 000	
实际的投资组合余额	54 525 000	55 053 000	58 236 000	58 899 000				
预测与实际的差额		2 674 000	－1 412 000	－4 418 000				
实际的净变化		528 000	3 183 000	663 000				

投资来弥补缺口。6月份，有一个负的净现金状况，因此财政官员可以安排4月份的部分资金弥补6月份的资金缺口，并利用未来更高的利率，使资金余额的投资期限更长。

编制现金流预测的目的是双重的。各层级政府需要足够的流动性以支付预计到和未预计到的现金需求，而且政府需要投资闲置资金以获得利息收入。当以投资为目的使用现金流预测时，政府的闲置资金可以分为两类：流动性目的的流动资金，以及不需要立即支付的核心资金。流动资金投资于地方政府投资组合，货币市场共同基金或其他短期工具，如一年内到期的商业票据、存单或美国国债。核心资金通常用于投资期限超过一年的有价证券。

政府可以用现金流预测来确定其投资组合中的核心资金是多少、流动资金是多少。如表2－1所示，政府有核心资金余额5 400万美元。这个余额可以通过分析预计的投资组合余额确定。例子中的预计组合余额从未低于5 400万美元，所以政府确知它可以投资高达5 400万美元的组合，且能保持充足的流动性来满足其运营需要。任何超过5 400万美元的资金将用于流动性需求，并投资于流动性工具，如地方政府的投资组合。

财政官员每个月录入投资组合的实际余额来计算净变化。这些信息将有助于增加判断预测的准确性，并使政府警觉或关注一些预算问题。

投　　资

现金管理的另一个重要组成部分是投资职能。多年来，政府在如何投资其资金方面被授予了更多的权力和自由。增订的投资法律允许多数政府增加投资收益，减轻了对财政的限制。但是，这个增大的权力却导致了资金的一些灾难性损失。投资官员必须在增加投资收入与保护资金安全之间权衡。

投资可以看作是三个步骤。步骤1，投资者作出任何购买行为之前，必须熟悉和明白投资的各种风险。步骤2，投资工具的购买要符合政府的成文政策和程序，并使政府资金获得市场回报。步骤3，通过投资报告总结政府的投资计划、公布的业绩，扼要陈述期间的经济活动，权衡风险与回报。

投资目标

利息收入往往是一个重要的收入来源。在保证资金安全的前提下，财政官员必须努力获得尽可能高的回报。财政官员也必须在法律、法规、条例、章程、内部政策和程序的限制内执行投资功能。此外，财政官员必须在安全性、流动性和收益性的原则上作出决定[4]。

投资风险

一定程度的风险是任何投资工具所固有的。即使是最安全、最保守的投资也有风险。公共资金投资要求财政官员清楚地了解某一特定投资选择的风险。

信用风险

信用风险是指发行人无法赎回到期投资的风险。通过仔细筛选和监督发行人的信用质量，限定投向信用等级高的发行人，对某些投资持有第三方担保（例如存单和回购协议等），信用风险可以被控制。

流动性风险

作出投资决策时，财政官员也必须考虑证券的流动性风险。流动性风险涉及投资到期前的销售能力。与流动性风险密切相关的是市场性风险，就是投资的证券在到期前卖出而不会产生证券价格的大幅下降。通过限定营运资金的到期应付款项，购买的投资要有活跃的二级市场，证券在到期前能被很容易地出售，满足政府运营的资金需求，编制现金流预测使投资到期的进度与营运资金的需求相一致等措施，政府可以减少流动性风险。通过制定投资进度，财政官员可避免为满足意外的现金需要而提早卖出投资，避免发生债券损失。

市场和利率风险

市场风险是金融市场活动使投资值减少的风险。对固定收入证券来说，市场风险——市场价格变化——只限于利率风险。如果持有期间市场利率下降，证券的市场价格将上升（到期证券的价格总是一样的）。如果市场利率上升，证券市场价格会下跌，投资者在证券到期前出售可能会蒙受损失。受折现率的影响，当市场利率变化时，长期证券价格比短期证券价格变化大，所以，为补偿投资者，长期证券收益率通常比短期证券高。

再投资风险

当投资利息不能作为再投资以赚取与原始投资相同的回报率时，再投资风险就发生了。例如，利率下降可能使赚取的证券利息不能获得与原证券相同的回报率。当投资者购买可赎回证券时，就是给证券发行人提供了一个到期之前在一个给定日期或期间赎回证券的权利，这是一个风险。从本质上讲，投资者赎回证券的选择权可以出售给发行人，投资者获得更高收益的补偿。但发行人通常在利率下降期间行使看涨期权，从而使投资者产生再投资风险。

信誉风险

在公共部门，与投资有关的另一种风险是信誉风险，即政府官员因投资失误损害形象的风险。信誉风险既损害政府也损害投资官员。防范这种风险的最佳方法是很好地管理投资项目。

广为知晓的1994年的投资损失很好地说明了各种风险的影响。当利率上升导致投资的市场价值下降时，从加州到缅因州的公共部门损失了数百万美元。这是怎么发生的？20世纪90年代初，低利率促使投资者购买市场波动性大的证券，增加投资收益。然而，伴随较高回报的是较高的风险。当到期前需要卖出投资时，投资者发现他们要么无法找到证券的买家，要么不得不以低于本金的价值卖掉证券。持有投资到期的投资者也发现其投资组合的市场价值显著低于历史成本。许多与这些损失有关的财政官员失去了工作，一些还面临被起诉。

投资选择的评价

20世纪90年代中期的投资亏损发生后，大部分地方政府被要求要有一个正式的投资政策。尽管正式的投资政策确定了投资目标，界定了风险承受力，分配了投资职能，并建立对投资过程的控制，但是投资政策并不能明白告知财政官员购买什么投资、投资多少、投资多长时间。财政官员通常以现金流需求为基础作投资决策。许多情况下，在资金有流动性用途之前，闲置资金存放于有息账户中或用于短期流动性投资，如地方政府投资组合或隔夜回购协议。如果在较长时间内拥有大额闲置现金，财政官员会选择长期的投资工具，例如美国国债或国家法规和组织投资政策允许的其他固定收入投资。

下列标准将有助于财政官员实现投资目标。

合法性

这是一个允许的投资选择吗？大多数州的法规包含特定的语言，概述什么类型的证券对地方政府来说，是允许的投资选择。一些州的法规不太清晰，留有待说明的空间。财政官员必须理解本州的法规和本地投资政策的限制，并确保投资决定遵守这些规定。

安全性

投资如何安全？什么是信用风险？政府是否有可能损失本金？一般来说，一个投资工具的收益越高，则风险越大。因此，具有高信贷风险的高收益投资不适合地方政府投资。

流动性

如何简单地使投资在价值上没有重大损失地转换为现金？如果出现意外的资金需求，一项投资的流动性越大，该项投资就越容易获得资金。一些投资，如非流通存款证，具有高度的非流动性。如果没有好的现金流预测，政府应该避免非流动性投资。此外，许多政府在组合中保持一部分可变现资产，如投资组合要确保有足够现金满足不时之需。同时将组合的其余部分投资于更长期的证券，如两年期国债，获得比平均收益率更高的收益。

收益率

什么是投资回报？财政官员应在权衡所关注的合法性、安全性和流动性后，寻求获取尽可能高的回报率。通过建立绩效衡量标准，财政官员能够评估其投资计划的效果。衡量标准将在本章后面讨论。

适用性

一个投资是一项合适的选择吗？仅仅是法规允许，并不意味着一项投资是适合政府的投资组合。一些投资，如抵押担保证券，还有预付风险（房主在利率下降时提前支付抵押贷款，使投资者在更低的利率环境中再投资资金），在不断变化的利率环境中会有巨大的价格波动风险。同样，期限超过 5 年的零息债券和证券是不适合营运资金进行投资选择的。

公开招标

确保财政官员取得证券最好价格和收益的方法，是对所有的投资购买和销售公开招标。在投资购买前，许多政府确定公开招标的最低额。小型政府通常不用经纪商服务，这限制了他们的投资购买。然而，如果小型政府使用多家银行，则仍然可以受益于存单的公开招标。对可能只有一个或两个投资来源的政府而言，可以根据金融杂志或在线服务的公开信息核实报价。

准予的投资工具的分析

当察看投资选择时，投资交易的各个方面必须予以考虑。有些投资比其他一些投资更具流动性，有些投资更易遭受更多的价格波动的影响，有些投资相对于其他选择花费更大。此外，在投资购买前，也应考虑到市民、管理机构和民选官员的想法。如果组织具有低风险承受能力的特征，就只作相对稳定的投资。

下述是允许地方政府使用的典型的投资工具。

地方政府投资组合

地方政府投资组合可以由国家发起，也可以组织成许多地方政府集中其现金用于投资的联合权力机构。一个国家的投资组合可以将地方政府和中央的多余现金合并，创建一个大额款项。地方政府投资组合比每个资金参与者单独投资能获得更高的投资收益率。许多投资组合都允许参与者每天存储或提取资金。

投资组合通常在下列情况下产生最大的经济效益：（1）政府用于投资的金额小于1 000 万美元；（2）投资的时间短；（3）缺乏能管理更积极投资计划的工作人员；（4）预计利率会波动。由于组合一般维持90 天或更短的加权平均期限，所以，组合利率滞后于市场利率。当利率下降时，组合利率将高于隔夜货币投资利率，直到现有的投资组合到期，并被新的更低利率的投资所替换。相反，当利率上升，组合利率将低于隔夜投资利率。

共同基金

共同基金是投资公司管理的开放式基金，由股东筹资，投资于与规定目标一致的一组资产。共同基金购买不同的投资工具，如股票、债券以及货币市场工具。货币市场共同基金是一个开放式的共同基金，只在货币市场投资。这些基金投资于短期债券（1 天至一年），如国库券、存单和商业票据。货币市场共同基金的主要目标是保护本金安全，并能够分红。基金努力维持每股1 美元的净资产值，但净值也在波动。货币市场共同基金被要求在美国证券交易委员会注册，必须遵循美国证券交易委员会的2a － 7 规则，这个规则涉及的内容有：管理购买投资的信贷质量，规定基金多元化方针，限制投资期限，并要求基金维持每股1美元的资产净值。这些基金的投资组合受招股章程和董事会确立的投资政策的限制。货币市场共同基金往往与银行隔夜账户联系在一起。

一些公共部门投资于债券共同基金。债券共同基金通常投资于以最小的资本风险提供稳定收入为目标的债券。债券基金更易波动，并不力求维持每股1 美元的资产净值。许多债券基金仅限于投资于美国国债和机构债券，因而具有低信贷风险特征。但债券基金也有很大的市场风险和流动性风险。当利率上升时，债券基金的价值可能跌破每股1 美元的资产净值。当发生这种情况时，投资者往往会变卖股份，从而导致本金损失和流动性问题。

存　单

可转让定期存单（CDs）是支付固定利率、期限从一个星期至几年的定期存款。可转让定期存单的提前赎回可能导致重大损失，所以投资者应把这些投资看成低流动性资产。此外，由于联邦存款保险公司对可转让定期存单的保险上限是10万美元，所以政府需要对银行提供的可转让定期存单进行信用分析，只购买有抵押权证的可转让定期存单。由于银行为投资予以担保，有抵押权证的可转让定期存单支付的利率通常比其他投资低。

如果投资者可以锁定有利的利率，并确信存款期间不需要这些资金，那么可转让定期存单是明智的选择。投资数量有限的政府可能希望投资组合多样化，那么可转让定期存单在特定的利率环境下对投资组合是很好的补充。

因为银行没有办法确定公共部门是否拥有可转让定期存单，所以投资于可转让定期存单的各层级政府应该知道，这些存款不能被担保。事实上，因为这个原因，许多国家不允许地方政府投资于可转让定期存单。如果地方政府希望投资，就应该评估银行的财务实力，获得来自全国承认的，如标准普尔、穆迪投资者服务或惠誉等统计评级机构对银行短期和长期债务的评级。当政府购买可转让定期存单时，政府就容易受到银行信用风险的影响。

回　购

回购是在证券买方（投资者）和银行或证券交易商之间同时进行的交易。在回购交易中，投资者用现金换取证券的临时所有权，协定在某一特定日期和规定的利率下证券由银行或证券交易商购回。回购有三种类型。隔夜回购的到期日是下一个工作日，是常用的现金管理工具，使财政官员可以有效地使用过剩资金。隔夜账户经常使用作为投资机制的隔夜回购。定期回购协议有限定的到期日和固定利率。因为投资者可以锁定利率，这种类型的回购在利率下跌的环境中有利。非定期回购通常被用来获取债券收益。非定期回购允许投资者因为工程付款而撤出资金。

国库券

国库券是公共部门常用的投资工具。国库券具有高流动性，是可交易的债券，并且其本金和利息由美国政府完全担保。公共部门投资者投资的国库券是短期债券和中期债券。短期债券是折价发行的短期可交易证券。短期债券的期限是3个月和6个月。中期债券是期限超过1年和长达1年的付息证券。财政部也发行原始期限超过10年的债券和本息分离债券，后者是期限从1个月到30年的零息债券。

国库券有一个活跃的二级市场，投资者往往可以在到期前出售而不遭受重大价格损失，有时还有销售收益。国库券的另一个好处是投资者可在二级市场购买几乎满足所有期限要求的证券。由于这些证券的市场非常活跃，买卖价差通常很小，所以投资者可以很容易地确定是否得到了公平的投资价格。

政府机构债券

因为投资者并不了解真正的政府机构债券和政府支持的企业债券之间的区别，所以政府机构债券受到大量关注。发行货币市场证券的唯一政府机构是政府国民抵押贷款协会（Ginnie Mae）。其他政府机构发行的是小批量的、不适宜资金运营的长期证券。

政府支持的企业债券

政府支持的企业包括美国联邦国民抵押贷款协会（房利美）、联邦住宅贷款抵押公司、联邦住宅贷款银行和联邦农业信贷银行。这些企业被全国承认的统计评级机构评级，遇到财务问题时，虽然不具有美国政府的完全承诺和信用担保，但还是有获得援助的隐含保证。这些企业频繁地发行大量的、各种结构和期限品种的证券。这些证券往往享有活跃的二级市场，在大多数情况下，适合运营资金投资。

公司债券

许多地方政府，特别是大型地方政府，投资于商业票据和公司票据等公司债券。这些债券通常比上文所讨论的投资选择有更高的回报。商业本票是折价发行、期限少于270天的短期投资。公司票据是有各种期限的有息债券。公司债券的投资者应分析发行人的短期和长期债务评级。大多数州的法律对公司债券的使用有明确的指导。

货银两讫

投资公共资金时，财政官员应坚持所有的交易都在货银两讫的基础上进行。在货银两讫的交易中，在收到卖方证券（或担保）交割的同时，买方支付资金。双方也可以向第三方托管发出各自的现金和证券，当交易成功完成时，第三方托管发出书面确认书。这种付款安排可以保护买方免受卖方的欺诈和规避来自卖方的信用风险。如果卖方违约或破产，买方将拥有证券的所有权。

投资绩效评估和报告

及时和准确的报告是投资计划的重要组成部分。政府需要及时地报告了解投资绩效。政府应设置衡量标准，并对照衡量标准评估绩效。定期投资报告须由政府机构起草。

绩效衡量标准

衡量标准是一个方法，使投资者可以把投资组合的绩效与其他相同标准的投资组合或证券类型进行比较。设置绩效衡量标准对财政官员来说是一个令人失望的体验，财政官员必须把由运营资金组成的投资组合的本金安全，作为比收益率更重要的事项来考虑。为反映市场状况和风险承受程度，政府投资政策规定的绩效目标必须认真设定，使财政官员遵照投资政策的指引，能够达到绩效目标。因此，投资决策者面临的挑战是选择一个衡量标准，既设置一个现实的绩效目标，同时又不给负责投资的工作人员带来不必要的负担。

监控投资绩效

根据投资组合的投资管理风格，绩效衡量标准会有所不同。持有许多投资组合、各种证券的政府可以用同类证券的指数作为绩效标准。例如，投资组合加权平均期限超过 1 年、不足 3 年的政府可能使用美林 1—3 期国债指数作为标准。大多数政府使用购买并持有的投资策略，满足这种策略标准的是固定期限国债（CMT）。固定期限国债的收益率都登载在美国财政部的网站上，可以作为保守管理的投资组合指标来使用。财政官员可以创建电子表格来捕捉不同到期日和各种时间结构下固定期限国债的月平均收益率。例如，政府有一个加权平均日期为 90 天的投资组合，就可以把它的绩效与这个月 90 天、半年、1 年、5 年期国库券的平均收益率对比。这能使财政官员通过对比不同利率周期间客观的市场情况，来评价组织的投资绩效。

投资组合报告

由于报告是投资过程的一个重要组成部分，所以报告应定期送交投资监督委员会（如果存在的话）和适合的其他监管部门。下面的信息通常包括在报告中：

- 按类别和占投资组合比例的投资列表
- 按到期日的投资列表
- 每项投资的成本、收益和应计利息
- 每项投资的市场价值
- 投资组合的加权平均到期收益率

样本投资组合资产的报告在表 2 - 2 中显示。

表 2－2

投资组合资产的样本报告

单位：美元

描述	购买日	利率/券息	到期日/赎回日期	面值/股份	历史成本/应计利息	应摊成本/累计摊销	公允价值/公允价值变化	未实现盈利（损失）	利息收入	总应计利息	占投资组合%	收益率	穆迪评级
政府XX投资组合资产的报告 2/28/2006													
美国财政部													
912828CQ1	8/1/2005	2.750	7/31/2006	1 000 000	989 140.63	995 465.32	991 900	－3 565.32	0.00	0.00	14.01	3.87	Aaa
中期债券					0.00	835.34	880		2 127.07				
91282EK2	12/23/2005	4.250	10/31/2007	1 000 000	997 031.25	997 329.44	992 700	－4 629.44	0.00	14 205.80	14.12	4.42	Aaa
中期债券					6 222.38	122.78	－2 400		3 287.29				
合计				2 000 000	1 986 171.88	1 992 794.76	1 984 600	－8 194.76	0.00	14 205.80	28.13		
					6 222.38	958.12	－1 600	0.00	5 414.36	0.00			
政府支持的企业债券													
3133X3DG5	1/28/2004	2.500	4/28/2006	1 100 000	1 102 156.00	1 100 000.00	1 095 930	－4 070.00	0.00	2 520.83	15.61	2.51	Aaa
美国联邦住宅贷款银行			4/28/2006		0.00	0.00	1 540		2 291.66				
3136F3NX0	7/2/2003	2.625	4/28/2006	2 000 000	2 017 880.00	2 000 000.00	1 993 000	－7 000.00	0.00	4 375.00	28.58	2.63	Aaa
房利美			4/28/2006		0.00	0.00	2 800						
合计				3 100 000	3 120 036.00	3 100 000.00	3 090 470	－11 070.00	2 291.66	6 895.83	44.19		
					0.00	0.00	4 340	0.00	2 291.66	0.00			
公司债券													
90331HJN4	10/22/2004	2 400	3/12/2007	1 000 000	986 520.00	994 180.85	970 300	－23 880.85	0.00	11 266.67	13.97	2.99	Aa1
美国银行					0.00	433.34	－400		2 000.00				
36962GB78	2/16/2006	3 500	5/1/2008	1 000 000	967 900.00	968 418.39	968 600	181.61	0.00	11 266.67	13.71	5.05	Aaa
通用电气金融服务公司									1 458.34				
合计				2 000 000	1 954 420.00	1 963 032.58	1 938 500	－23 699.24	2 000.00	22 933.34	27.68		
					0.00	433.34	－400	0.00	3 458.34	0.00			
总计				7 100 000	7 060 627.88	7 055 827.34	7 013 570	－42 964.00	4 291.66	44 034.97	100.00	3.42	
					6 222.38	1 391.46	2 340	0.00	11 164.36	0.00			

报告也应遵守政府会计准则委员会（GASB）设置的要求[5]。会计准则委员会公告能影响投资计划，如会计准则委员会公告31要求，特定投资和对外投资组合要有会计和财务报告，政府每年至少报告一次期限超过一年的投资的市场价值。另一个是会计准则委员会公告40，要求进行存款和投资风险披露，要求政府报告信贷风险、信贷风险集中度、利率风险和与存款及投资有关的外币风险。

结　论

一个运行良好的投资管理程序可以保护政府资金安全，并通过有效率的投资使这些公共资金被有效地使用。同样地，通过使用费用较低的方法处理收支和实施有效的征收计划，地方政府可以减少现金管理成本，征收所有应收收入。电子商务发展的趋势不断增强，银行产品正变得越来越复杂，这使政府可以用更少的资源实现现金管理职能，并使公共资金投资对财政部门来说变得更加重要。本章讨论了有效管理现金与投资的工具和技术。

本章注释

①Larson（2005）提供了交易担保实践和保护措施的详细讨论。

②金融专业人士协会维护了一个关于已印发的招标书和对银行业务关系的文章库，并用电子手段提供了大量招标书。见金融专业人员协会（2003）。

③社区再投资法是联邦政府关于银行如何满足所服务社区信贷需求的措施。

④关于公共部门投资的深入探讨见 Miller、Larson and Zorn（1998）。

⑤ 政府会计准则委员会的目的是建立国家和地方政府会计和财务报告的标准。更多信息可以在委员会的网站上找到，http：//www. gasb. org。

本章参考文献

Association for Financial Professionals. 2003. Standardized RFPs：Effective Tools for Selecting Cash Management Banks, 2nd ed. Bethesda, MD：Association for Financial Professionals.

Larson, M. Corinne. 2005. An Introduction to Collateralizing Public Deposits. Chicago：Government Finance Officers Association.

Lockhart, Kevin. 2004. "Core Banking Services." In Banking Services：A Guide for governments, 62. Chicago：Government Finance Officers Association.

Miller, Girard, M. C. Larson, and W. P. Zorn. 1998. Investing Public Funds, 2nd ed. Chicago: Government Finance Officers Association.

Phoenix - Hecht Company. 2006. The Blue Book of Bank Prices, 2005 - 2006. Research Triangle Park, NC: Phoenix - Hecht.

第三章

地方政府采购与防止腐败

Clifford P. McCue, Eric W. Prier

公元前300年，雅典的采购记录揭示了政府采购契约的存在（Coe 1976: 87）。如今，世界各国的公共采购官员控制着相当于一个国家任何特定年份的国内生产总值30%的开销（Callender and Mathews 2000）。世界经济领域中如此巨大的影响力对于大多数享受政府福利和服务的人们来说却不足为奇。

尽管腐败现象古已有之，但多数有关腐败的现代文献却致力于机构与个人对诸多领域中腐败的成因与后果的分析，诸如采购投标、征税、经济增长、官方红头文件、经济整合、地方分权（Banerjee 1997; Bibhas 2003; Compte, Lambert - Mogiliansky, and Verdier 2005; Ganuza and Hauk 2004; Gurgur and Shah 2005; Marjit, Mukherjee, and Mukherjee 2000, 2003; Shleifer and Vishny 1993; Wallace and Haerpfer 2000）。围绕腐败到底是具有特定情境性与文化关联性，还是个人欲望的产物，一直存有争议。然而，近期学术研究成果表明，“一体适用（one - size - fits - all）”式的反腐败策略，不及针对一个特定国家内部的社会政治环境和供货商竞争（supplier competitive）环境而制定的反腐败策略行之有效（Celentani and Ganuza 2002; Kaufman 1998; 另见 Robinson 1998）。

从发展的观点来看，制定健全的采购政策和措施，对减少腐败和增加透明度十分必要。地方政策旨在保障医疗和教育，同时促进经济发展。这就要求最大限度地利用地方所拥有的有限资源来满足物资消费、服务消费和基础设施建设等方面的需求。此外，有效的地方政府采购政策和措施，有助于完善公共资源的财政管理（Hunja 2003）。公共物资和服务的有效供给，通常需要协调一致的物资与服务的提供，而政府的采购部门必须卓有成效地完成上述任务。难以想象一个地方政府，缺乏一套包含有效公共采购政策及措施的财政管理系统，却能够在某一政策目标上实现重大改进。这一认识在某种程度上解释了为何公共采购规划和全球性遏制采购腐败的尝试日益受到重视。

本章阐述地方政府采购中产生腐败的机会，同时讨论发展中国家采购官员个人从事腐败活动的动机和诱因。本章并非试图阐述如何消除腐败，因为腐败永远无法彻底根除（Klitgaard 1988；Pope 1996）。本章的目的在于阐述发展中国家地方采购问题的概貌，然后明确一系列能够在地方层面贯彻执行的、旨在减少潜在腐败的措施。

公共采购概述

本部分探讨地方层面采购、地方层面采购的演变与目标、腐败产生的机会。

地方层面采购职能的特征

基于诸多原因，大多数地方官员都想控制采购决策权，通常是因为他们可能觉得他们最清楚何种物资和服务最能有效地满足他们的工作。然而，由于公共采购的特殊性质，这一行业的从业人员通常没有经过充分的培训，无法完成最基本的采购及合同管理流程。因此，相应的技能在今天复杂的决策环境中必不可少。此外，有效的制度和培训亦同等重要。无论在发展中国家还是发达国家，地方采购官员都在公共机构中扮演着配角。但是，由于他们的工作环境存在诸多方面的显著差异，如代理商、管辖权，乃至政府、生产商等，他们解决的问题亦各不相同。

大量的政治问题也超越了监管环境，比如在划分采购决策权限上的政治较量，以及地方层面的政治俘虏（political capture）的潜在互补。发展中国家的地方采购官员基本是通过上级任命或客户系统（client system）产生的，因此他们所具有的技能与一般职员无异。况且，在更高级别的层次上，地区或国家采购官员主要考虑的是宏观问题，而很少考虑到地方问题，这会使激励机制难以被执行。当一个由朋友和同事构成的封闭网络在地方利益方面刻意误导信息的传递和回馈时，当一个强大的精英集团凌驾于地方公众之上时，专业化的采购职能就会弱化。地方层面组织严密的社会关系网可能阻碍近在咫尺的业务往来。

善治环境中公共采购的重要性

“腐败”一词是用来描述一种大范围的非法活动，但一种常用的定义是滥用公职谋取私利。亚洲发展银行（2003：3）采纳了另外一种更加全面的定义，即腐败“涉及公共和私立机构中的官员，通过滥用赋予他们的职权致使他们和（或）与他们关系密切者变得富有的、不当或非法之行为，或促成其他人发生上述变化之行为”。这与世界银行（2004：8）的采购工作指南的定义是相符的。世界银行这样定义腐败行为：“通过直接或间接地提供、给予、收受或索要任何有价值的物品来影响公共采购进程或合同的履行之行为。”在上述所有表述中，政治腐败行为均涉及官员滥用公权，非法谋求私利。此外，由于通常隐匿于公众视线之外，腐败行为可以概念化为政府职能的私有化（Passas 1997），而且通常凌驾于公众利益之上。

由于某些欠发达国家的腐败现象已司空见惯，所以充分理解制定及撤销采购决策的流程至关重要。这就迫使我们更加全面地理解善治的意义。无论是公共机构还是私立机构，总体来说，所谓“治”即指制定和实施决策的过程。“治”包括正式的和非正式的参与者以及赖以制定和实施决策的组织架构。“治”亦包括旨在管理国家事务的政治、经济、行政机构的权利运行，因为国家必须依赖这些复杂的机制、程序、关系以及公民借以表达意愿、行使权力和义务、调解争议的各种机构（UNDP 1997b）。善治可通过公众参与、问责制、政务公开等手段来推动高效的公共管理，以确保所有活动和成果达到预期的目标和标准（UNDP 1997a）。

总而言之，廉洁采购和善治已经成为当代民主国家存在的先决条件，即某些未明确、未指定的权力是独立存在的，且在政府成立之前已存在（关于先决条件的论断，参见 Prier [2003：25－36]）。世界银行的倡议揭示了这一点：“亲近人民，促进就业，崇尚自然”（pro－people，pro－jobs，and pro－nature），通过增加政府机构的职能来实现人类可持续发展。这些职能包括：优先照顾贫困者、提高妇女地位、保持环境、创造就业机会以及为现在和未来的社会创造其他生存之道。

在发展中国家，上述许多善治原则得以奉行。例如，设在塞拉利昂的非政府组织“善治运动”将善治等同于自由、民主、性别平等、职能建设及公民教育等，以实现民众知情、国家民主。这不足为奇，因为在如今逐渐全球化的背景当中，腐败悄悄侵蚀公众对政治家、政治机构及进程的信任，无论他们身在何处。

善治经常被认为是一种难以彻底实现的理想。尽管如此，似乎仍存在一种共识：应在平民社会开展更多的政治活动，并且实施真正意义上的公平竞选（USAID n. d.），因为腐败是善治的死敌。由此，有种信条得到广泛认可：公共机构要通过公开、公平、诚信地处理公共事务和管理公共资源来促进人权。这既可以通过建立和加强政治及采购系统中的制衡原则来实现，也可通过赋予机构和民众社会监察权来实现。善治还促使我们建立一种绩效化的、资金充足的公民服务体系，并使该体系运行于旨在提升公共开支责任感的环境当中。

地方层面采购的演变与目标

大量研究公共采购的文献揭示了一个未明确的预期：公众对定义为“公益”的行为抱有相互矛盾的见解。这样，关于适当行为的主导性标准，事实上可以直观地指导人们在地方层面上如何进行采购以及购买什么。谈到“公众利益”，我们必须了解：正确的的行动方针已无法满足政府官员工作的需要。为应对上述情况，管理主义和公共选择运动已经在学术界落地生根。其结果是：在公共采购和公共部门管理领域较为普遍地出现了一场全球性的以市场为导向的效率（market - oriented efficiency）运动。

在发展中国家，为了遏制腐败和其他弊端，许多地方层面的采购系统均表现出过度控制的特点，但是问题依旧存在，因为当代理性决策理论认为：在公共采购领域，选择动机和决策机制的运用已被广泛理解和接受。同时，采购官员必须在本来就不确定的环境中，不断地对物资与合同进行风险评估。尽管如此，由于许多发展中国家不断自由化，采购官员发现公民对采购的目标与价值存在很多分歧。在任何特定条件下，这种分歧都为最终作出采购决策造成了多重估值标准，因此必须使地方政府及其官员洞悉这些矛盾。或许这正支持了发达国家在地方采购领域中开展的标杆管理和绩效评估（benchmarking and performance measurement）运动，以及他们的地方采购政策规划和健全的合同管理。

公共采购过程中腐败产生的机会

文献调查研究了两种腐败。第一种被称为“高层腐败”（called grand corruption），即发生在执政集团主要负责人身上的腐败。这种腐败常常侵蚀其赖以生存的官僚体系。第二种被称作“低层腐败”（petty corruption），即发生在某些官吏身上的腐败，这种腐败威胁执政机构的工作效率。这两种腐败通常被认为是休戚相关的，因为低层腐败可以导致高层腐败，反之亦然。

在欠发达国家，地方采购腐败的主要途径之一就是“加速钱”交易（Bose 2004；Guerrero and Rodríguez - Oreggi 2005；Marjit，Mukherjee，and Mukherjee

2000)。这种交易会以多种形式出现，但均有如下功能：不行贿，采购官员的决策就会受到阻挠、推迟或终止。不管是有能力阻滞公共建设工程承包商现行的注册和预审资格程序，还是延误向具体的销售商采购特定的商品或服务的实际决策，这种不行贿就扭曲采购进程的潜在威胁为地方采购腐败提供了大量契机。

仔细研究一个建筑项目的投标邀请书中所要求的供货商资格预审程序。资格预审申请可能是完整的，也可能是不完整的。不完整的申请必须延迟，而完整的申请才能受理。给予采购官员的自主权和采用的程序能够影响处理时间。尽管如此，正如 Bose（2004）所指出的：还没有一个透明的手段来确认，是否某个供货商的申请因合理原因被视作不完整而退回。但是，未被停办的不完整申请将会被负责下道程序的官员发现，特别是在分权管理的采购系统中。分权管理意味着由于购买物品的类型或签订服务协议的代理商的不同，需要许多人签发放行许可。采购官员的经验和多年形成的记忆将会告诉他最终需要何种放行许可，以及由何人来上传下达以继续完成采购工序。时间花费在不必要的放行许可上（也就是延迟）可能永远不为人知。但是，未能获取必要的放行许可将在后续的购买流程中受阻。因此，所有的采购程序都应在控制此类滥用职权与高效决策之间权衡。

以下情况时有发生：潜在承包商或供货商即使合法地获得了政府合同，也必须花钱。例如，在短暂的公开发包期（open contracting periods）内，官员正在等待所有的竞标申请书。这为承包商们提供了为自己的企业“行方便”的机会。他们向那些能够通过在文书工作或流程方面设置“非正常因素”以阻挠招标举行的官员们提供回扣。在这种情况下，由于操作进程可以延迟，所以不作正面回绝也没什么影响，况且潜在的供货商可能不会有耐心继续等待。总之，这个过程暗示：由于不同供货商对时间的价值认识不同，一些供货商或卖方更加愿意付出加速钱，而另一些则能够继续等待。这些意愿可能会给供货商竞争带来长期的影响。尤为重要的是，它会侵蚀公共采购领域的善治。

政府合同竞标的过程中也存在着串通舞弊的情况。串通舞弊的种类包括操纵投标、欺骗投标或诈骗、暗箱投标（bid rigging, bid manipulation or fraud）。在政府方面，采购官员被授委派验收物资和服务质量，可能产生篡改标的等级的动机，或允许中标企业以低于工作说明书所要求的质量标准进行生产。另外，采购官员可能会提出收取回扣的要求，心照不宣地允许偷梁换柱或以次充好的情况发生。

大量地方采购的腐败行为将会公开化。这些行为包括明目张胆地挪用或盗窃钱款或物资、欺骗性地滥计成本或劳务冒支（labor mischarges）、贿赂采购官员、官员向卖方索贿，或者直接的行政利益冲突。在某些场合，内部交易是可能的，非法佣金或私人关照以及认人唯亲和裙带关系也同样可能存在。最终，在公共采购的业务中将会出现洗钱行为。

由于相信竞争可以激活效率，全球公共机构越来越多地使用类型更加宽泛的服务机构，但不可避免地导致更大程度上依赖外包，而这些服务以前是由专业的行政事业部门来提供的。采购管辖权与决策权越来越多地转交给下级政府或私人企业，一旦在公共采购中实施优惠政策，比如限令本地购买，或从小型的或少数人拥有的企业购买，就会增加腐败发生的机会。

以下是一条普遍规则：政府机构越大、级别越高、组织越复杂，采购所花的时间就越长，因为延误是大量的规章制度和程序的必然结果。

政府系统与地方层面的潜在腐败

政府系统的类型似乎与腐败产生的可能性休戚相关。学术研究认为：腐败的诱因趋于复杂。但在发展中国家，公共机构职能薄弱，大众教育水平低下，民主程度不高，从而导致腐败滋长。历史经验表明：一个国家内部的权力分配与行使对地方层面的腐败颇具影响。所以，采购问题对一个国家重要性可能不及其他国家。常识表明：专业的行政服务将会促使公共部门尽职尽责，因此，专业化必将成为任何改革的目标。

尽管有人声称，永久性遏制腐败的方法是减小政府在经济领域中的作用（Becker 1994，1997），但是，Galtung 指出，丹麦、芬兰、荷兰、挪威、瑞典以及瑞士在《透明度国际腐败观察索引》（Transparency International's Corruption Perception Index）上名列前茅。然而他们“读起来可不像资本主义的自由主义名人。而且那些实行了经济自由化并取消经济管制的国家的过去的腐败发生率已经相当低了”（Galtung 1998：123）。鉴于这种情况，一个国家内部的权力分配可能要比减少政府干预更为重要。

联邦制和中央集权制政府体系

从法律到程序和制度，政府体系能够深刻影响一个国家的采购系统。全球现有三种政府体系。第一种政府体系是中央集权制。在中央集权制体系下，权力归属于国家，中央以下的政府只是中央政府的管理手臂。第二种政府体系是联盟制。地区或州政府就是最高权力所在地，他们联合在一起，形成一个国家级的政府。中央政府屈从于地方政府的意愿和指令。第三种政府体系是联邦制。在这种体系中，地区或州政府在同一政治体制下享有自制权。

第三种体系趋向于提供一系列保护，同时又鼓励创新。但是，在可能存在效仿行为的同级自治政府间，问题又出现了。此外，有些联邦体系给每个政府在其辖区内至高无上的权力，而在其他体系中，管辖界线则模糊不清。由于联邦体系倾向于国家级政府与下级政府享有平行的权力，内部管辖权冲突最终可能削弱反腐败战略的基础。

采购系统的组织结构之所以重要，主要原因在于：不同级别的政府间存在采购职能的重叠，这会导致购买过程中出现协调与监控的问题。在联邦制体系中，一旦管辖权限界定不明，则很难理清采购中何种行为是正确的。在此种环境中，地方俘获（local capture）可能在一个地区导致腐败机会的出现，而在其他地区则不会。因此，为了打击腐败，最起码要建立一套一元化的采购标准和操作流程。这可以通过加强地区或地方政府间的合作采购来实现。

中央采购组织架构

在发展中国家，政府机构的设置对遏制腐败至关重要，因此，由一个政府部门，如一个国家级部委来全面负责采购政策，被证明是有益的。尽管地方分权和腐败之间的联系并非十分明确（Fjeldstad 2003：4），但是，近期的研究表明：中央授权与地方分权是非常可取的（Bardhan and Mookherjee 2000；Gurgur and Shah 2005）。然而，发展中国家实施分权化采购时，必须注意：地方层面缺乏采购的专业知识和技能，会妨碍积极结果的产生，因为地方分权使贿赂行为更加容易操作（Bardhan and Mookerjee 2003；Carbonera 2000）。

在腐败广泛发生的地区，试图将腐败视为一系列独立问题的举措，通常难以奏效。可持续的反腐败措施有赖于诸多利益相关人员全部恪尽职守（Pope 2000）。因为单方面措施经常是不稳定、不充分的，且严厉的惩罚几乎总是难以遏制腐败犯罪（Marjit and Shi 1998），所以，一些策略要着眼于阻止国家层面在构想和策划采购项目时可能产生的腐败行为，同时一些基础工作必须完全在地方层面进行计划和落实——只有各级政府，包括地方政府全部参与才能取得成功（United Nation Office on Drugs and Crime 2004）。政府采购与合同管理在预算紧缩和高通涨时期，尤其容易遭到腐败行为的侵害，因为付给供货商的款项可以拖延，而且公务人员不高的工资会使其难以抵制腐败的诱惑。事实上，Van Rijckeghem and Weder（1997）提供的证据表明，在那些公务人员工资较高的发展中国家，腐败发生率略低一些。

地方分权的适当程度难以评定，因为一个采购流程也许在某个政府中能有效地减少腐败的机会，而在另一个地方政府中却无效。鉴于高层腐败的自身特性，特别是在高层腐败普遍盛行的发展中国家，中央政府必须在监控地方采购官员的工作表现方面发挥一定的作用。通过担当监控者的角色，国家政府能够确保提供公共服务过程中的发言权，并保留在必要时进行干预的特权。

中央集权与地方分权

发展中国家必须考虑权力在公共采购系统中的分配和运行方式的影响。基于众多原因，当采购系统的透明度达到最大时，腐败现象就会被最小化。但是，当采购决定不是出自地方时，地方的受益者就难以理解采购决定作出的方式和原因。因此，这些国家必须考量其中央集权化采购系统在对抗因地方决策架构不透明而造成的社会责任感及合法性缺失方面的效能。

分权化程度最高的采购机制把权力分散到了政府的最低层面及其员工身上。通过分解职权，地方分权经常被视为一个最好的途径，用以促进政府间的竞争，强化政府机关的相互制衡，通过顺应地方需求来增强责任感，以及尽可能从总体上减少中央政府的作用。问题在于，地方分权也会增加地方层面腐败的可能性，一旦相关职位上的地方官员有机可乘，他们会将事先策划好的腐败计划付诸实施。地方政府的财政管理和审计系统的行政能力有限，而且财政来源较为有限（经常导致地方官员的工资较低），极易导致不良行为的发生。因此，发展中国家在选择采购系统时，必须折衷考虑，区别不同级别政府的行政能力。

不同政治体制间产生的冲突

发展中国家已经趋向于加大分化采购的力度。但是，仅仅靠地方分权来遏制腐败可能会徒劳无益，因为地方管制社区（local capture of communities）将导致更多腐败。地方分权增加富裕地区与不富裕地区之间差距的可能性也仍然存在（Bardhan and Mookherjee 2006；but see Shankar and Shah 2003）。

Vagstad（2000）分析了信息传播程度与最优采购决策方案之间的关系。Vagstad 指出：因执行失误和官僚主义而产生的代理成本，诸如建立中央管理机构的开支，可能会使集权化的代价过高。如此大的支出是否足以对集权化采购过程及其程序有利，仍是一个未解的难题，因为发展中国家之间的相关环境经常是千差万别的。实际上，当人们意识到由于对地方资讯特别偏好的存在，即使在执行过程中有国家监管，地方腐败也会有被隐藏的时候，实行中央集权化的必要性就突显出来了。

不管何种政治体制，地方腐败可通过其他途径进行防治。例如任何辖区均可采用概述标准规程的采购手册。在一些发展中国家，另一个反腐手段就是采用采购规划作为工具，优选一系列战略改革方案，从而把反腐败措施纳入主流。在坚持善治原则的基础上，采购规划要采用精确的数据分析，可共享和国产化，并且得到国家领导层的支持。确实如此，加纳采取的采购规划手段，在其反腐败运动中发挥了作用（African Development Bank 2003）。

采购进程作为反腐败的保障措施

制定恰当的采购进程政策和措施，能够切实减少腐败。这里所讨论的模式，不仅可以建立一个旨在减少扭曲采购进程可能性（Monczka and Trent 1998）的机制，同时也可以提高透明度。如果决策权开放、公平，引入竞争机制，并且有多方利益相关者参与决策过程，那么扭曲采购进程的可能性就会大大减少。

根据 Hinson and McCue（2004）的研究，采购规划进程模式相对简单明了：（1）建立采购战略规划；（2）通过正常法律程序使规划合法化；（3）通过良好的合同管理程序来落实规划；（4）评估规划。

公共采购规划进程阶段

限制过程腐败机会和改变特定采购的总体目标使之成为通常采用的计划、预算和控制采购职能可量化的行为，有赖于正式的采购计划。恰当的采购计划能够提供一种预防和记录各种特定采购行为的方法，而一个正确规划的采购计划可降低特定购买、援助项目管理和合同管理的各种风险。这有助于在采购物资和服务过程中辨别职责和责任主体，以及指明可提升的伦理观或诚信度。

采购规划也有助于在基层政府层面在供方与物资和服务的购方及生产商间建立成熟的关系。通过识别具体的职责需求特性，在机构中规划采购支出特定的目标。最后在优先次序模型中结合资源配置决定，告诉管理者要么批准要么改变当前的采购政策或程序方向，以满足上述目标，并共享采购过程的结果。这种结果包括内外采购利益相关方大大降低腐败的可能性，并在机构文化、系统和操作进程中产生积极的改变。

任何采购规划进程的复杂性都直接关系到花费的数量、获取所需要的物资和服务的难度及与规划相关的风险。这种复杂性经常涉及获取供给难度的等级评估、区分采购的目的和收集需求和市场规格参数表的信息。此外，当采购目标已经实现时，一个被检测和校正的采购战略（可称采购计划）应定期详述效益指标和措施。

表 3－1 提供一个对地方政府在建立采购计划过程中有所帮助的、应予以考虑的、非全面的一览表。这一信息的收集和综合通常用于生成一个采购图表，这一图表的基本信息反映采购利益相关方评估地方政府将要耗费的资源。

表 3-1　　采购规划的构成要素

采购图表至少包括如下项目：

■ 每年需采购什么物资和服务？

■ 哪个部门需要采购特定的物资和服务？

■ 每种物资和服务需要花费多少资金？

■ 物资和服务如何采购？

■ 物资和服务向什么人采购？

■ 物资和服务的供应商在何处？

供给风险分析。用于评估与供应商将提供的商品相关的风险的工具，称为供应商定位（supply positioning）。

■ 物资和服务对于地方政府的重要程度如何？

■ 与将要购买的物资和服务相关的风险是什么？

——与产品相关的风险

——与组织相关的风险

——与供应商相关的风险

——与市场相关的风险

■ 对政府曾经购买物资和服务的主要市场的评估结果如何？

——有多少供货商，以及他们的市场份额多大？

——备用或代用商品的可用性如何？

——供货商之间竞争的程度和类型如何？

——供应链的性质和品质如何？

——何种环境因素影响供给市场？

市场评估。仔细检查地方政府的购买活动对其主要供给市场的影响。

■ 对于特定供货商来说，地方政府作为消费者的价值如何？

■ 供货商如何看待与地方政府的业务？

采购整合。评定每个部门的采购能力，包括其结构、职责、系统进程和工作能力。

采购预测。确定中期和长期采购需求，制定战略计划，以便实现采购规划和机构战略计划的目标。

资料来源：摘自昆士兰州政府（2001）。

下一个阶段就是评估每个供给市场和开支类别的风险等级。这两个阶段之后，政府应当评估曾经采购过的物资与服务的市场。采购图表可以用来确定在不同供给市场内消费结构所造成的影响。它可以帮助进行机构进程和能力的评估（表中被称为采购整合（labeled procurement integration in the table））。最后，过去和当前的供应模式可用于大致预测中期和长期的机构采购需求。这些估算结果为建立和评估采购规划的有效性、各种供应类型的风险属性、资源需求的属性及时机提供了有效的基准。鉴于本章的目的，此处仅讨论采购图表的设计和采购风险的分析。如希望更多地了解市场评估、采购整合及采购预测，请参阅表 3-1 底部的内容。

采集制作采购图表必要信息的第一步，就是明确地方政府内部横向与纵向的功能。在大多数情况下，仅仅创建一个组织结构表就足够了。通常一个组织结构表会提供足够细节，用以标识参与采购的不同机构。一旦所有的机构明晰之后，下一步就是确定与每个部门相关的程序及活动，并指定需积极参与采购进程的个人。这一过程需要与各个部门进一步探讨需要完成的任务内容、完成任务的方法及人员。此时，要通过确定个人层面的责任和义务来提高透明度，进而减少个人扭曲采购进程的诱因。接下来应仔细核查地方政府的总分类账和应付款明细表。这些文件提供了详细的信息，包括采购的数量、采购人、供货人、采购时间，还包括其他普通供货商信息。使用总分类账和应付款明细表（以及所有单据）时，专业的金融或财会人员应共同参与工作，以获得机构所消费的物资和服务的支出报告。作为这一进程的开始，根据总分类账编码作出的统计分析通常可以提供足够的细节。但是，除非采购部门已经获得了上述信息，否则，总分类账编码不会对计入某次活动的物资和服务进行很好的说明。因此，对总分类账编码进行“深入挖掘”以及将各个交易有效地分门归类，对制作采购图表（the procurement profile）也许是十分必要的。

建议使用如下标准对采购活动进行分类：划分的类别应当代表相关物品和服务，这些物品和服务可以在当地购买，并且在一次购买活动中从同一市场区域一并购买。例如，在某些机构中，建筑活动可以以一个项目组为单位发出建议书邀请函，而不是以一个个独立的项目分别进行询价，如建筑服务、技术服务、空调项目。

除了查阅应付账款和总分类账之外，还可通过销售商编目文件、部门的供货商接洽人员、销售商参考明细、互联网以及供货商本人来收集相关信息，以更加详尽地了解供货商所在的市场。在某些情况下，同一供货商可能出现在不同的类别当中。例如，一个办公用品供应公司可能出现在以下类别当中：办公用品、电脑设备以及家具等。因此，根据销售商的商品和服务的种类来对销售商进行跨门类和次级分类，也许在这冗长的工作中会有一定益处。

进行支出分类时，初始阶段需要考虑的因素包括与多种物资和服务的采购、供货商能力、部门内物资和服务的购买申请、相似或相关市场分析等相关的风险的异同。钉子、锤子、螺栓可划分到“建筑五金”里，用于某个部门进行建筑物维护。对于每个项目，购买风险可能是相似的。对于那些总体用途相同的物品来说，风险较低且容易获得。但是，针对技术和建筑的咨询服务要单独分类，因为这些服务的目的迥然不同，特别是建筑的技术和设计对供货商的要求天差地别，而且不同环节的风险等级也各不相同，所以必须单独制作图表。

所有的采购支出均应录入一个电子数据库，以方便查阅和分析。可将这些支出由高到低进行排序，确保高额支出区域被划入第一区域。一般来说，整个账户的前20%的支出项目，会占所有采购支出额的80%。关注采购图表中最大开支类别对应的特定规划活动，可能将采购进程转化为作出及时有效的采购资源配置决策的情报采集系统，从而遏制腐败。

一旦采购图表制作完成，下一步就是同参与购买活动和供货商管理的地方利益相关者讨论这种分类的结果，以确保物资和服务根据其用途在地方进行编组。所有物资和服务均不考虑其购买者或花费金额，全部涵盖在采购图表中。上文讨论过，地方政府可能委派采购官员到各个功能区，导致上述支出倾向被排除在（图表）外，公共安全、公共工程建设和教育等服务领域尤为如此。另外，部门内部和部门间的交接必须确认无误，否则，从应付账款中得来的信息就可能被篡改，从而掩盖腐败行为。

一旦采购图表按部门和购买活动制作完成，既往消费可根据与销售商相关的信息进行推测和分析。销售商信息至少包括如下项目：

- 销售商名头和独一无二的识别编码；
- 销售商地址和地区标识符（用于地区分析）；
- 每财年在该销售商处的消费总额；
- 发票号码、数额和成交方式（建议书邀请函、采购卡、紧急购买订单等）；
- 向销售商汇款的总分类账编码；
- 使用该销售商（如果可能，最好带有金额）的部门或代理。

销售商识别编码标示出每个供货商或一组供货商在某一特定时间段内每笔交易的金额，而地区编码则有助于识别和分析当地或地区的开销模式。甄别每笔交易的采购方式，有助于明确政府是否过分依赖于某种询价手段，并且显示出给某个销售商开具合并单据是否可以降低交易成本。

采购保障的合法化

无论何时，只要可能，政府就应该使用正规的采购战略，可以通过恰当的投标手续寻求有竞争力的报价来实现，也可以通过经协商达成的定价方案来完成。用以发出询价、提出报价、签订合同、接收物资和服务的流程，因销售商执行的说明书、价格、防火、服务、条款和条件、位置或其他采购规划中制定的相关因素的不同而不同。

规范和标准的类型

一旦获取物资和服务的途径以文件的形式确定下来，采购规划与制定规范及标准之间的关系就反映在纸上。对于大多数物资和服务而言，在合同进入履行阶段之前，应该形成一份工作说明书（SOW）。工作说明书详细阐述了满足合同要求所需的所有规范和标准，同时包含销售商或承包商与地方政府的具体详细的责任。尽管合同本身可能陈述了付款方案，但在工作说明书中也可包含更多的细节。

根据维基百科（Wikipedia），工作说明书应当至少包括以下项目：

■ 工作范围。详细描述需要完成的工作，明确规定工作或交付产品的确切性质。

■ 工作地点。描述工作完成的地点或交货地点。

■ 完成期限。指定项目或交货的允许时间，诸如开始和完成的时间、每周或每月的可计酬工时、工作进行的时间（晚上、周末）、其他所有与工作时间表相关的事宜。

■ 交货日程。具体交货清单，描述需要交货的物资及交货时间。

■ 适用标准。描述任何完成合同所必须遵守的行业指定的标准。

■ 验收准则。指定地方政府如何认定物资或服务是否可以通过验收，以及应用何种准则来认定该工作通过验收。

■ 特殊规格。明确指定所有特殊的硬件或软件、工作员工的专业要求（如专业的学历或证书）、出行资格，以及其他任何未涵盖在合同条款之中的内容。

一旦工作说明书制作完毕，就必须起草一份合同履行计划。该计划连同承包商和地方政府双方应完成的每项工作，必须与时间和规范基准同时启动。该计划应包含一个沟通策略、一个责任模式（针对销售商或承包商和地方政府）、一个工作分解结构图、一个关键任务日程表。合同的所有议题（all contractual issues）都应基于合同本身及合同条款指定的任务制定一份清单。清单中需包含如下项目：

■ 合同起止日期；

■ 所有相关费用；

■ 发票和付款到期日；

■ 验收和交货到期日；

■ 安装、实施以及培训细节（如适用）；

■ 在合同中所有的承包商及地方政府的工作说明书中列出的明确的责任和承诺。

确定供给源的遴选方式

地方政府消费的物资或服务将决定供货商选择的最佳策略。通常情况下，遴选方式可划分为正式的和非正式的。下面将阐述不同的招商方式，这在《政府收购规则》（FAR 2005）亦有阐述。

■ 正式的投标与合同。正式的投标采用合法的广告宣传、详细的工作规格书或陈述书，以及在事先公布的日期和时间举行正式开标会等形式。正式投标通常通过投标邀请函或投标申请书发出邀请，通常由董事会签发。通过正式投标过程签订的合同有如下几种：

——需要在指定时间购买固定数量的物资或指定等级的服务，应签订固定价格合同。根据合同的条款，可以分几次交货。

——需要在特定时间段内购买预期数量的物资，应鉴定价格协议。这些合同在整个时间段内具有法律效力，而不必考虑物资的数量。

——建筑承包合同通常为一个特定的公共建筑工程而签订。这些合同带有附加的要求，诸如投标、履行以及付款保证书；还有保险要求，而且必须由有资质的承包商来完成。

——在采购设备或专业服务时，通常应签订服务协议。这些合同是基于建议书邀请函中的标准来签订的。

■ 非正式报价与合同。非正式的报价和投标程序可用于预先定义的正式投标限制下的采购，当正式投标进程无法实现或不能奏效时也可以采用。通过非正式投标程序签订的采购订单与合同，可以涵盖广泛的物资和服务种类。总的来说，有两种非正式报价：

——书面报价通过邮件、电子邮件或传真发出，无须具备正式的公开投标的格式。

——在很多场合下，电话报价也可用于购买物资和服务。

■ 公开购买订单。开放或总括订单（open or blanket purchase orders）间或用于经授权的个人或部门根据需要购买低额或急需的物品。开放订单通常用于指定的时间段内基于提供给地方政府的年固定价格或折扣表进行的采购。

非正式供给源遴选应受到最严格的限制，以减少产生腐败的契机和诱因，并且确保地方政府获得最低价格和最高质量，同时确保销售商或承包商有能力如期交货。非正式供给源遴选的两个基本方法是单源采购和紧急采购。

在某些情况下，如果采购规划确定仅仅单一供给源即能提供所需的物资、服务或建筑项目，可以在没有竞争的情况下签订采购合同。如果还有其他符合要求的可选来源存在，就必须避免进行单源采购。一份针对单源采购基本原则的书面决定应当包括在采购规划之中。地方建筑工程服务通常不能实行单源采购，但某些情况下，专业技术服务（明尼苏达大学，2004）可依此法采购。

如果公共健康、福利和安全受到威胁，或出现某种情况，致使投标进程无法进行、不必进行或违背公共利益，应允许实施紧急采购。应当制定一份针对紧急采购和遴选特定承包商基本原则的书面决定，并分发给主要的利益相关人。

根据明尼苏达大学（2004）的采购实践，考虑是否采用竞争性密封投标的因素包括：

■ 合同是否需要采用固定价格以外的其他形式。

■ 针对供应商的提案，是采取口头形式还是书面形式与之进行技术和价格方面的磋商。

■ 销售商或承包商是否需要享有修改本方提案的机会，包括价格提案。

■ 在比较建议书邀请函所列数据基础上签订的合同，其价格、质量及合同要素等方面的差别是否悬殊到必须采用另一投标进程才能对地方政府更为有利。质量因素包括技术和工作能力以及技术提案的内容。

■ 决定签约的首要考虑因素是否可能不是价格。

对于单源采购和紧急采购，地方政府必须确保遴选过程无意规避正式投标程序的相关职责。

合同管理

合同管理是指在销售商或承包商遴选完毕后，对购买物资或服务的合同进行的管理，涉及执行合同所必需的所有工作，包括合同前审查、合同执行、合同后评估。合同管理的特定性质和范围将会因合同购买的物资与服务的不同而各异。依据合同的性质，一个合同可由一人（项目管理人）或一个团队（项目管理团队）来管理，范围可小至仅仅接收销售商或承包商交货并向他们付款（通常使用小额购买订单，如办公用品），大至广泛涉及项目经理、财务和预算人员、采购官员以及所有实际参与项目的人（如建筑工程项目）。在进行合同管理时，影响合同完备程度的主要决定因素包括工作的性质、合同的类型、合同的价值、所指派人员的经验和敬业精神等。在许多情况下，采购官员并不亲自管理合同，而是建议和协助合同执行官（contract officer）或项目经理管理合同。

评估与腐败相关的合同风险

尽管合同风险评估贯穿整个合同流程，合同管理阶段仍存在腐败风险。通常认为：风险管理是指与特定合同相关的风险评估和测定程序，以及制定行动计划来管理潜在风险。然而，由于在任何合同环境下都有诸多潜在风险，本章致力于阐述与腐败相关的风险管理。作为一种工具，采购规划有助于管理和评估与以下活动相关的折衷办法：将腐败成本风险转嫁给另一方，努力避免风险，减小潜在风险的负面影响，以及接受某一特定风险的部分或全部后果。我们必须清楚，尽管各种风险的确定和评估通常在合同进程的早期进行，但合同管理阶段仍然是大多数风险的产床。

理想状态下，风险管理为所有风险排序并将那些可造成最大损失和最可能发生的风险列在首位。平衡高发低损风险与低发高损风险的关系，在地方政府合同管理中可能是一项艰巨的任务。

一个衔接顺畅的风险管理过程包括五个基本步骤：风险环境建立、潜在风险确定、风险分析、风险评估以及风险化解。风险管理的一个基本要素是开放而诚信的沟通，因此必须举行磋商会议，以确保准确信息得以提供，且风险缓释策略为所有相关当事人所周知。

第一步就是要建立合同的风险环境（contractual risk context），包括规划流程的后续环节并界定合同的范围，亦包括利益相关人的身份和目标、赖以评估风险的基本原则、流程结构的详细计划书以及鉴定和分析的议事日程。

在建立合同环境后（the contract context），合同管理进程的下一步就是确定潜在风险。风险即指那些一旦触发，就将导致始料未及的潜在问题出现的事件。因此，确定风险可从潜在问题的源头开始，亦可从潜在问题本身开始。

■ 源头分析。风险的源头可能来自于采购系统的内部或外部，而采购系统本身就是风险管理的标的。风险源头的实例不胜枚举，并可能涉及潜在的腐败，从一个项目的利益相关人到供货商所属雇员的行为，再到机场上空的威胁性天气。

■ 问题分析。风险与某些可确定的威胁息息相关。比如某个供货商在一个合同中赔钱因而可能降低物资及服务的质量标准；保密的信息可能被滥用；可能发生事故和灾害。威胁可能来自利益相关人、顾客或其他相关的机构及个人。源头风险或自身风险一旦被了解，由源头所触发的事件或由事件所导致的问题就可以得到深入调查。例如，股东在项目执行期间撤资，可能危及项目的资金供应；即使在封闭的组织结构中，保密的信息也可能被雇员窃取；闪电击中发射塔可能造成通讯中断一段时间。

确定风险的方法可以依赖于文化、行业惯例或参照先前的采购活动制定的规范。常用的风险确定方法有如下几种：

■ 基于目标的风险确定方法。任何可能对实现既定目标造成全面或部分负面影响的事件，均应确定为风险。

■ 基于场景的风险确定方法。在场景分析中，不同场景被创造出来。这些场景可以成为实现既定目标的备选方案，或者用来分析诸如市场内部或地方社会压力群体的党派之争，各方实力的较量。任何触发不受欢迎的场景的备选方案，均应确定为风险。

■ 基于分类的风险确定方法。基于分类的风险确定方法就是将可能的风险源头进行细目分类。基于分类学和对最佳惯例的理解，可根据关键源头编制一份问卷，并据此确定可能的风险因素。

■ 公共风险检查。横跨不同行业，可制成多种用来确定特定风险的列表。列表中的每种风险均适用于某次采购的风险检查。例如，在软件行业中，可通过公共漏洞和暴露表（the Common Vulnerability and Exposures list）确定已知的风险。

潜在风险一经确定，必须分析其潜在的致损程度和发生的概率。在损毁的建筑中这些数据不难测得，而在未必发生的未知事件中，却难以获取准确的数据。因此，在评估过程中，进行最有可能的有根据的推测，对于适当地优先执行风险管理计划至关重要。

风险评价的基本困难在于确定其发生的概率，因为我们无法得到有关过去所有类型事件的统计信息。另外，想要评估风险对非物质资产造成的损害（冲击）程度，通常较为困难。资产评估是另一个需要关心的问题。故此，“最佳概算”连同现有的统计数据构成基本的信息来源。尽管如此，风险评估应该为组织的管理提供信息，以便一级风险容易被理解，风险管理决策能够列入优先地位。计算风险的公式不计其数，最广为接受的公式如下：

风险 = 风险事件发生的概率 × 事件的影响

合理的风险管理通常包括经常以简单方式进行的风险评估。在采购过程中，风险评估的结果通常体现在财务条款中。例如，Robert H. Courtney Jr.（1970；1977）推荐了一个公式，用以计算年度预期损失，比较预期损失价值和安全控制执行成本（一项成本效益分析）。尽管只有一条途径来考虑风险管理，Courtney 的公式已经被政府作为标准评估予以采用（NBS1981）。另外，由于在确定风险的正确易控行为模式方面存在潜在的不确定性，所以不存在可用于妥善处理风险问题的精准公式。

众所周知，考特尼安全法则（Courtney's Laws of Security）清晰地反映出：彻底规避风险将会无限放大成本，并且世上也根本不存在零风险。因此，我们必须为政府服务项目合同执行过程的腐败现象规定一个可承受的标准。另外，我们应该说明以下事实：在合同执行的前后环节中，将出现与消除腐败相关的差量成本。了解这一点，就意味着：如果合同风险被转嫁给承包商，就会出现因监控潜在腐败而产生的可确定的成本，这种腐败可能发生在承包商和转包商中间，其结果是不得不在合同管理的不同阶段采用不同策略。

合同管理人员的主要职责

成功的合同管理要求：不管政府采购官员是否参加过合同谈判，他们都要熟悉了解该合同中规定的细节。该合同不但要说清对卖方有些什么要求，而且要详细说明在促使交易便利进行方面当地政府应负的责任。

成功的合同管理还要求：在合同开始谈判之前，要举行预备会议。要举行内部会议以使项目管理局或项目团队对该项目的合同、工程项目标准以及合同的管理计划都了解。在大多数情况下，当地政府可以早点组建项目团队以帮助制定工程项目标准和合同管理计划。举行对外会议以便将项目团队和卖方团队或承包团队召集在一块，确保双方每个人都要了解责任、合同内容、工程项目标准和总的预期目标以及合同中违禁内容。这些会议都要有正式记录或会谈纪要，并发给所有与会人员供他们增删或修改。这种透明的做法确保双方对所有的预期目标了如指掌；而且，如果合同履行前需作变更，双方可以对变更达成一致意见。在合同实施过程中，要开展以下活动并对这些活动进行跟踪：

■ 通过正式修改对合同内容加以变更。

■ 确定修改合同的授权的签字人。

■ 对合同的进程进行监督并用文件加以证明；与卖方或工程承包人以及当地政府合同管理部门一起定期对合同进度进行审查。

■ 识别并发现有关合同规定应交付商品或项目方面的问题；与卖方或工程承包商协商解决方案，并同他们一道解决这些问题。

■ 接受或拒绝提供的劳务/服务。

■ 审核合同所附一览表以确保所有的应交商品或工程项目正在或已经完成。

■ 审核同时按基准对所有发票接受或拒收。

■ 按付款计划偿付款项。

■ 合同中的失误教训要有文件证明以供下一轮合同管理借鉴。

■ 如果标书的裁决（决标）是根据某些人具体的简历情况或正在担任该工程的人员情况而确定的，需证明这些人实际上就是从事该项目的工作人员（明尼苏达大学，2004）。

终止合同

当合同实际完成之时，即所有劳务已完成和所有产品已交货时，合同即告终止。按照联部协会（2004）规定，在所有管理活动结束，所有的纠纷都解决了，而且最后一笔款项付清之时，合同才算终止。依照合同类别不同，终止过程或简或繁。它要求签约部门、财务部门、计划部门以及工程承包人之间密切协调。合同终止是合同管理的重要组成部分。合同审计过程对合同终止也有影响。按规定，审计活动要对履行原始合同的合理性作出判断，哪些内容允许修改或允许变更顺序，以及按照合同条款如何恰当地分摊成本等。终止合同的审计工作要按合同条款适当地调整工程承包人最终的赔损金额。如果终止合同的审计工作不能按期完成，签约的政府官员往往因为有许多成本补偿合同的问题而无法终止合同。

签约的政府官员与审计人员建立良好的工作关系对按期完成终止合同是十分重要的（特许拍卖商及房地产经纪人协会会员，2004）。

付款过程

单据凭证的处理与合同管理的其他方面的工作同样重要。为收到的物资或提供的劳务而向工程承包人付款是政府按合同要求履行义务。政府期待承包商在质量、数量和期限等方面全面地履行合同的规定（特许拍卖商及房地产经纪人协会会员 2004）。同样，承包商也希望政府及时地、精确地履行偿付所收到的物资或服务的款项的义务。因此，快速而有效地履行合同义务是必须的。对于政府计划部门、采购部门和财务部门的官员们来说，清楚了解他们在审核和处理凭证方面的作用和责任是义不容辞的。这样就能确保款项只会付给那些履行了合同条款的工程承包商们；同时，这也有助于建立一个公平的、合乎职业道德标准的、能开展业务的环境（同上 2004）。

合乎职业道德的政府采购评估

不可低估规范合乎职业道德标准行为的重要性。要把这种合乎职业道德标准的做法汇编成手册。在外包和签约地区，创建一个透明的环境需要注重细节、标准化的最佳惯例以及明晰全面的投标操作指南。确保公平还要出具可证明投标人资格的文件和可提供相关物资和服务的证明文件。确保公平还需要提供制度化的单据证明该物资和服务符合合同的规定。此外，标书提交截止日期和标书的有效期是不可更改的，这一点应讲清楚。一旦收到标书，应即刻加封和标注。做不到这一点，就会给贪污腐败提供机会。不过，应当为一些偶发情况制定一些程序，如一些有可能被接受的标书来晚了，以及在什么条件下适宜撤回标书、替换标书和修改标书等。评估和比较标书的过程应当透明，这样就尽可能地减少了特殊/临时的采购决策。当然，为获得最具竞争力的价格，必须规定标书保密，但是，一旦完成了对标书及其条款的检查，经过技术性的评估就会产生第一名标书。在这个时刻，很显然，地区的或国内的优惠/偏爱问题必须按道德手册要求来处理，因为这些优惠/偏爱背离了为消除贪污腐败而设定的程序而不得人心。

为尽量减少卖方之间的勾结串通，地方政府采购官员不但应当保留接受任何一个或所有标书和拒绝任何一个或所有标书的权力，而且应保留在决标之际变更采购数量的权力。最后，授予合同的标准应当明确具体，而且大合同的履约保证金应当到位。

为应对在政府采购签约方面的贪污腐败，“国际透明”（杂志）已经为政府与投标人之间所签协议模式制作了一个样板，该协议样板对违例情况提供了数个制裁规定。该协议上要贴有“诚信契约”标志，其内容包括签约各方相互权利和义务，并具体规定，任何一方不得行贿或与竞争人串通勾结。除此之外，该契约往往还附加披露协议。在此协议中投标人将报告付给任何与合同相关的人员的所有的佣金和类似的费用。

“诚信契约”类似于世界银行所采用的“无贿赂保证”标志。

实施措施

面对吃紧的预算，发展中国家许多业内人士已意识到，透明的政府采购体制有利于政府管理和反对贪污腐败。考核政府采购官员的业绩是争取良好工作成果的关键，这样做与为实施采购规则而建立一个透明的法律体制和机制是完全一致的。遗憾的是，发展中国家往往缺少有关如何进行政府采购方面的清晰的、简明的和一惯不变的指令。甚至在那些或许有了采购法规的国家，指导政府采购的程序和法律契约经常矛盾。世界银行定期对它所贷款的国家和采购体制的优缺点进行评估。最近的学术研究成果注意到制定恰当的业绩奖励措施的重要性。它可以成为有力的防腐手段和改进服务的工具（克利待加德·麦克莱恩—阿也罗和帕罗斯，2000）。

对承包人的履约情况的评估内容应包括合同中表示产量的条款，因为这些条款具体地体现了各级劳务（产品）的预期目标。尽管这些内容超出了本章讨论的范围，但是，在合同中定义清楚劳务级别和详细说明规格标准都是很重要的。因为承包人要对劳务（产品）的设计、耐久性和性能等方面负全责，这些都必须达到规定的劳务级别。地方政府签署的这类合同常见于道路建筑和维修合同中。不过，这方面潜藏着因报酬而引起的利益冲突。在当地人企图长期承担这种义务时，如承包商和政府之间建立长期的公私合作关系时/或在办高速公路特许经营权时，这种情况尤为突出。（恩格尔·菲舍尔和加里托维奇 2005）

如果发展中国家要弄“旋转门”的把戏——在国营部门和私营部门之间转换，其他方面的利益冲突就会出现。许多国家允许政府官员在离开政府岗位之后不久立即进入私营企业并加入他们过去曾有过业务往来的公司（帕沙斯 1997）。在这种情况下，往往会闹出一些丑闻，而且其代价是巨大的。比如，肯尼亚政府内部出现的“1991 年戈登堡诈骗案”就是一例。

据“国际透明”——肯尼亚（2004）估计，“戈登堡诈骗案”丑闻中贪污腐败损失足有肯尼亚国内生产总值的 10%，即 6 亿美元。通常情况下，犯罪嫌疑人是在给贿赂行为提供便利时被发现的，包括软弱失责的执行机构，设置极差的监管机构。采购诚信的缺失，为政治方面的保护网提供服务以及不敢作出与腐败作斗争的政治承诺。不过，这件丑闻导致了“政府投诉办”的诞生和未来将设置“地方申诉调查官”一职。另外，肯尼亚通过了“政府采购和财产处置法案”以及“政府官员职业道德法规”。这些都大大地降低了从2002年以来肯尼亚贿赂指数，肯尼亚在2001年每10个最腐败的机构中有6个来自当地政府，自那以来，轻度的贿赂有了大幅减少。

但是，建立一个适宜的反腐制度充满了风险，因为格外地加强监管所造成的社会福利的损失比发生贪污腐败造成的损失要大些（布斯 2004；穆克赫基和彭格 1995）。

评估方法

信息公开的政府采购决策是政府高效管理的关键；并且正确地确定何时和如何采购货品和签订劳务合同也可以大大节省政府支出。尽管有大量的评估标准可以运用，但是有三个办法有助于保证高效，简述如下：最佳替换周期（法）、寿命周期成本核算（法）和租赁或采购设备优选（法）。

采购官员应通过对设备修理成本与设备更新成本的比较来确定更新设备的最佳时机。通过在更新费用、折扣率、货币的时间价值等几个项目中间确定要素，我们就能算出哪种选择是成本效益最高的（最节省成本的）。常用于马达驱动的设备更新的方法是对设备的保养与维修要作精确的记录并存档以利该设备的使用。不过对那些消耗能源的物资、设备和建筑物来说，寿命周期成本核算法是一种比较优越的方法，因为这种方法在控制该设备的报废资产价值的同时，又考虑到了维修、保养以及能源消耗等成本。上述两种购买选择应该与租赁设备或设施的选择加以对比。如果租赁的折扣成本比直接购买成本低，租赁或许更好一些。尽管这方面深层次的讨论超出了本章的核心议题，这些选择当中就存在贪污腐败的危险，因为这些选择要求人员技术方面的高超老练，而这种技术方面的高超老练在许多发展中国家地方政府中是不多见的。

考虑一下，在那些部门领导和顾问（即使有也）寥寥无几的地方，情况又会是怎样呢？因为小的地方单位一般缺乏专业知识，它们往往要依靠较大政府部门的提供的帮助。它们可以采纳由国家政府部门制定的或由卖方自己制定的规格标准。正如前文讨论过的，规格标准要清楚地描述产品和劳务必备的质量；如果选择了某一卖方的规格标准，该供货商贿赂政府采购官员采用他们规格标准的动机就会导致竞争的削弱。由此，在相关的规定和程序中建议聘用在制订规格标准方面专业的代理机构，省一级的或国家级的都可以；这些规章和程序中应规定选定的卖方产品必须符合或超出相应的规格标准的要求。不管用什么办法，采购官员只能运用那些在政府采购规定中和投标人名单中所规定的诸要素、方法和标准等等。

反馈和监管

为在政府采购方面创建一个透明的、有竞争力的环境，公众应建立一种反馈和监督机制。鉴于投标人对透明的投标过程会特别感兴趣，为了强化采购决策的经营责任，采用以下几个简单的步骤也许有帮助：首先，要对政府采购作广泛的宣传并保证投标严格按客观的标准认定。其次，投标的评估及合同的发包程序对所有的利益相关人都透明和清晰。最后，如果采购官员违规，应对其行使审查执行权。这后一个办法为那些利益相关人（绝大部分都属那些被排除在外或被否决的投标人）在采购官员违法操作时，同这些官员作斗争提供了法律根据。获得信息的方法多种多样。例如，哈科毕恩和沃尔克（2004）就列出了曾在25个非洲国家用来评估城市地区贿赂扩散情况的许许多多的诊断方法。其中有：预算透明、"社会"审计、政府程序审查和地方管理工作审计等。这个信息很典型，它来自对重点家庭小组的采访，政府官员切身感受，有关专家和文件分析。这些研究成果经媒体报道和倡导提高了民众的意识；它们（研究成果）往往加强了当地民众的所有制观念。例如，一份2001年有关南非东开普省比索地区政府官员贪污腐败感受的调查报告，追述了那些官员贪污腐败的经历和感受，使人们都知晓东开普省的首府（比索）的政府官员腐败的基本情况和以此检验各种反腐措施的实效。

还有其他的获得信息反馈和了解腐败对相关利益人造成的损失的办法，但是所有的办法都应着眼于减少为公众服务的成本并创建一种尽职尽责的社会风气。联合国（2001）已经建立了一种系统的测试体制，这种体制尝试让政府公务员和平民百姓和谐相处。有些调查被称为政府服务工作调查。这些调查面向社区，同时也是那种检查政府机构资源"流失"情况，旨在查清事实的工具。这些政府机构理应将这些资源用于社会公益事业，但是他们都用来谋私。这些调查结果在世界发展中国家得到了广泛的应用。这些调查有力地证实了贪污腐败的存在，并有助于制定服务工作基线。这个基线可用来检测工作进度。这个过程使社区参与到了劳务供应品的战略计划阶段。这些信息可用来促使那些采购官员更多地关注结果而不是投入，以此更好地回应那些利益相关人。但是，信息反馈要成功需花费大量时间，并得到政治官员的承诺支持。

职业道德标准和职业精神

虽然惩罚、预防和公共教育是处于许多国家反腐战略核心地位的三大原则

（马茨舒扎和库纳卡 2000），但是，职业道德和职业精神在许多发展中国家政府采购中是最为紧迫和必要的。发展中国家难以消除贪污腐败至少有两个原因。第一个原因是低工资，尤其是一些地方政府。第二个原因是地方和国家官员共同当了金钱的俘虏，主要表现：社会上形成了旨在维持现状的既得利益集团，这些人缺乏那种实施和执行必要的采购变更决策的政治意志。的确，在非洲，以任人唯亲和贿赂形式出现的带有地方特色的贪污腐败曾被认定是“贪婪”的结果，而不是制度本身出了问题（赖斯和辛普森 1978）。这是一个职业道德的问题。

由于社会发展是一个非常复杂的社会现象，因此，或许会发生这种情况：在同贪污腐败作斗争的最初阶段实际上又引发了更多问题（约翰斯顿 1993）。波斯瓦纳、厄瓜多尔、中国香港、马里、塞内加尔和坦桑尼亚等国或地区的案例研究结果表明：在全球用一刀切的办法规划和实施有效反腐的战略是行不通的。正如中国、巴基斯坦和韩国的情况所证实的那样，需要制定一种战略，这种战略要因人而异、因地而异，需要非凡的政治勇气。这或许是规范的做法（道哥和瑞雷 1998）。政府采购中花费的大笔政府资金为政府官员和潜在的私人供货商提供了多种刺激，使他们得以维持腐败的现状。实际上，在许多发展中国家，政府采购涉及公款的合同往往是对政治支持者的奖赏，而且，这种行为（做法）只能通过政府官员的自律来制止。

职业道德守则

由于缺乏确定各类公共购买的通用标准，公共采购官员在作一个决策时往往面临诸多选择。为了完成常常看起来是矛盾的政府的工作目标，政府采购官员的价值观和职业道德观在公共利益服务方面起着重大作用。因此，政治上的承诺（承担义务）就非常重要，因为来自上层领导的声音有助于形成一个职业道德的文化氛围。职业道德守则是将行为规范传授给地方官员的重要机制。该职业道德守则不但设定了一系列的目标，而且还具体规定了在一个机构里要提倡什么样的价值观，同时对个人的诚实守信也作了明确解释。尽管传授正确价值观的可以是父母、宗教、学校、同类人、传媒、业务和法律培训以及生活经历，但是，职业道德标准、文化和社会规范不可低估。因为价值观念和采购决策相互影响强化，尽管后者为前面因素所决定。价值观念可以在经验、学识和培训的基础上不断更新并重新定义。由此看来，在任一职业道德培训项目中，采购组织的历史背景及反腐败环境是十分重要的。

职业道德标准和职业道德原则应通过回答诸如“在具体情况下一个人应怎样做”这样的问题来指导政府官员的采购行为。但是，问题就在于，各种不同情况下的职业道德标准是通过实际学习才能掌握的，而且其情况是多种多样的，要按具体情况区别对待。职业道德标准可分二类：一类是为人们高度珍视的标准；另一类是界定个人行为是否道德的标准。因此，反对贪污腐败的战略应把这些标准兼收并蓄。

在一些发展中国家，地方政府作了多方努力在全国普及职业道德标准和诚信。一个最近的例子就是乌干达。不仅乌干达总统办公室设置了一个“职业道德标准和诚信董事会”，而且议会也设立了一个“议会地方政府官方账户委员会”，以监管地方政府公款的使用（非洲开发银行 2003）。这些行动旨在加强地方政府的透明度，在提高其担当责任和回应选民的能力的同时，提醒地方社区要警惕发生贪污腐败的危险。

为使职业道德标准守则切实可行，要咨询地方政府管辖下的利益相关人士，这是制定职业道德守则工作的组成部分，而且，该守则应成为国家社会文化传承的一部分。当然，政府机构要选出可靠的领导，这有助于对职业道德标准和诚信的重要性形成共识，继而形成的模范价值观有助于反对腐败。通过贸易协会或职业机构（团体）来鼓励人们的正当职业行为对提高协会成员素质是有效的。可否考虑作出规定：地方采购官员归属职业证明机构。因为，这样不但该机构可以提高他/她的职业知识和技能，而且这种较大的社交圈子和得到认可的职业精神价值观有助于遏制贪污腐败。最后要注意的是，设置国家级的职业道德的诚信官员，必要的话可派到地方巡视。

依靠标准、章程和法规确保诚实守信

尽管职业道德标准有助于作出正确的采购决策，但是远不能起主导作用。因此各级政府采购官员必须靠标准和规章（有时以成文法的形式出现，但是在采购手册中有详述）来确保政府采购的高效。在发展中国家，地方政府的采购程序是否有效是非常重要的，因为这些地方资源往往极为短缺。实现这一目标的一个方法就是设定和运用标准业务程序（简称为 SOPs）。该操作程序注重物资的标准化，概述如何订货、确定买什么和详述如何授权付款等内容。使用该标准业务程序能有效地限制特别（临时）决策的发生和减少贪污腐败发生的概率。

为了利用规模经济和由此产生的较低价格，日常使用设备，诸如手用工具或电脑和其他物资，如办公用品等很容易标准化。因为这些物品既不是专门的资产也不是为某个公司或部门专门制作的产品。显而易见，当货品高度专业化或只为单一部门使用时，标准化无法实现。

看看发达国家，民选的政府官员必须按规则办事，因为这些规则规定了基本职责并详细规定了所有的地方政府采购官员必须遵循的办事程序。一个业务手册往往详细地描述了管理的程序，诸如，规定了采购用小额出纳金的限额。此外，规则也具体规定了竞标的程序——尤其是要对投标人进行资格预审以及避免非法给予卖方特别优惠。此外，对于怎样和在什么情况下可以采购那些不需投标的物品也有清楚的程序说明（比如应急采购），对于如何取得专业服务也有明确说明。该规则对签署合作式的政府采购协议的最低要求也作了详细说明。

地方政府的规则也对“盘存管制政策”作出解释。这些政策不但略述了如何和何时购进、测试和检验订购的物资材料，还讲述了如何恰当地做好财产登记工作和如何处理陈旧设备和物资。伦塔尼和葛奴扎（2001）指出，在政府采购中，当政府采购官员对采购的物资的价格和质量的信息比公众的信息灵通时，把验收采购物资质量的任务交给该政府采购官员就有可能导致他以误报信息来换取卖方的积极报酬。这样，通常情况下，所有运到的设备和物资应当在交货时当场验收和测试，同时应用标准书面语在物资上贴“陈旧”标识。另外，标准业务程序也适用于政府采购的这个阶段。

在卖方，要把“绝不行贿的保证”当作投标的一个条件，因为他们（卖方）的行动在很大程度上明示了职业道德守则而且成为一个强有力的信号：游戏规则已完全改变了（世界银行 1997）。透明也应当成为任何守则的一部分。地方政府应鼓励（而不是下令）所有的政府采购方面的承包商要制定带有监察程序的“公司行为守则”以避免贿赂。不过，政府官员应确信，如果有了这样的守则，由此而产生出来的一批投标人就不会太严格地限制竞争了。卖方也应当编一本手册以帮助供货商的代表了解政府的规则和限制。总的来说，规章制度的制定能消除人们的模糊认识并使贪污腐败降到最低。因为这些规章制度明确了在地方政府采购中什么是应该做的和不应该做的。最后，这些规章对政府采购官员和卖方都同样作出了概括而又具体的行为指导。

结　　论

据大部分报道来看，2006 年的哈马斯在巴勒斯坦立法委员会选举中的胜利是阿拉伯强烈反对在巴勒斯坦民族权力机构内蔓延的贪污腐败的结果。这不过是发展中地区不同党派之间的公开竞争导致政府变更的一个例证。但是，现在谈论地方政府采购中的贪污腐败是否会如此容易地解决为时过早。卡罗瑟斯和奥塔（2005）讲得很清楚：在该地区的其他地方，按西方标准来看，民主和开放还有很长的一段路要走。许多中东政权愿意更加自由些（即使给新闻界带来的自由只是最低程度的），他们之所以这样做是因为没有看到他们政权正在受到体制制衡原则的挑战。在这种情况下，公共工程合同方面的贿赂大幅减少的希望渺茫。

但是，显而易见的是，即使是在多元管理的条件下，政治意志缺乏、透明度低和公民社会意识薄弱三方面问题必须先得到解决，然后才会从根本上减少贪污腐败的发生（世界银行2000）。完成这个目标的第一步，就是从一开始就让各方面的利益相关人参与到地方政府采购的过程中来，以便协助政府制定一个集采购计划、合同管理和程序标准化于一体的，会得到支持的制度。

本章除了呼吁加强政府采购机构的建设外，还重点说明了为什么在发展中国家培训地方政府采购官员同样重要。诚然，全世界在逮捕有贪污腐败行为的不法官员和惩处此类违法犯罪行为方面作了大量努力，但这些努力也许会使人们忽略了个人这种行为倾向的真正原因。这种态度只有通过最先进的培训和提高职业精神才能转变。虽然在“101 地方政府采购和反贪污腐败报告”中无有力的资料证明这个观点，但是发展中国家很少有政府采购官员会受到像在经济发达国家那样的由“国家政府采购学会”为“注册政府采购官员和采购人员”所开办的职业资格学习班的培训。目前，人们的争论焦点有二个：一是反对贪污腐败是否应同时针对“个人”和“体制”两个方面；二是在两个层次（地方和政府）都要有透明度是否是真正标准。当一个决策人有了对某事的自由裁量权而且在私下操作时，其掩饰贪污腐败的能力就会大大增强，而应承担的责任就会大大减少。这样，为了治理好这块贪污腐败的沃土，有关公共采购的决策和这样决策的理由就应公之于众。不过，这里有一个细微的分界线：有些情况下，政府官员严重的官僚和僵化作风带来的成本损失比削弱他们的自由裁量权带来的利益损失大些（克利特加德、麦克莱恩——阿巴罗和帕里斯，2000；赫瑟各沙，2000）。

这样的话，要给地方政府采购官员留有一定的自由裁量权，因为他们或者擅自决定与哪个私营企业签合同，或者会格外热心地参与决策，这些都是不可避免的。显然，如同香港和新加坡的经验所证明的那样，不管发展中国家各级政府寻求一种什么样的反腐战略（策略），目前的培训和职业道德教育是非常必要的（申，1999）。

尽管职业道德标准的培训对任何国家的政府采购人员来说都是必须的，但在发展中国家尤其重要，这是因为发展中国家有不同的国情和违法获利的巨大诱惑。明明白白制定出来的采购程序也不会让那些诚实守信的政府官员丢掉乌纱帽。目前正在进行的培训必将成为把低效（本章通常认为它源于浪费和滥用职权）降低到最小程度的最有把握的办法之一。今天看来，实际情况比其他任何时候都更加真实可信，因为人们工作当中承担的责任的技术性和策略性都在与日俱增。合适购物和恰当地签订招标劳务合同都需要制定出技术性很强的规格标准。

遗憾的是，由于有效的培训需要费用和时间，地方政府采购官员能参加培训者寥寥无几，在发展中国家尤其如此，这是因为在发展中国家许多投标机会都是与国际代理工程采购项目有关。对地方政府采购官员和供货商的培训工作似乎是不足的，这个培训缺口要由像世界银行这样的机构来填补。

不容置疑的是，旨在培养职业精神的培训工作一定会促进地方政府采购工作的改革（克利福德 P. 麦丘和埃里克 W. 普里尔）。需要在发展中国家建立制度和实施正在进行的培训计划来丰富那些为公共利益服务的政府官员们的专业知识和经验。不过最终减少贪污腐败还需相关各方作出种种努力：要有政治勇气、公众信心、充足的时间、丰富的资源、献身精神和诚实守信，没有这些条件地方政府采购中的反腐改革必定失败。

本 章 注 释

①以下讨论的采购计划模式，材料主要来源于“欣森和麦丘（2004）”著作。

②本节其余部分择自威克佩选的“风险管理讨论”。因为无论业界人士还是学者都定期地在这个公开的“万维网站”上更新内容。作者认为，考虑到目前有关风险管理方面资料的情况；此“万维网站”在说明该领域目前最常见的做法和人们的关切方面可以与任何一家网站相媲美。

③“贿赂指数”为六个指标的总和：发生比例、覆盖人群、蔓延程度、严重程度、频发概率、成本代价、贿赂数额。前三项指标发生比例、覆盖人群和严重程度以百分比的形式列出；另外三项指标是按实际金额来衡量，最高金额指数按 100 计，依次类推。

④目前的论述主要选自克依著作（1976：94 – 113）。

⑤很显然，单靠卖方的规格标准只能削弱竞争性和降低产品和劳务质量。

⑥在美国，“（美）总务管理局”即为一例。

⑦本节内容主要选自克依著作（1976：91 – 4）。

⑧由于透明度是关键，“投标人资格预审申请程序”和“评估标准”应形成书面文件并分发给所有供货商。

⑨这些“处方”与联合国开发计划署所概括的战略措施类似，都是注重在提高透明度和加强国民监管的同时，削弱政府采购官员的自由裁量权和垄断权。

本章参考文献

Acemoglu, Daron, and Thierry Verdier. 1998. “Property Rights, Corruption and the Allocation of Talent: A General Equilibrium Approach.” Economic Journal 108 (450): 1381 – 403.

ADB (Asian Development Bank). 2001. “Combating Corruption on All Fronts: National Efforts.” In Progress in the Fight against Corruption in Asia and the Pacific, Conference Papers and Proceedings of the Joint ADB – OECD Conference on Combating Corruption in the Asia – Pacific Region in Seoul, Korea. ADB – OECD.

African Development Bank. 2003. "National Strategies for Combating Corruption: The Ghana Experience." Regional Learning Workshop, Addis Ababa, January 27 – 30.

———. 2003. "Enhancing the Asian Development Bank's Role in Combating Money Laundering and the Financing of Terrorism." Operations Manual Section 55, Asian Development Bank, Manila. http://www. adb. org/Documents/Manuals/Operations/ om55. asp.

Banerjee, Abhijit V. 1997. "A Theory of Misgovernance." Quarterly Journal of Economics 112 (4): 1289 – 332.

Bardhan, Pranab, and Dilip Mookherjee. 2000. "Capture and Governance at Local and National Levels." American Economic Review 90 (2): 135 – 39.

———. 2003. "Decentralisation and Accountability in Infrastructure Delivery in Developing Countries." The Economic Journal 116 (508); 101 – 27. http://www. bu. edu/econ/ workingpapers/papers/Dilip% 20Mookherjee/ddinf. pdf.

———. 2006. "Decentralization, Corruption and Government Accountability." In Handbook of Economic Corruption, ed. Susan Rose – Ackerman. Northampton, MA: Edward Elgar.

Becker, Gary S. 1968. "Crime and Punishment: An Economic Approach." Journal of Political Economy 76 (2): 169 – 217.

———. 1994. "To Root Out Corruption, Boot Out Big Government." Business Week, January 31.

———. 1997. "Want to Squelch Corruption? Try Passing Out Raises." Business Week, November 3.

Becker, Gary S., and George J. Stigler. 1974. "Law Enforcement, Malfeasance, and Compensation of Enforcers." Journal of Legal Studies 3 (1): 1 – 18.

Bibhas, Saha. 2003. "Harassment, Corruption and Tax Policy: A Comment on Marjit, Mukherjee and Mukherjee [Eur. J. Political Economy 16 (2000) 75 – 94]." European Journal of Political Economy 19 (4): 893 – 97.

Bose, Gautam. 2004. "Bureaucratic Delays and Bribe – Taking." Journal of Economic Behavior and Organization 54 (3): 313 – 20.

Brunettia, Aymo, and Beatrice Weder. 2003. "A Free Press Is Bad News for Corruption." Journal of Public Economics 87 (7 – 8): 1801 – 24.

Callender, Guy, and Darin Mathews. 2000. "Government Purchasing: An Evolving Profession?" Journal of Public Budgeting, Accounting & Financial Management 12 (2): 272 – 90.

Carbonera, Emanuela. 2000. "Corruption and Decentralization." Working Paper 342/83, Dipartmento di Scienze Economiche, Università di Bologna.

Carothers, Thomas, and Marina S. Ottaway. 2005. "Getting to the Core." In Uncharted Journey: Promoting Democracy in the Middle East, ed. Thomas Carothers and Marina S. Ottaway, 251 – 68. Washington, DC: Carnegie Endowment for International Peace.

Celentani, Marco, and Juan – José Ganuza. 2001. "Organized vs. Competitive Corruption." Economic Working Paper No. 526, Department of Economics and Business, Universitat Pampeu

Fabra, Madrid. http: //www. anti – corr. ru/archive/Organized_vs_competitive. pdf.

———. 2002. "Corruption and Competition in Procurement." European Economic Review 46 (7): 1273 – 303.

Coe, Charles. 1976. Purchasing for Local Government. Athens: Institute of Government.

———. 1999. "Local Government Benchmarking: Lessons from Two Major Multigovernment Efforts." Public Administration Review 59 (2): 110 – 23.

Compte, Olivier, Ariane Lambert – Mogiliansky, and Thierry A. Verdier. 2005. "Corruption and Competition in Procurement Auctions." RAND Journal of Economics 36 (1): 1 – 15.

Courtney, Robert H., Jr. 1970. "Security Risk Assessment in Electronic Data Processing Systems." Technical Report 21. 700. Kingston, NY: IBM Corporation.

———. 1977. "Security Risk Assessment in Electronic Data Processing." In AFIPS Conference Proceedings of the National Computer Conference, 97 – 104. Arlington VA: AFIPS Press.

Doig, Alan, and Stephen Riley. 1998. "Corruption and Anti – Corruption Strategies: Issues and Case Studies from Developing Countries." In Corruption and Integrity Improvement Initiatives in Developing Countries. New York: United Nations Development Programme.

Engel, Eduardo, Ronald Fischer, and Alexander Galetovic. 2005. "Highway Franchising and Real Estate Values." Journal of Urban Economics 57 (3): 432 – 48.

Federal Acquisition Institute (FAI). 2004. Contracting Officers Technical Representative (CORT), Training Blueprint. Washington, DC: General Services Administration.

Federal Acquisition Regulation (FAR). 2005 (Issued March). Washington, DC: General Services Administration.

Fjeldstad, Odd Helge. 2003. "Decentralisation and Corruption: A Review of the Literature." Chr. Michelson Institute, Bergen, Norway. http: //www. u4. no/document/showdoc. cfm? id = 49.

Galtung, Fredrik. 1998. "Criteria for Sustainable Corruption Control." In Corruption and Development, ed. Mark Robinson, 105 – 28. London: Frank Cass.

Ganuza, Juan – José, and Esther Hauk. 2004. "Economic Integration and Corruption." International Journal of Industrial Organization 22 (10): 1463 – 84.

Guerrero, Manuel Alejandro, and Eduardo Rodríguez – Oreggi. 2005. "On the Individual Decisions to Commit Corruption: A Methodological Complement." Universidad Iberoamericana, Mexico. http: //www. test. aup. edu/lacea2005/system/step2_php/papers/rodriguez_edupdf.

Gurgur, Tugrul, and Anwar Shah. 2005. "Localization and Corruption: Panacea or Pandora's Box?" Policy Research Working Paper No. 3486, World Bank, Washington, DC.

Hakobyan, Anna, and Marie Wolkers. 2004. "Local Corruption Diagnostics and Measurement Tools in Africa." Transparency International, Berlin. http: //ww1. transparency. org/surveys/dnld/U4report_local_surveys_africa. pdf.

Hinson, Connie, and McCue, Clifford P. 2004 "Planning, Scheduling, and Requirement Analysis." National Institute of Governmental Purchasing, Herndon, Virginia. 2004.

Hunja, Robert R. 2003. "Obstacles to Public Procurement Reform in Developing Countries." Paper presented at the WTO – World Bank Regional Workshop on Procurement Reforms and Transparency in Public Procurement for Anglophone African Countries, Dar Es Salaam, Tanzania, January 14 – 17. http: //www. wto. org/english/tratop _ e/gproc _ e/wkshop _ tanz _ jan03/hunja2a2_e. doc.

Huther, Jeff, and Anwar Shah. 2000. "Anti – Corruption Policies and Programs: A Framework for Evaluation." Policy Research Working Paper No. 2501, World Bank, Washington, DC.

International Monetary Fund. 1997. "Good Governance: The IMF's Role." International Monetary Fund, Washington, DC. http: //www. imf. org/external/pubs/ft/exrp/govern/govern. pdf.

Johnston, Michael. 1993. "Social Development as an Anti – Corruption Strategy." Paper presented at Transparency International's 6th International Anti – Corruption Conference, Cancún, November 21 – 26.

Kaufman, Daniel. 1998. "Revisiting Anti – Corruption Strategies: Tilt towards Incentive – Driven Approaches?" In Corruption and Integrity Improvement Initiatives in Developing Countries. New York: United Nations Development Programme.

Klitgaard, Robert E. 1988. Controlling Corruption. Berkeley: University of California Press.

Klitgaard, Robert E., Ronald Maclean – Abaroa, and H. Lindsey Parris. 2000. Corrupt Cities: A Practical Guide to Cure and Prevention. Washington DC: World Bank and Institute for Contemporary Studies.

Lambsdorff, Johann Graf. 1998. "An Empirical Investigation of Bribery in International Trade." In Corruption and Development, ed. Mark Robinson, 40 – 59. London: Frank Cass.

Marjit, Sugata, Vivekananda Mukherjee, and Arijit Mukherjee. 2000. "Harassment, Corruption and Tax Policy." European Journal of Political Economy 16 (1): 75 – 94.

———. 2003. "Harassment, Corruption and Tax Policy: Reply." European Journal of Political Economy 19 (4): 899 – 900.

Marjit, Sugata, and Heling Shi. 1998. "On Controlling Crime with Corrupt Officials." Journal of Economic Behavior and Organization 34 (1): 163 – 72.

Matscheza, Philliat, and Constance Kunaka. 2000. Anti – Corruption Strategies and Mechanisms in Southern Africa. Harare, Zimbabwe: Human Rights Research and Documentation Trust of Southern Africa.

Monczka, Robert M., and Robert J. Trent. 1998. Purchasing and Sourcing Strategy: Trends and Implications. Tempe, AZ: Center for Advanced Purchasing Studies.

Mookherjee, Dilip, and I. P. L. Png. 1995. "Corruptible Law Enforcers: How Should They Be Compensated?" Economic Journal 105 (428): 145 – 59.

NBS (National Bureau of Standards). 1981. "FIPS PUB 87 (Federal Information Processing Standards Publication 87)." March 27, 1981. Springfield, VA: U. S. Department of Commerce.

Passas, Nikos. 1997. "Causes and Consequences of Corruption." Paper presented at the 8th International Anti – Corruption Conference, Lima, Peru, September 7 – 11.

Pope, Jeremy, ed. 1996. National Integrity Systems: The TI Source Book. Washington, DC: Transparency International and Economic Development Institute.

———. 2000. TI Source Book 2000: Confronting Corruption, The Elements of a National Integrity System. Berlin: Transparency International.

Prier, Eric. 2003. The Myth of Representation and the Florida Legislature: A House of Competing Loyalties, 1927 – 2000. Gainesville: University Press of Florida.

Queensland State Government. 2001. "Corporate Procurement Planning." Department of Public Works, Queensland Purchasing Division, Queensland.

Robinson, Mark. 1998. "Corruption and Development: An Introduction." In Corruption and Development, ed. Mark Robinson. London: Frank Cass.

Shankar, Raja, and Anwar Shah. 2003. "Bridging the Economic Divide within Countries: A Scorecard on the Performance of Regional Policies in Reducing Regional Income Disparities." World Development 31 (8): 1421 – 41.

Shin, Myoung – Ho. 1999. "Developing Effective Anticorruption Strategies in a Changing World." Paper presented at Transparency International's 9th International Anti – Corruption Conference, Durban, South Africa, October 10 – 15.

Shleifer, Andrei, and Robert W. Vishny. 1993. "Corruption." Quarterly Journal of Economics 108 (3): 599 – 617.

Tanzi, Vito. 1998. "Corruption around the World: Causes, Consequences, Scope, and Cures." Working Paper No. 98/63, International Monetary Fund, Washington, DC.

Transparency International—Kenya. 2004. "The Challenges of Reducing Corruption in a Changing Environment: The Case of Kenya." Presentation given to the World Bank /EC Core Course on Governance, May 25.

UNDP (United Nations Development Programme). 1994. Human Development Report. New York: Oxford University Press.

———. 1997a. "Corruption and Good Governance Discussion Paper 3." Management Development and Governance Division, Bureau for Policy and Programme Support, United Nations Development Programme, New York.

———. 1997b. "Reconceptualising Governance Discussion Paper 2." Management Development and Governance Division, Bureau for Policy and Programme Support, United Nations Development Programme, New York.

United Nations. 2001. "United Nations Manual on Anti – Corruption Policy." Draft. Global Programme against Corruption, Centre for International Crime Prevention, Office of Drug Control and Crime Prevention, United Nations Office at Vienna.

United Nations Economic and Social Commission for Asia and the Pacific. 2006. "What Is Good Governance?" United Nations Economic and Social Commission for Asia and the Pacific, Bangkok. http://www.unescap.org/huset/gg/governance.htm.

United Nations Office on Drugs and Crime. 2004. The Global Programme against Corruption: UN

Anti – Corruption Toolkit, 3rd ed. Vienna: United Nations Office on Drugs and Crime.

University of Minnesota. 2004. "LRRB Knowledge—Building Priorities, #KB002, Construction: Contract Administration." www.cts.umn.edu/research/rfp/pdf.

USAID (U. S. Agency for International Development). n. d. "Democracy and Governance Goals." http://www.usaid.gov/our_work/democracy_and_governance/.

Vagstad, Steinar. 2000. "Centralized vs. Decentralized Procurement: Does Dispersed Information Call for Decentralized Decision – Making?" International Journal of Industrial Organization 18 (6): 949 – 63.

Van Rijckeghem, Caroline, and Beatrice Weder. 1997. "Corruption and the Rate of Temptation: Do Low Wages in the Civil Service Cause Corruption?" IMF Working Paper 97/73, International Monetary Fund, Washington, DC.

Wallace, Claire, and Christian W. Haerpfer. 2000. "Democratisation, Economic Development and Corruption in East – Central Europe: An 11 – Nation Study." Institute for Advanced Studies, Vienna. http://www.ihs.ac.at/publications/soc/rs44.pdf.

Wikipedia contributors, "Risk Management." Wikipedia, The Free Encyclopedia. http://en.wikipedia.org/wiki/Risk_management (accessed on April 4, 2006).

———. "Statement of work." Wikipedia. The Free Encyclopedia. http://en.wikipedia.org/wiki/Statement_of_work (accessed on April 19, 2006).

World Bank. 1997. Helping Countries Combat Corruption: The Role of the World Bank. Washington, DC: World Bank.

———. 2000. "Designing Effective Anti – Corruption Strategies." In Anti – Corruption in Transition: A Contribution to the Policy Debate. Washington DC: World Bank.

———. 2004. Guidelines Procurement Under IBRD Loans and IDA Credits. Washington, DC: International Bank for Reconstruction and Development.

Wraith, Ronald, and Edgar Simpkins. 1978. "Nepotism and Bribery in West Africa." In Political Corruption: Readings in Comparative Analysis, ed. Arnold J. Heidenheimer, 331 – 40. New Brunswick: Transaction Books.

第四章

地方政府债务管理

Gerald T Miller 和 Barfley W Hildreth

在任何经济状况下，使用和管理政府债务对政府管理者都是挑战。尤其在地方分权、财政压力和私人提供公共服务在世界范围内日渐增加的背景下更是如此。本章探究的基本命题是地方政府债务管理。讨论集中在六个方面：地方政府如何使用债务？何时使用债务？怎样评估偿债能力？使用何种债务形式？如何发行债务？如何管理未清偿债务？

本章借助讨论债务政策制定来阐述每一个相关问题，其目的在于使政府管理者根据所处的特定背景制定债务政策。地方政府借入和累积债务通常主要是为了优化其财政配置功能。在市场无法提供“公共产品”时，政府和非市场组织有责任提供此类产品。集权与分权政府提供公共产品的职责界定依据是谁能获益。许多公共产品惠及国家的每一个人。就一些公共产品而言，受益范围由局部延伸至整个地区。例如国防和癌症研究或许惠及全体国民，而消防和街道照明可能只对地方选民有益。中央政府负责国防和癌症研究方面的投入，而地方政府则负责购买消防和街道照明设施（Musgrave and Musgrave 1989；Stiglitz 2000）。

为此，地方政府获得资本资产以满足辖区内公共服务的供给，筹集地方金融资本投资可采取的办法之一是长期债务。为什么借助金融资本资产而不是通过业务预算以现金的形式支付呢？公共财政最佳实践表明，资本投资业务预算支出更有利于后代。相对于某一财政年度源于税收的业务预算支出，一个消防站或路灯体系所带来的令人满意的生活和好处更大，这种投资惠及几代人。假设获益的那代人如当代人一样，那代人就应该偿还（公共财政最佳实践的另一种假设）这种随时提供好处且由政府借债购买资产所形成的债务才符合收益与责任共担。

地方政府累积债务，同时意味着资产的累积，低成本的高效的公共服务供给。债务管理者扮演政府财政管理的重要角色。事实上，财政官员规定了与分配活动相关的公共财政事务，即“现有资金和承诺未来被支付的资金”（Moak 1982：vii）。Moak 的“资金承诺”是本章的重点也是债务的内涵。借款者的目的是想获得最大的现有资金数量以供未来偿付债务。为保证所用资金在未来能够获取最大偿付额，借款者提供了一个未支付的风险分析报告材料，同时着手处理与贷款方相关的一系列活动。

地方政府的债务管理过程受法律控制。法规、宪法及政府的政策具有同等效力，规定了地方政府必须承担的职责。上级政府可能授权或允许这些职责的存在。全国范围的职责授权表明政府意图通过授权或准许以远离这些职责。地方分权可能未必与这些实际措施相关——地方政府财政自治，积极且有能力去利用这些职责（Petersen and Freire 2004a：12）。

债务管理也有赖于投资者借钱给地方政府的积极性和能力。根植于宪法的法规和财产权便于有序借款。给予地方政府更多的借款依靠投资者和投资银行的积极性，这取决于借款的估价——应对风险的利率调整——以及复合偿还期限。地方政府是否有能力从竞争性资本市场或从投资者和投资银行借款，源于一个经济体的私有化水平，这因国而异。

尽管国内资本市场大小有别，地方政府获得的高效简捷借款大多数来自国内市场。国内市场大小从另一角度标志着中央政府脱离垄断借贷资本投资的转变程度（Petersen and Freire 2004b）。本章假设地方政府从国内资本市场和金融机构投资者处借款。如果国内资本市场缺乏，地方政府希望通过国际市场以符合本地财政和经济状况的本国货币融资，以避免外国货币的波动。如果这些市场不能或不支持地方政府借款，国内银行和高效政府就会选择他们现有的程序和政策提供资金支持（Applegarth 2004；Christensen 2005）。

城市投资方案在政府权力范围内到资本市场通过发放 30 或 50 年期债券进行长期借款，而地方政府无权通过这样的资本市场融资，只能获得低于 5 年的短期借款，类似于协议银行贷款。债券借款或偿债的过渡措施是上级政府担保，或者银行可以帮助地方政府争取到更多的拥有长期存款的银行和投资者进入当地市场。本章前半部分主要阐述计划和政策的制定，而促进创造的计划和政策有利于当地市场的开放。

国际援助机构在资本投资方面也发挥了一些作用。这些国际援助机构包括多边开发银行，如世界银行、亚洲开发银行、非洲开发银行和欧洲建设开发银行。除此以外还包括双边开发援助项目，如那些被欧洲援助合作机构管理的项目，以及由设在日本外交部的日本国际合作机构管理的日本政府海外开发援助项目。这些机构可能借款或者通过资助形式给予资金支持。鉴于债务政策和管理的考虑，他们会限制组织改革贷款。

地方政府如何使用债务?

对地方政府债务最重要的影响是地方政府领导认可财政政策扮演的角色。地方政府债务管理有多种形式，或限定债务用途，或拓宽债务用途。中央政府法规可能会也可能不会给予债务补助，导致地方政策限定或拓宽国家法规条款。许多国家允许另一种结构性机会，例如政府当局或类似自治的非政府组织。地方政府能够开发获得偿债能力更大的力量或绝对的提高（Allix and van Thiel 2005; Leigland 1994; van Thiel 2004）。

超越强制与机会，地方政府随意通过债务政策实施许多财政活动。基本建设预算业已成为财政活动的最重要手段之一。政府采购和固定资产投资预算通常标志着财政支持设备改建这一过程的开始。大多数情况下，为满足要求，地方政府通过借款以保证设备、土地和房屋的购买或建设。借款包括在竞争的资本市场出售证券。

基本建设预算和政策首先强调地方政府领导者去计划和限制使用负债融资的意愿。基本建设预算从经常性预算分离最终又形成了短期和长期财政以及经济规划周期。资本预算对谨慎的观察者来说代表着“信用价值”。

设备改建计划有助于资源配置和国家政策的完善。就分配而言，一个信贷利率表明资本投资计划“在对资本需求进行综合评估的背景下得以最佳考虑。尽管政府未必拥有足够的财政资金或经营性收入来资助所有项目，识别那些项目并建立一个基本的优劣次序并探寻可能的资金供给来源［债务也扮演角色］使一个实体去决定范围和短期、中期和长期资本计划的期限”（Laskey 2005：1）。更重要的是，有关资本预算的政策能够引发对下列问题的争论：地方政府现有债务，增加的债务，地方政府在经济竞争和刺激中的角色，以及税收水平，两代人间的税收负担，资本资产需求。

基本建设预算规划过程先于并制约借款决定和债务管理。决定债务需要的主要压力来自地方政府领导认定的资本需求类型。美国审计院对此所作的研究最好，如表4－1所示。

表4－1　　　　制定资本决策最重要的实践

洞察力→战略规划→资本预算	
原则	实践
将组织目标融入资本决策过程	1. 实施广泛需求评估以满足明确的目的和目标
	2. 评估当前的能力，包括资产存量的使用及资产状况、判断在现实与需求能力之间是否存在差距
	3. 通过识别和评估可选择的方法决定如何最佳地满足这种差距。（包括非资本方法）
使用一种投资方法评估和选择资本资产	4. 建立一个评审和核准机构
	5. 基于所建的标准评级和选择计划
	6. 形成一个解释资本资产决策的长期资本计划
在资金资本计划中保持预算控制与管理弹性平衡	7. 在有效的部门编列计划预算
	8. 考虑以创新的方法关注前沿资金
使用项目管理技术以有效取得计划成功	9. 监控计划实行并建立经管责任奖励机制
	10. 使用职责交叉式团队设计和管理计划
评估结果和结合课业学习进入制定决策过程	11. 评估结果以判断组织更广泛的目标已被满足
	12. 评估制定决策过程；重新评估和更新评估以确保目标被满足

资料来源：美国审计院1998。

首先，意图以组织根本目的为核心。意图引领战略规划和资本投资。地方政府借款者在“大众意图”的广泛参与对以追求地方债务管理计划目标的资本投资规划和最终决定产生了一个流行的、持久的控制点（Miller and Evers 2002；Yankelovich 1991）。广泛的参与能够克服狭隘的利益倾向：仅顾经济发展而不考虑社会发展，即刻重新选举或增加目前官员的特权。

其次，领导者解释这种意图是政府及各部门间的职责，是解决问题的基本目的和目标。如果被分离为地方政府的一个单独机构，领导们会说：“如果这个机构或部门不存在，我们的居民、消费者和纳税人怎么能获得最佳服务？”这一问题的解决要么是进行资本投资，要么是将需要投资的服务转给其他机构，或者使之私有化，或者干脆取消投资。

这样分析后对那些剩余计划来说，组织资本预算过程也带来一些异常的问题。有人可能会问：“谁来监管以及他们将被赋予多大的控制权和责任？”“时间表是怎样的?”因而必须有人负责组织安排这一过程。法律涉及一些组织问题，组织自身将做的更多。显而易见，它是一个预算行为，预算编制者将参与，但计划者和计划监管部门、主要执行者、立法者和工程师及公共建设者亦希望对其实施影响和拥有话语权。

时间表也经常是一个法律问题。这一资本投资过程平行或贯穿于业务预算过程。

指导资本预算编制过程的手段十分重要。许多事情预先被决定以帮助构建这个过程或者聚焦注意或者限制决策的范围。然而，所有这些手段彰显如表4－2中体现的意图——含有其他财政政策的综合规划政策，包括所有相关部分，以及在编制计划过程上早期已经公布的政策。Tigue（1996）认为，一系列债务政策，（1）通过规定命令和纪律提高决策的质量，在制定决策中提高协调性和连续性；（2）使制定决策过程合理化；（3）为工作人员指明方向去实施；（4）对长期财政规划目标作出保证；（5）在重审信誉质量上被信用评价机构予以充分肯定。

表4－2　　　　资本改建计划相关政策

“每年，一个六年期设备改建计划将被开发分析资本费用并验明相关资金来源。计划将包括这个城市如何就有关资金的政策目标即将运行六年以上的规划。”
“设备改建计划将包含费用和资金来源规划，任何与上年拨款相关的资金都列为资金来源，当然除已被花费的部分。”
“在年度预算计划过程中，六年期设备改建计划的第一年将作为正式财年拨款的基准被使用。先前年度已拨款项由于费用未增加，计划也未完成，将被重新评估且并入新的财年拨款之中。”
“政府将保留一个由城市工作人员组成的资金计划监管委员会，每个季度召开会议评价这一计划的所有重要项目，同时也修正经费预算。”
“如果新计划拨款需求和资金来源在一个财年期间被确认，可考虑使用年中拨款法令以提供正式的预算资金支配权。在财政年度的任何理事会会议上，理事会可能对既定资金计划增加拨款，同时等额削减另一个计划拨款，以不改变基本建设项目资金拨款总额。”
“每年一个年终决议将屈服于理事会成员和首脑以获得正式授权终结完成的基本建设项目。”

资料来源：提格，1996。

资本投资规划下一步的战略要点是参与者恳求能力及需求分析。与领导者所设定的目标相符，能力分析揭示了人、信息、现存的资本资产及其状态，需要以什么来提高他们的能力去服务他们的目标。就资本资产而言，分析人员管理着一个存货清单。他们设立一个底线以跟踪现有资产和设备的性能和使用情况。他们判断那些资产的状况，调查先前的预算是否已考虑了递延维持费，并评估将采取什么措施以实现既定的意图和政策——对资产现状和分析人员所说的领导期望的结果进行比照，分析人员向领导们解释领导所要求的结果。随后估算现状与目标之间的差距。

分析人员能够提出多种填补差距的方法抑或依靠专家。为作进一步的分析，各类项目需将差距填补进零基清单：

■ 这些设备是否是实现机构核心职能所必须的？

■ 何类现存资产正在走向破产？

■ 何种新设备能够提高业绩？

■ 现有机构是否拥有具体的专业技能履行其职能，从而以既定资本资产计划实现其目标？

■ 该项职能是否可以私有化、招商承包或者以其他形式外包、联营或取消，由此，地方政府可以不必进行资产投资？

最后，资本整治规划要求领导们建立一个审查和核准项目的方法。而谁来管理选择以及如何简化选择程序则是权威决策者的战略问题。

有权在这一过程的初期进行远景目标决策的，有望拥有资本配置决策权。结构化选择的通常做法包括设置功能优先权，比如交通优先于教育，以及发现各项目的紧迫性——紧急事件、指令性事件、必然事件。决策制定者的信息需求通常较为简洁明了，其决策涵盖以下内容：

■ 项目或资产与组织目标具有怎样的关系？

■ 它是如何解决组织需求的？

■ 初始成本及资产使用寿命内的运营成本为多少？

■ 该资产在投入营运之前的购买或建设期限为多久？

■ 该资产的收益及风险？

地方政府何时使用债务？

一旦决策包出现且决策制定者已将项目进行优先排序，就可以开始决定地方政府可承担债务的大小。

筹资与预算的匹配

债务决不是增加融资资本的唯一途径，以至于领导们通常会寻找最合适且最经济的基本建设项目融资来源。参考亚当斯于 1988 年所作的实证研究，如表 4－3 所示，资本预算中不同项目的筹资渠道是多种多样的。

表 4-3　　资本预算项目的筹资渠道

<table>
<tr><td rowspan="7">税收和常规财政收入预算（在很多地方政府该项逐渐减少）</td><td rowspan="6">预算第一部分</td><td>现金</td></tr>
<tr><td>现收现付制项目，如购车</td></tr>
<tr><td>联邦和州政府补助金的匹配</td></tr>
<tr><td>州和联邦偿还贷款融资的资本投资</td></tr>
<tr><td>租赁款</td></tr>
<tr><td>公私共营项目</td></tr>
<tr><td>预算第二部分</td><td>税收及常规财政收入支持的债务——将由常规借款支付的基本建设项目</td></tr>
<tr><td rowspan="2">收费（在很多地方政府该项逐渐增加）</td><td>预算第三部分</td><td>通过收费获得的现金，现收现付制的开销如对下列资产项目的支付：小型车辆、机器、信息技术设备、办公设备，此类资产项目的经济寿命都比较短</td></tr>
<tr><td>预算第四部分</td><td>费用支持的或收益类债务——供水及排污系统，公路系统，政府或者政府企业可以收取大量费用的任何活动</td></tr>
</table>

资料来源：亚当斯，1988。

亚当斯的分析表明收费在资金筹集中的份额急剧增加，而税收或政府其他常规财政收入在资金筹措中所占份额较小。税收支持的直接债务或上级政府补贴性债务虽然比较重要，但却比前项（收费）更少使用。

领导们也很少依赖以税收和政府财政收入为支持的担保债务。相反，能够产生使用费用的活动变得愈加重要，且无担保债务已成为地方债务的一大组成部分。

无论是税收还是使用费用支持的债务，它们都有赖于政府决策制定过程中资本资产融资的细致审查。在政府领导审查债务运用情况时，调查细节来源于两个不同的管道——国家及地方政府对债务政策的看法。从国家的角度看，我们发现：

为了更好地管理公共债务，针对地方政府贷款的使用情况国家设置了一定的限制条款，但允许它们自主决策——自由裁量权。要研究的关键问题在于由谁来制定关于地方政府信用使用权的关键决策，包括但不限于以下问题：

- 地方政府借款的目的是什么？
- 有无适用于长期和短期借款的具体指导方针？
- 有权借款是否意味着能够发行债券？
- 借款及债务清偿是否有限定？

■ 贷款抵押品可有哪些来源?

■ 地方政府借款是否需要上报国家?

■ 对于所有提出的信贷方案或特定的借款品种，地方政府是否需要获得国家授权?

■ 倘若地方政府无力履行偿债义务，是否有具体的规则和解决方案应对这一情况?（世界银行 2003：13）

地方政府的收入结构来源有限，并且来源于国家宪法和法规所指定的健全的公共财政，且与地方政府财政结构基本一致。这些来源和结构中的重点在于，财政、借款和支出分权的协调使地方政府可以正确响应公众及国家的预期（White and others 1998：10）。

筹资技术的改进

资本预算可通过 4 个渠道融资：经营预算收入或现收现付制融资、国家或省级政府拨款或债务、公私合营协议下的赠予或合伙经营收入、由税收或服务性收费收入支持的债务。Petersen 和 Valadez（2004）提出一个推断地方政府资本投融资选择策略的方法，该方法为菲律宾所采用。图 4－1 是一个二维策略的范本，图中以地方政府财富和项目的创收潜力作为坐标轴来测定融资策略。

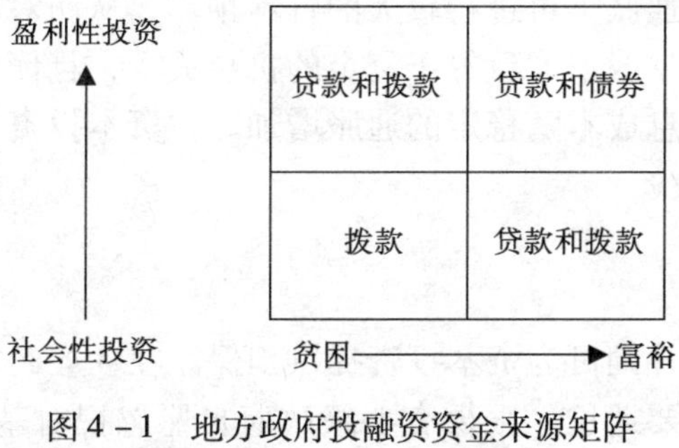

图 4－1　地方政府投融资资金来源矩阵

资料来源：皮特森和瓦拉德斯 2004 年：54。

穷困的政府和无收益的项目将落在仅能依靠拨款融资的象限内。上级政府会如此分配资源：穷困的政府负责社会发展项目，上级政府则负责实现公平目标。地方政府的财富越大，或者项目充分实现收益的概率越高，上级政府越有可能提供贷款。如 Petersen 和 Valadez 所述，提出策略的目标在于“当政府成长壮大以及项目能够自负盈亏时，政府财政机构将协助私人资本撤离”（2004：55）。由于项目创收概率很大，其创造的财富很多，地方政府能够独立进行融资，上级政府不再选择从私人信贷市场融资。

当期税收收入

在资本购买时立即付费有几个突出优点：现收现付制融资可规避借款成本、可使组织快速感知成本、因严格约束通常会使项目更有效率、且与地方政府充分发达的基础设施体系相适应。以当期税收收入为依托的资本投融资计划会带来较高的资金结余，由此资本公积可经由投资预期收益得以累积。较高的资金结余可使资金流向当前的其他活动中，从而使得日常运营更有效率。最后，就公平意义而言，现收现付制融资下当代所作的决策不会影响到后代。

不过也存在针对以当前收入为资本投资融资的争议。现收现付制融资可能不是财政手段，也可能是无效的，因为项目在需要时尚未完成。地方政府要面对人口增加以及经济增长问题，因而必须承担实时的且规模较大的资本投资。资本投资计划需求与当期收益模式相背离——资本计划处于峰值，而当前收入模式处于拐点（收益开始增加的谷底）。因此，经济增长的压力促使地方政府进行自身承担能力之外的投资以满足需求。最终，现收现付制融资将财政责任施加于当前的纳税人，却使未来的纳税人搭便车，这违反了资本投资的“黄金律”。

用于评估公共项目的折现率的成本收益分析是现收现付制融资中一个主要的分析点。若用于投资分析的折现率是资金的机会成本，则无论是对政府还是对社会而言，低利率和低通胀下可进行较大的资本预算，从而对当前匮乏的收益施加更大压力。不过，借款成本大致等于资金的机会成本，且债务融资可进行较大额度的资本投资。当利息成本随稳定的通胀增加时，资本投资尤其是债务融资下的资本投资有可能会减少。

上级政府拨款及贷款

国家或省级政府补助可为资本投资提供担保。在社会经济发展手段中，基础设施建设融资占据重要地位。很少有上级政府自愿忽视对基础设施建设的支持。通常的支持方式有：工程拨款、按一定公式计算的拨款、一般性财政拨款、利息费用补贴、政府间的合伙贷款和贷款担保（Salamon 2002）。

赠　予

Cordes（2002：255）将赠予视为“矫正税收、收费和许可证交易”所代表的一组工具。此类调整工具是地方政府在权衡利弊的基础上，通过给予一定的优惠许可以实现某些政策目标。常见的一个例子如政府与地产开发商协议，用更大的居住密度换取低收入住房的建造。这些赠予可能来源于集资或年金。

债　务

最后，债务可为资本投资融资，债务政策尤其是债务支付政策已经备受关注。下文将讨论不同背景下，用于资本投资的债务的合理运用。

如何评估地方政府的偿债能力

债务可能是地方政府最后的应急手段，也是富裕的地方政府投资创收设施的唯一选择。然而，有人会问地方政府有关债务的政策，尤其是指导偿债能力评估的那些政策。诸研究者均认为债务支付能力应该成为债务政策的组成部分，且地方政府的借款数量应经由分析确定，从而保证其仍能以有利条件进入资本市场。

规范的财政管理也指出计算偿债能力的依据，专业的做法在于追求资本预算、债务管理、总支出的控制。资本预算方面，在长期基础设施建设、经济发展及其他重大项目的优先次序的制定过程中逐渐形成共识。项目优先次序的制定标准常出现在教科书中（比如 Rabin，Hildreth，and Miller 1996）以及债务管理参考数据中（如 Hildreth 2003；Miller 1996）。一旦出现项目的优先排序，稀缺性就必定会在其中发挥作用。有关偿债能力的研究在构建总支出控制方法时考虑到稀缺性因素。

偿债政策的制定要求对财政压力进行准确的实证调查，以确定什么样的债务水平将产生压力。信用评级机构通过多种方法衡量违约（惠誉国际 1999 年；穆迪投资者服务公司 2002 年；标准普尔 2001 年）。它们的研究显示，由州发行的一般债务，尤其是特定税收支持的债务违约率极低（0.01%—0.04%），而由州税收支持的低风险债券也是由风险偏好型的积极投资者所持有的。有关美国信用水平滑坡的研究发现，美国信用水平滑坡与国内人均债务的增加及经济衰退期资源的减少有关（Johnson 1999；NASBO 1994）。

有关信用等级决定因素的研究文献亦对地方政府的偿债能力提供了有益的借鉴。近年来，有关此类文献的调查研究发现了信用评级的重要预测因子，包括经济多样化的类型和水平，以及重迭债务——纳税人通过未来纳税负担的债务的水平（Hildreth and Miller 2002）。由于经济增长的溢出效应和重迭政府间债务的竞争，有必要进行政府间的协调战略规划。

有关偿债能力过程导向的研究提出三步走的方法。比如，Simonsen、Robbins 和 Brown（2003）指出依照程序分析，债务负担能力涉及比率计算、与规范或标准比率的对比及预测，其中作为比率重要组成部分的比率计算在债务界定中具有决定性作用。税收支持的债务、直接债务、市政信用债务、道德或拨款债务及无备资退休金债务都可被纳入总体债务内。也许，债务界定的关键问题在于债务支付能力的第二个分析阶段——确定用于界定债务的标准和规范。由于要设定标准或规范，债务的界定会涉及到审慎财务管理、资本预算或（很少涉及）信用评级。实际上，有人认为重迭债务而非直接债务，可能促使更多审慎债务的发行以及提高特定的超过重迭管辖区域内所有发行人的信用评级（Hildreth and Miller 2002）。

尽管如此，第二个分析阶段仍要与标准或规范进行比对，这些标准或规范可能是信用评级机构计算的或此类机构内的员工用于描述较好或较差信用时引用的中位数。通常，这些标准或规范是确定同类别地方政府的结果，即拥有相似的信用等级、相似的地理区域、相似的经济和人口特征或财政管理模式的地方政府。

一组衡量指标或单个比率或偿债能力衡量方法的选择依据是，地方政府或上级政府监管机构的债务管理意见或资本预算意见。除此之外，分析师还对在可预见的未来存在的代表性比率及债务数额进行了预测，该预测包含了各类假设情形（Miranda and Picur 2000）及相应的敏感性分析。

然而，有关负债能力及偿债能力的界定仍然存在问题，而主要问题是地方政府选择哪些比率及为何作此选择。

有关债务支付能力比率的研究集中于各级地方政府。有项研究涵盖了全球地方政府的借款管制（Singh and Plekhanov，2005），另一项研究则对美国及其比率选择进行了研究（Miller and Hildreth，2003）。得出结论有三：一是跨国比较结果显示出各国管理体制及其债务限制概况，相关讨论见下文；二是揭示了拥有完全债务支付能力的州的研究结果及这些州所采用的比率；三是在随后的调查中，要密切关注以下两种情况：其一是加利福尼亚州对预测、场景建设、敏感性分析等比率的分析运用；其二是由某预算监督小组为纽约推荐的分析技术。

跨国比较及美国政府研究

全球地方政府控制

Singh 和 Plekhanov（2005）的调查分析涵盖了 44 个国家 1982—2000 年的资料。有关地方借债限制的事项和类型，以及存在约束的特殊时期内的救市措施见表 4 -4。在一些“自由政治体制”的国家，债务由资本市场控制。而采用宪法、法律或行政管理手段的国家，其监督规则由中央政府制定。这些债务支付规则包括债务或借款的上限、防止非预算借款的赤字目标、支出规则、有关债务偿还能力的规则以及各级地方政府举债投资的限制。自治政治体制国家采用类似的规则。最后，实行合作制的国家，即后来由“借款控制”研究的作者界定的国家，通过联邦和下级政府间的协商来设计整个政府的总体赤字目标以及主要收支事项[采用特定限制]，然后再商定个别地方行政区融资要求的具体限额（Ahmad，Albino - War and Singh，2005：16 - 7）。

表4-4　全球地方政府借债管制

国家	管理体制[a]	救市与否	年份
阿根廷	自治制	是	1993—2000
澳大利亚1	合作制	是	1982—1990
澳大利亚2	合作制	否	1991—2000
奥地利1	集中制	否	1982—1998
奥地利2	合作制	否	1999—2000
比利时	合作制	否	1982—1998
玻利维亚	行政制	否	1986—2000
巴西1	行政制	是	1989—1994
巴西2	集中制	否	1997—1998
加拿大（本土）	集中制	否	1985—2000
加拿大（各州）	自由制	是	1982—2000
智利	行政制	是	1983—2000
哥伦比亚	集中制	是	1982—1986
克罗地亚	自由制	否	1994—2000
捷克	自由共和制	否	1993—2000
丹麦	合作制	否	1982—2000
爱沙尼亚	集中制	否	1991—2000
芬兰	自由制	否	1982—1998
法国	自由制	是	1982—2000
德国1	集中制	是	1982—1991
德国2	合作制	是	1992—1998
危地马拉	行政制	否	1990—1993
匈牙利1	自由制	是	1982—1994
匈牙利2	集中制	否	1995—2000
冰岛	自由制	否	1983—1998
印度1	行政制	是	1982—1998
印度2	合作制	是	1999—2000
印度尼西亚	行政制	是	1982—1993
爱尔兰	行政制	否	1989—1997
以色列	行政制	否	1988—2000

续表

国家	管理体制[a]	救市与否	年份
意大利	集中制	是	1985—1999
拉脱维亚	行政制	是	1994—2000
立陶宛	集中制	否	1993—2000
墨西哥	行政制	是	1982—2000
蒙古	行政制	否	1992—2000
荷兰	自由制	是	1982—1997
新西兰	自由制	否	1992—2000
尼日利亚	自由制	否	1995—2000
挪威	集中制	否	1982—1999
秘鲁	行政制	否	1991—2000
菲律宾	行政制	否	1982—1991
葡萄牙	自由制	否	1987—1998
俄罗斯	自由制	是	1995—2000
斯洛伐克共和国	集中制	否	1996—2000
南非	合作制	否	1982—2000
西班牙 1	集中制	是	1982—1991
西班牙 2	合作制	是	1992—2000
瑞典	自由制	是	1982—1999
瑞士	自治制	否	1982—2000
英国	行政制	否	1982—1998
美国	自治制	否	1982—2000
津巴布韦	行政制	否	1982—1991

资料来源：辛格和普列汉诺夫 2005：31。

注：巴西 1995—1996 年数据缺失。澳大利亚的救市历史被重置为零后，贷款委员会决策执行机制发生改变。

管理体制的分类参照 Ahmad, Albino－War, and Singh（2005：11 － 21）：

- 自由制："一些国家仅通过资本市场控制地方政府借款。在这一情况下，中央政府对地方政府借款不设置任何限制，地方政府可自由决定借款的数量、来源及用途。
- 自治制："地方政府可以独立决定财政法规以增强其在市场上的信誉。"
- 集中制："中央政府试图通过专门立法制定一套财政法规来控制地方政府的借款。"
- 行政制："中央政府对地方政府借款实施直接控制，包括设定个别地方行政区的全部债务（或诸如外部借款等各类债务）的年度（或更频繁的）限额、特定借款的复核和授权、以及所有政府借款的集中管理等。"
- 合作制："借款控制通过联邦政府与下级政府的协商实现。协议以全国所有政府的整体赤字目标以及主要收支项目为基础达成，然后再商定个别地方行政区融资要求的具体限额。"

Singh 和 Plekhanov 在政治体制限制和救市抵制间找出几个显著的统计关系。合作制度与地方盈余相关，纵向财政失衡和合作限制体制相关，且无救市措施。

Singh 和 Plekhanov 总结如下：

第一，在各类情形下，没有一个组织的安排是最优的。任一限定借款的使用都需要根据其他机构的特点，尤其是纵向财政不平衡的程度、救市先例以及财政报告的质量来评估。

第二，赋予地方政府无约束的借款权利未必是最优的解决方案。在较低水平的纵向财政失衡下，地方政府自身所采用的财政规则可能会达到更好的财政措施效果。

第三，尽管纵向财政不平衡在扩大，但自我管制制度的积极效应急剧下降，且无论是从短期还是长期看，尤其是在新兴经济体中，集权的财政规则可能是最优的选择。

第四，针对较高的纵向失衡，在短期内，行政程序可能会为中央政府提供更严格的地方政府财政措施效果控制（与财政规则和合作协议相比）。然而，与这些控制相关的地方债务隐性担保可能会破坏长期的财政纪律。

第五，财政报告通用标准的采用是合作安置成功的关键，可以提高中央控制财政规则的效率。

第六，中央政府应在任何可能的情况下避免救市，因为救市会极大地削弱借款控制的效率。当考虑救市时，中央政府应谨慎权衡短期效益和长期的消极影响。在现有的救市实践中，中央控制财政是最有效的（Singh and Plekhanov 2005：24）。

该研究表明较少的硬性规定具有长期效益，而且市场规则也不是救市的屏障。一套持续很短时间的合作规则能产生评估债务支付能力所需的灵活性和规范化。

各州选定的偿债能力比率研究

1999 年，美国州政府预算协会（NASBO）调查并提供的信息表明各州普遍存在偿债利息限制和债务限制政策。NASBO 的调查结果如表 4 –5 所示。

表 4 –5　　美国州政府预算协会——偿债利息及债务限制政策分类

州	偿债利息限制政策（NASBO + 补充材料）	债务授权限制政策（NASBO）
亚拉巴马	无	法定限制
阿拉斯加	以不受限的税收为基准	无
亚利桑那	有	一般债务限额为 350 000 美元
阿肯色	一般债务须经选民核准	无，但可有法定限制
加利福尼亚	基准值	无

续表

州	偿债利息限制政策（NASBO+补充材料）	债务授权限制政策（NASBO）
科罗拉多	一般债务许可无限制	一般债务许可无限制
康涅狄格	无	债务限额为上年税收收入总金额的1.6倍
特拉华	无	新的授权限额为给定年份财政收入的5%
弗罗里达	基准值和上限	前两年税收收入的50%
佐治亚	一般资金收入的10%	运营限额已确定
夏威夷	前三年一般资金收入的18.5%	本金和利息总额不得超过债务限额
爱达荷	无	无
伊利诺斯	无	一般债务授权由法规限定
印地安那	无	无一般债务许可限制
爱荷华	有	一般债务债券限额为250 000美元
堪萨斯	无	一般债务限额为1 000 000美元，无需选民核准
肯塔基	无	一般债务债券限额为500 000美元
路易斯安那	3年债券收入和基金赎回均值的10%	3年债券收入和基金赎回均值的2倍
缅因	一般资金和公路基金收入的5%	税收支持净债务为个人收入的3.2%
马里兰	可支配收入的8%	直接债务的法定限额为以前财政年度的105%（以1991财年为基准）
马萨诸塞	有	债券额度有上限
密歇根	无	联邦代理债务限额为个人收入的5%
明尼苏达	一般不受限税收资金的3%	前4年财政收入最高值的1.5倍
密西西比	5%—8%	联邦宪法及法规限制
密苏里	无	无
蒙大纳	无	无
内布拉斯加	无	资产评估价值的2%
内华达	无	国有资产估价总值的2%
新罕布什尔	无，非正式的	有/一般债务；有/基于发行权的收入
新泽西	有	有
新墨西哥	财产税应税财产的1%	联邦宪法对一般债权设限，且发行授权要受到法定限制
纽约	无	
北卡罗来纳	无	需选民核准

续表

州	偿债利息限制政策（NASBO＋补充材料）	债务授权限制政策（NASBO）
北达科他	一美分销售税的10%	一般债务债券限额为1亿美元
俄亥俄	年一般基金支出的5%	联邦宪法及法规限制
俄克拉何马	无	无
俄勒冈	基准值	法定债务发行授权程序受法规及宪法限制
宾夕法尼亚	宪法限制	未偿还债务限额为5年税收收入均值的1.75倍
罗得岛	偿债利息限额为一般税收收入的7.5%	债务限额为个人收入的6%
南卡罗来纳	前一年税收收入的5%	偿债利息的函数
南达科塔	无	一般债务限额为100 000美元
田纳西	有	担保收入必须为偿债利息的150%
得克萨斯	有	限额为前3年一般资金收入的5%
犹他	无	宪法规定的应税财产总市值的1.5%；年拨款法定限额的20%
佛蒙特	一般资金加上转移支付收入的8%	债务支付能力委员会复核债务
维吉尼亚	应税收入的5%	年均税收收入的1.15%倍
华盛顿	一般资金收入的7%	立法核准
西弗吉尼亚	基准值	立法授权
威斯康星	税收收入的3%—4%	有——宪法限定债务发行量
怀俄明	应税收入财产评估价值的1%	应税收入财产评估价值的1%

资料来源：联邦政府委员会2002年；美国州政府预算协会NASBO1999年；国家科学技术局NAST2002年。NASBO原始数据（偿债限制政策及债务授权限制政策）的使用已得到其许可。

该调查揭示了选民客观了解到的需求被用于限制债务。仅有6个州的债务发行未受政策限制，而非正式的、政策的、法规的或政府规定的偿债限制很少见，其中19个州没有偿债限制。因而，大部分州都会采取一些措施来限制负债或清偿，且很多需要分析报告来支持。为州债务政策、法规或政府规定提供分析报告支撑的规则有时较为灵活，有时则不。在该研究中，大部分灵活性的规则是根据某研究委员会深思熟虑的建议制定的，这些建议反映了Peterson的指示（1998年），即借款的数量仅以保证未来能够以适宜成本进入信贷市场为限。

政府偿债能力研究

这些偿债能力研究是在12个州进行的。研究推荐了构建偿债能力模型的不同比率组合。但是，所有的州都选择偿债收入率完成这项研究（见表4－6）。

表 4-6　　政府负债研究——衡量及监管负债能力的推荐税率

变量与计量标准	各州研究											
	州数	阿拉斯加	加利福尼亚	弗罗里达	路易斯安那	缅因州	马里兰	北卡罗来纳	俄勒冈	佛蒙特	维吉尼亚	华盛顿	西维吉尼亚
直接负债占可征税财产估值的百分比	1												X
人均直接负债	7		X	X		X			X	X	X		X
直接负债占个人收入的百分比（以人均为基础）	9		X	X		X	X	X	X	X	X		X
一般债务占可征税财产市场价值的比重	1					X							
偿债额占一般资金和专项收入的比重	12	X	X	X	X[b]	X	X	X	X	X	X	X[c]	X[d]
预算准备金占一般收入比重	1			X									
占10年内已偿负债净额比重	2					X		X					
授权新债不超过偿还额的数量	1						X						
预估市场容量	1		X										

资料来源：米勒和希尔德雷思，2003 年。

注：GO 指一般义务。表格中标记的税率用作指针或峰值。

a. 增加的无备资退休金负债也包括其中。

b. 法令要求：偿债额与税收、许可及收费的比率由收入评估会议评估。

c. 法令要求：偿债额与三年国家财政总收入均值之比小于或等于 7%。

d. 研究建议使用所有税收收入和一般收入资金作为分母，但基准偿债额须与一般收入资金相比。

为什么偿债收入率如此经常使用？根据弗罗里达州债券融资部数据显示（2002：2），“该比率是偿债能力最重要的决定因素，因为税率和偿债额很大程度上处于州的控制之下”。而且，很多州选择的方法不止一种。现在看北卡罗来纳州的税率情况（Moore，2003）。其财政部长宣布采用三种税率来引导制定债务管理政策：税收支持的净债务占个人收入的比率、偿债收入率以及未来十年的债务本金支付率。不可控制的个人收入是环境经济变量，决策者可将其作为主要的同步指标。弗罗里达州之所以选择了偿债率，是因为决策者可控制这些变量，同时“税率也反映该州在调整支出与应对经济衰退时的弹性预算能力”（Moore 2003：15）。未来10年的派息率是积极信贷的标志，是确保市场准入的有利条件。所有州内的目标配合比似乎都在一个相似的范围内。至于共同指标——负债收入率的波动范围则非常小，仅有4%—5%（见表4－7）。

表4－7　　基准与峰值

州	基准（%标示处除外）	峰值（%标示处除外）	谷值（%）	所用方法	同组	所用信用评级数据
阿拉斯加						
偿债额占收入比重[a]	5.0	8.0		“历史政策”		
加利福尼亚						
偿债额占收入比重[b]	5.0	6.0		信用评级		所有建议
人均负债						
负债占个人收入比重						
预估市场容量						
弗罗里达						
偿债额占收入比重[c]	6.0	8.0		同组各州信用等级的中位数	10个人口最多的州：纽约、俄亥俄、新泽西、伊利诺斯、加利福尼亚、佐治亚、宾夕法尼亚、密歇根、得克萨斯	未知，可能是穆迪评级数据
人均负债						
负债占个人收入比重						
预算准备金占一般收入比重						
路易斯安那						
偿债额占收入比重[d]		6.5		法规规定		

续表

州	基准（%标示处除外）	峰值（%标示处除外）	谷值（%）	所用方法	同组	所用信用评级数据
缅因						
偿债额占收入比重[e]		5.0		同组	佐治亚、内华达、新罕布什尔	穆迪、标准普尔、惠誉国际的数据
马里兰						
偿债额占收入比重[f]	3.2			未知		
负债占个人收入比重[f]	8.0			未知		
授权新债不超过赎回额						
北卡罗来纳						
负债占个人收入比重	2.5	3.0		同组	评级高的各州：特拉华、佐治亚、马里兰、明尼苏达、密苏里、南卡罗来纳、犹他州、维吉尼亚	穆迪中位数
偿债额占收入比重	4.0	4.8				
占10年内已偿负债比重		55.0	50.0			
俄勒冈[g]						
偿债额占收入比重[h]	5.0	8.0		同组，信用评级	评级较高的11个州：特拉华、佐治亚、印第安纳、马里兰、密歇根、明尼苏达、密苏里、新泽西、新墨西哥、北卡罗来纳、俄亥俄、南卡罗来纳、田纳西、得克萨斯、犹他州、佛蒙特、维吉尼亚、华盛顿	穆迪中位数

续表

州	基准（%标示处除外）	峰值（%标示处除外）	谷值（%）	所用方法	同组	所用信用评级数据
人均负债						
负债占个人收入比重						
佛蒙特						
人均负债[i]	$818	$706		未知	所有州	
负债占个人收入比重		5.0			所有州	
偿债额占收入比重		8.0				
维吉尼亚						
偿债额占收入比重	5.0			未知	AAA 评级的各州：特拉华、佐治亚、马里兰、明尼苏达、密苏里、南卡罗来纳、犹他州	
人均负债						穆迪中位数和均值
负债占个人收入比重						穆迪中位数和均值
华盛顿						
偿债额占收入比重[j]		7.0			未知	
西维吉尼亚						
偿债额占一般收入比重	5.0			美国政府财务师协会公布，信用评级，全国各类债务管理报导	等级相近的各州：亚拉巴马、夏威夷、密西西比、蒙大拿、俄克拉荷马、罗得岛、威斯康星	穆迪中位数和标准普尔的数据

续表

州	基准（%标示处除外）	峰值（%标示处除外）	谷值（%）	所用方法	同组	所用信用评级数据
偿债额占收入比重	4.0					
负债占个人收入比重	2.7					
人均负债	$700					
负债占资产估值比重	2.0					

资料来源：米勒和希尔德雷思 2003 年。

注：

a. 比率范围为 5%—8%。

b. 以 4.25%、5%、6% 为参考值，多种情况下分析数据的精确度。

c. 有报导但无基准的资料：人均负债、负债占个人收入比重、预算准备金占一般收入比重。

d. 2003 年、2004 年 12 月的峰值为 6%。

e. 有报导但无基准的资料：人均负债、负债占个人收入比重、负债占资产总值比重、债务期限。

f. 使用的偿债能力标准为 1979 年制定，并在以后的报导中加以运用。

g. 偿债额占收入比重有基准值；其他为比较值。

h. 6%—7% 会超过谨慎负债能力限制；7%—10% 则达到负债极限。

i. 1995 年美元因通胀而调整。

j. 法规确定财政收入为“各州收入算术平均值”的乘积。

k. GFOA 为美国政府财务师协会。

选择基准比率的方法因情况而异。有的借鉴历史惯例，有的采用同组州府的方法，还有的使用信用评级机构的官方发布数据的中位数。这些方法在表 4－7 中都有所体现。

案例分析

加利福尼亚案例分析

加利福尼亚州选用的比率至少包含以下六个方面的分析。第一，分析人员测算了 2003 财年 10 月份授权但未发行的债务（指税收支撑净债务或用直接税和特别税收偿还的债务，附带较少的自清算义务）对偿债额界限的影响，以评估偿债额增加量以及偿债额与当前预测收入的比率（偿债额假设是基于 30 年的一般债务、25 年的租金收入债券、5.75% 的实际利息成本）。第二，整个小组推算了

2003 和 2004 财政年度计划债券销售额、偿债额增加量以及负债收入率。第三，小组评估投票人对债券提案是否赞成，评估提案对偿债额增加量和负债收入率的影响。第四，小组评估偿债额与总收入比率在不同水平下的影响，比率为 4.25%、5.00%、6.00%。第五，小组创建市场容量方案，设定 70 亿美元的年度证券发行峰值（较低券息情况下，市场吸收和购买债券的预估能力），将峰值与先前证券发行方案进行对比。第六，小组制定最近 10 年总收入预测的敏感度分析，将三种情况下的负债能力方案结果（4.25%，5.00%，6.00%）与总收入预测增长 1% 和降低 1% 的情况进行对比。研究揭示，这些方案能表明未清偿债额对消费支出有“挤出效应”。

纽约市公民预算委员会实验方法案例

纽约市公民预算委员会采用了更加复杂的方法来确定政府的负债能力（2000）。这一方法将政府管理重点放在控制和利用税率中的变量上，即决策者可控制的负债和收入。然而这种方法对这两个变量的变动范围更加敏感。此方法源自 Tannenwald（1999）的研究成果和代理税收体制（RRS）（美国府际关系咨询委员会 1982，1993）。

第一，本案例中，委员会确认纽约州的负债为相关的长期负债，也就是税收支撑和未清算的债务。无备资退休金负债也算入长期负债。

第二，委员会确定了代理税收体制下偿还债务的可用资产（此种方法下，分析人员计算州税税率和其他收入来源税率的全国平均水平，然后将平均税率与政府资产底数总值相乘，得出标准收入底数。最后分析人员根据当地负担量调整标准底数，使得这种划分更符合纽约市的义务负担量）。根据委员会统计资料，职能责任确认的有效指标是将国家与当地的联合收入在两级政府之间分配（统计有关国家与地方政府的收入以及只为国家的收入）。当地政府使用相对大额的联合收入，表明政府要承担当地更多的消费支出义务，对国家来说要承担更多的融资义务。而衡量 50 个州全国平均水平下的份额比例则被称为国家财政责任指数。可以用其调整国家收入总量，方法就是将指数与代理收入总量相乘（公民预算委员会 2000：16）。

第三，委员会推算负债比率的平方根，以调整每个州的可用资产（委员会称平方根会产生全国范围内负债量基准的正态分布），将“危险区域”界定为超过每个州平均值的标准差。为使得这个危险区域更加明显，他们还计算了纽约经济衰退 2% 的情况下的收入损失，建议纽约的危险区域为 2% 而非实际数值 0。

第四，委员会将纽约州的负债与在危险区域内得出的数值比较，发现纽约的负债正在这个区域内。

负债能力研究分析

美国政府负债能力研究表明，与宪法中规定的税率相比，目标配合比更有效、更严谨。设定指标当然是为了债务控制，但是此指标当然也可作为财政预算中需要的稀缺系数。

第一，指标是制定相关负债政策的刺激因素。它可以使政府重点界定负债类型，并对负债进行控制。一般义务负债当然是一种。其他税收支撑的债务也落在控制范围内，尤其是公众刚刚开始了解并有些畏惧的负债——道义责任负债、租赁相关的债务或拨款支撑的债务。因此，信息透明才可以消除“财政幻觉恐慌”。

第二，根据假设提出目标配合比，而此税率比其他税率更重要。信用等级以及税额中的利息成本是参照地方政府设定指标时所得出的比对结果而确定的，能够间接促使地方政府尽最大努力保持或目标配合比也假设了一定的负债结构，尤其是平均本利结构和平均新旧本利混合结构，使负债结构失去控制。

第三，目标配合比促使政府集中力量进行债务管理。如果存在一个切实可行的负债极限，一些政府当然会强制实行。限制负债无疑会导致负债融资方案中的集中财政清算，使得资本预算成为行政预算的主要部分。集中清算也将债务管理与预算执行作为财政控制的集中形式联系在一起。

对案例的研究成果总结如下：

■ 目标配合比已成为体现负债能力政策与债务管理的最明显、最重要的特征之一。由于负债能力研究在增加透明度、制定比宪法所规定的更有弹性的负债限额中起到一定的作用，负债比率彰显其重要性。

■ 12 个州首选将负债收入率设定为有效负债限度，已将此作为应对未来影响各州不同情况的处理机制。

■ 负债能力研究为动态债务管理提供了新见解。研究显示了各州债务管理人在资本计划过程中的举债经营程度，也体现了采取最佳方案的动机因素。这些研究为债务管理的研究提供了系统的基础，使得债务研究分析具有理论性和实践性。

地方政府采用何种债务形式?

资本市场能创造债券工具，并争取把握任何商机。机遇就是伴随着这种创造性出现的。而可行的方法不一定就是明智的。因此，政府的财政官员必须在机会和成本之间进行权衡，因为任何一项经济活动在某些时候都可能使政府的财政处于困难之中。

政府作为债务人，其底线是在最优的偿款条款下，以最低成本获得资金。而债权人的目的则相反：衡量相对其他用途的风险情况，借出稀缺资金，以谋求最高的回报率。

借款的基本要素

期　限

财政政策考虑的第一个因素是贷款期限，而非贷款形式。债务是短期的、中期的还是长期的？新借款人发现很难去借得长期贷款（比如说10年长债），这样的目的可能是为了保证中间期的资金充足（1—10年或2—10年）。

两种最基本的债务工具是票据和证券，两者都是在特定期限内偿还债款的债务凭证。由于是因资金流转和暂时性借款而发行，票据发行期限一般少于一年。债券的发行则主要是为了改善投资方案，其偿还期较长。

短期借款中使用票据可以缩短一个机构支出费用和获得资金收入的时间，期限经常少于一年，到期支付利息。发行票据是为了运行主要资本项目的构建方案，直到获得长久性筹资并了解最终的构建成本。发行票据的另一个用处是实现短期流转资金借款。如果政府在征税过程中出现较大落差，则在特定时期内无充足的现金满足消费支出需求。因为票据要一年内偿付，利率明显比长期借款要低。

长期融资则采取地方政府债券形式。债券发行期限一般长于7年。以上这些债券工具是出于资本计划需要而设计的。

证　券

证券按担保来源主要分为两种。一种以发行政府的征税权为依托，这种“十足信用”契约给予投资者优先抵押品。由于对纳税人有潜在要求，对政府或直接选举的公民要求较高，因此它的使用范围有限。另一种则是收益证券，以特定资金来源为支持。一般此类证券有特殊的用户，而不是一般的纳税人。因此，新设施的使用者将为享受到的服务付费。

但是，如果收费不足以支付偿债额，投资者不得用一般税收偿还。由于投资者接受了这一严格的承诺，他们就要更了解项目的风险及其获取收益的能力。因承担更多风险，投资者要求的利息也会更高。消除投资者这种担忧的做法就是订立详细的契约，规定如何利用债务收益保证操作流程的及时性和持续性公开。因此，由于债务结构更复杂，管理成本也比较高。

在双重税收保证的公债中，证券担保最终是一般性责任，但是资金的第一来源却也是特定收入来源。双重税收保证公债的解释就是有人曾经试着提高效用，希望以使用费来支付偿债额和操作成本，而不是必须依赖于一般税收。

债　券

债券是地方政府最经常使用的长期资本融资形式。

偿还期限与偿还结构

债券依照规定的到期日偿还，利息按照债券面值一定的百分比定期支付（通常为半年）。债券发行的期限应与其融资的设施或设备的使用寿命相匹配。

定期债券包含了所有发行债券的最终期限，以偿债基金作为债券的远期支付手段；年付款额转换成资金，而不是最后一次性付清本金。相反，分期偿还债券的发行包含规划几年的期限。这样的体系使得发行人每年可以偿还部分本金。

偿债期限结构有两种基本形式。一种是等额本金偿还法，每年要赎买同等数量的发行债券。前几年的总偿债额比较高，以后会逐年降低。另一种则是等额还本付息法，在发行周期内每年支付等额的本金和利息。要实现年度等额还本付息，需要年度本金期限发生变化，每年的总偿债额数量保持基本不变。在该结构下，到期后本金的数量会逐年增加。

浮动利率债券

在一般的利率环境下，短期借款要比长期借款经济些。因此，浮动利率债券的利率比固定利率债券的利率要低，因为前者期限较短。在浮动利率债券中，支付给投资者的利息可以随市场要求而变动，因此它在发行年限内是不断变动的。新利率是周期性确定的（通常为每周）。投资者可以继续持有新利率标准的债券，也可以将债券退给发行人。如果政府借款不能满足流动性要求，发行人可以雇佣市场代理管理以上流程，并采用信用证融资来提供流动资金。因为这个过程使投资者获得更多流动资金，风险和利率比固定利率债务要低。同时，必须采取切实可行的方针和程序来应对风险，其中一个就是限制含有浮动利率的债券数量。政府机构也要理解并确定是不是接受其中的风险。另外，维持浮动利率计划，而并不将这些债券转换成固定利率证券，这样的成本优势也必须按年度计算。

赎回条款

赎回条款给债务人在到期日前偿付所有或部分债券提供了选择。发行人也可以以低成本新债偿付高成本旧债。通常，发行人的行权期限为发行后10年，一旦超期赎回则要向投资者支付额外费用。

金融衍生品

金融衍生品是可以在基本有价证券或指数中衍生价值的契约。一种常见形式就是利率互换，市场赌徒借此实现浮动利率和固定利率的交换，原始债务和本金支付则不受影响，因为其支付是按照市场运行方式确定的。金融衍生品的运作机制较为复杂，若要了解需要具有金融和法律的专业背景知识。

加强信贷

获得低成本资金的一种方法是让另一个经济实体为支付行为提供担保。债务人发行债务给出的价格体现在利率中，而利率反过来又依赖于债务人的信贷价值。在投资者看来，可以使用多种方法提高信贷来降低违约风险。提高信贷的措施包括发行债券保险、使用信用证、准备储备金以及接受政府的援助。

债券保险

债券保险是私人保险公司作出的给投资者支付本金和利息的无条件承诺。债券保险政策的承保人评估借债人的信用等级，并以此收取合适的费用。最好的债券保险公司（其自身的债券等级为最高的AAA级）仅提供此类服务，因而被称为单线保险公司。债券评级机构要让债券保险公司接受严格的萧条情境压力测试——保险公司在持有高违约率债券的情况下依然能够生存。仅有少数几家私人保险公司通过了这场严峻的测试。因此，当政府借债获得债券保险时，实际上是拥有了一个AAA信用等级的保险公司。另一组债券保险公司则未能赢得AAA等级，因此他们只能为等级仍旧相对较低的政府实体出借相对较低的信用等级。

债券保险给债券发行人提供了一定的优势。拥有较高的债券等级可以使政府以低利息成本借债。当然，要将预付保险费用成本和获得的较低利率成本相互权衡。债券保险简化了有价证券协约，使投资者更容易洞悉和评估相关风险，依据债券保险而非基础债券制定决策。这一特性使得债券在二级市场进行交易时具有更大的流动性。债券保险公司在债券发行期限内，对发行商履行本金和利息支付的义务而作出无条件、不可撤销承诺，则是其最重要的特征。

信用证

信用证是政府以信用证开证人（通常是银行）的信用风险来取代低信用债务发行人风险的金融票据。信用证代表着银行将无条件承诺，在指定时间就发行者特定数额的债务偿还本金和利息。由于发行评级建立在银行承诺支付的基础之上，相对于以其自身信誉为评级基础，信用证的发行者能够获得更优惠的利率。浮动利率债券需要信用证出证人，也就是信用证融资机构作为后备，以应对浮动利率债券发行人所面临的变现要求。信用证的一些优势是和债券保险一样的。缺点是，在实际中使用含有保证金成本和提取资金成本。因为信用证期限比债券要短，因此信用证必须不断更新或更换，这又增加了新风险，包括不可更换风险、所有债务费用的增加以及信用证开证行数量不够。

偿债准备金和保单

对于一定的债券交易，比如收益债券，必须设立偿债准备金以增加债券的信用价值。如果收入减少，这些专属现款资金可支付一年的偿债额款项。尽管不足以长期保护投资者避免发行人偿还债务时的违约风险，但是至少投资者及其信托代理人在这一整年有机会干预并促使发行人采取积极措施，按照原定计划及时支付全款。保单是替代偿债储备金的新产物。这些保险产品可以保证足够资金，发行人不用再发行其他债券来筹集偿债储备金。

政府间援助

上级政府会给地方政府建立信用扶持机制。有一种形式就是对地方政府债务进行直接担保。另一种方法则是一些特定项目，比如教育工程，直接支付全部或部分的债务。拦截方案作为意外事件处理方法，只有在地方政府出现财政问题时才会实施。拦截协议需要特定的政府间资助预扣税款转入地方政府体系，而不是用其偿还地方政府的某类债务。

政府间资助的另一种形式是银行债券或信贷池。这种机制下，几种地方政府债券可以融合成总借款形式，风险降低，且由于规模经济和较低的利率而使交易成本降低。

租　约

在基本的租约融资中，一个机构仅能租借财产的使用权而不能获得财产，这就是真正意义上的租约。用于私募融资的租借在二级市场可以分为不同部分或份额。相反，租购协议是分期付款的购买合同。政府最后获得出租财产的所有权。

如果租赁付款义务涉及多方，则需要设立参与凭证。这种分割使多个投资人从租赁付款中获益而只承担部分的风险。本质上讲，在租赁付款转让给受托人时，就产生了信托。受托人代表持有参与凭证的投资者的利益。每一份参与凭证都是可售有价证券，尽管有些项目是私人投资。在达成租借协议前，必须明确预算要满足年租借需求。达成租约的前提是，提议的项目是必要的，且这种项目的融资方法的收益远远超过成本。租约期限不能长于财产的使用寿命，并应处于租借人的财政控制范围之内，而出租人提供的相关财产也必须符合一定的执行标准。管理机构也必须了解与这种融资形式相关的租用条款和风险。

通道融资

政府可以充当私有企业借债的通道角色，但是如果处理不当会有风险。比如，这种融资使某一企业和其他企业相比，可以获得政府的捐赠支持。因此，有必要制定严格的指导方针以避免出现法律上的、管理上的以及政治上的问题。

地方政府如何发行债券?

债券是通过金融中介机构发行的。政府将发行的全部债券整批发售给中介机构（被称为“承销商”、“投资银行”或“财务代理”的金融公司，名称因国而异），然后金融机构再将债券转售给最终投资者。对于规模和数量更大的发售，一些承销商一般会合作形成企业联合组织，组织由某一个公司领导。这两种公共发售的基本方法是通过竞争或议价实现的。而另一种发行债券的方法就是私募配售。

竞价销售

在竞价销售中，发行机构确定债券架构，进行招标，之后将销售权授予某金融中介机构，这一机构只要能够给出最低的债券利息即可。在这些规划与管理的阶段，金融顾问和律师通常会参加，而金融中介机构在销售公示后才可能进行参与。承销商在将债券转售给投资者时，必须认真评估当前的金融形势以避免利益损失。因此，承销商的定价既要反映付给投资者的利息，又要涵盖预期全额酬金。竞争性定价可以确保债券发行获得最低市场利率。然而，竞争性定价只有在债券发行人对市场熟知并且二级市场活跃的情况下才能起作用。

议价销售

销售债券最通常的做法就是同金融中介机构进行议价。承销商积极地参与到建立债券结构与制定市场战略的活动中。前期参与可以使得承销商能够对市场进行测试，对债券结构调整提出建议，实现销售利益的最大化。同样，议价承销也能使承销商适时地调整销售时机以把握商机。议价销售通常更适用于复杂的情况，因为该销售模式需要较大的销售工作量。当债券构建和定价完成时，承销商可以就其酬金进行议价。发行人根据此议价签订债券购买协议。

议价销售通常要求承销商具备企业联合组织的性质且能购买发行的全部债券。高级主承销商起主导作用并负责发行结构构建，同发行机构的金融顾问与债券律师合作准备与债券发行相关的文件。主承销商也要根据联合组织制定的规则，对组织内的各层次人员进行债券分派。企业联合组织中的固定公司很少，而这一组织更倾向于为某一特定的承销项目作出改变。议价销售能够进行预售营销，使投资者需求最大化，降低利率，并且适时地根据市场状况作出调整。但是，这些优势却被某种劣势抵消，即无法直接确保债券销售的最佳利率。这一过程的公正性也存在质疑。虽然议价销售在美国地方政府债券市场的占有率达到了80%，但政治与问责方面的顾虑依然存在。受贿控诉甚至法律诉讼事件偶发。承销商想要经营某项业务（经营），必须送给相关政客大量钱财（付钱），这些控诉大都与之密切相关。

私募配售

债券的发行有时是由金融机构投资者私下进行的，而非通过承销商进行广泛销售。特别对小型发行机构来说更为如此，它们直接将债券发售给当地银行。私募配售更适用于小规模且更复杂的发行机构，因为这些机构通常需要同投资者进行更多的直接议价。因为这些债券不易兑现，发行机构私募配售支付的利息一般会更高。

选择最好的销售方法

没有哪一种债券销售方法在任何情况下都是最优的。不同的发行人和不同的债券发行有不同的决策。人们应该经常考虑每一种方法的优势和劣势。最好的决策通常是依据市场和资信情况、债券发行的目的和复杂性作出的。信用结构异常时，可以采取议价销售方式，因为该销售方式在上市之前的宣传活动中就能将债券的复杂特征向目标投资者解释清楚。相反，市场上常见并广为人知的债券最适合通过竞价方式销售。市场上众所周知的一般责任债券和收益债券宜采用这种销售方式。不知名的政府团体发行的收益债券最好通过议价销售的方式销售，包含不寻常条款和特有结构的债券也是如此。如果是资深的投资者，而非一般的债券购买者，熟知这种销售方式的风险，则建议将债券面额设定为大于或等于其币值。例如，在美国，这样的债券面额为 10 万美元或者更高，而不是吸引小额投资者的面额为 5 000 美元的传统市政债券。越高的面额要求一定的资金水平，以此增加个人或者金融机构投资者进行额外信用分析的可能性。竞价销售在稳定的市场条件下更容易实施，不但利率更加稳定，而且投资者的需求也是可以预测的。但是如果市场不稳定，那么需要选择最佳时间发行。不确定性意味着投资者面临着更高的风险，而这也将转化为投资者所要求的高投资回报率。

要度过这样的不稳定时期，拥有一些能够估测市场条件的专业顾问是大有帮助的。当有可能出现低供应量竞争债券时，适宜发行债务。低供应意味着高需求。所以，当许多其他发行商加入到市场中时，议价销售的时间灵活性使其更有优势。因为竞价债券销售的风险特征已被市场所熟知，所以一个具有经验和信用度的政府借款人应该采用这种竞价债券销售方式。相反，那些信誉备受质疑、承担重大预算压力、借入大额款项的发行商可能认为议价销售更合适。

挑选专业人员发行债券

政府应采用竞争流程挑选专业顾问，不管是挑选一名外部律师、金融中介，还是任何其他的债券发行顾问，这种流程都会起作用。议价销售需要在挑选金融中介时仔细谨慎。即使债券销售要议价，也可以采用这种竞争性的挑选流程。政府可以向有承销兴趣的公司发布投标申请书，并从中确定最合适的公司让其策划和管理债券的销售。当寻求一名承销商时，承销人负责提出总设想，表明他们掌握特殊市场情况和债券发行的最佳营销计划。承销人应该清晰地描述出财务队伍中各公司和个人的情况。尽管销售本身决定财务成本，但还是可以测算出债券发行的预期承销成本的。

定价流程

定价决定发行人的资本成本。在竞价销售中，价格是以投标的方式，根据在特定的时间里分别提交给发行人的报价（越多越好）确定的。因为发行的目标就是取得最低的资本成本，以最低的报价赢得销售权。购买者的“利益”则含在获胜的竞标中，计算为债券的价格和最终投资者所给出的转售价格的差额。相反，议价销售要求发行人接受的债券价格包含两部分：利率规模和承销人的酬金。利率规模是依据总体市场情况、债券存量、客户需求和持有未售出债券的风险计算得出的。承销人的酬金包括销售佣金、管理费、承销人购买未售出债券的风险以及各种费用。从本质上说，议价销售是寻求能够平衡发行人以最低成本借款和购买人以某一收益贷款的结合点。稍不谨慎，议价销售的定价会比实际向投资者发行债券所要求的价格更高。所以，投资者在进行议价销售的过程中必须谨慎，认真考虑。这就要求发行人在销售的准备阶段、债券的定价过程中和销售结束后都要和承销人一起合作。因为价格不是由拍卖形成的，发行人必须有一份“最终价目表”或者是承销人提供的报告，详细记录债券实际基础价格、市场基准同近期可比较价格的对比情况。

信用评级流程

债券发行人比潜在投资者更了解债券的具体事宜。这种不对称信息产生了独立认证机构对债券发行人相关信息进行深入调查的需求。作为独立认证机构，信用评级机构在资本市场已获得认可。它们给投资者提供债券发行人的信用资质指标——长期内其债券偿付的可能性。因此，信用评级机构会对可能影响发行人偿债能力的种种因素作出评估，这些因素包括当地经济水平、政府管控、借债人的财务状况以及债券的自身结构。当证券由政府全信用作担保时（如债务债券），信用评级机构评估的重点则是机构的财政实力、经济健康程度和计税基础。对收益债券来说，这种着眼于经济可行性的评估涵盖了债券收益及债券契约等关键部分，因为这些关键部分能够保证狭义上的债券安全。信用评级与投资者利益直接相关，而发行人通过招揽投资者获得收益。投资者越多，发行人的资金成本就越低。因此，为了获得此项收益，发行人必须出资来寻找一个或多个评级机构对债务发行成本作出估值。计划发行债券的规模越大越复杂则此项成本就越高。大多数发行人都会找两个或更多的评级机构，因为有研究表明即使所评出的信用等级不同，第二家评级机构更能降低发行人的借贷成本。某些金融投资机构只有在发行人具备两家机构的信用评级时才会进行投资。信用评定机构通常建议对发行人的信用资质进行初步评估。这种机密性评估在实际销售前会作出更改。超定额债券的有效期也需要作出评估，但是评级机构有权利根据正当情况对评估作出调整。评定机构希望能够了解任何可能影响到所发行的债券以及整个政府机构信用资质的信息。

摊销的依据

不管销售方法如何，优先选择就是在实际利率计算方法的基础上分摊销售额。实际利率以货币时间价值为基础，体现这样一个事实——今天的利息支付要比以后的支付更有价值。实际利率是贴现率，生成与债券发行人收到的资金数量相等的现值，以交换债券（当它用于贴现未来债务偿付开支时）。

售　后

完成债券销售需要将债券和销售收入收据交给债券购买人。发行人在债务管理中一直享有利益，直到债券彻底清偿。首先，债券收益要进行投资，保证项目计划需要时有足够的资金。在发行期限内，与投资者及他们的代理保持联系也很重要。要及时发现影响二级市场交易的突发事件，发行人可采取措施继续维持二级市场上的信誉资质，以满足资金的未来需要。

地方政府如何管理未清偿债务?

发行债务的同时，也附带着债务管理义务。债务发行人必须建立监督和报告机制，确保为现有和潜在投资者及时提供市场信息。当然，投资者也希望发行人尽量避免债务偿还出现中断。

债务管理的最佳惯例

管理状况是信用评级的一个因素，尽管它不像财政状况、债务状况和计税基础那样容易定量。但是管理是与之相关的，因为一些老练的借债人遇到的问题是由管理不善造成的，比如会计实务与管理缺乏，财政计划超支或不足以及过度承担预算外负债。

最佳惯例规定了某些特定做法，而每一种做法都表明需要建立一系列财政政策。下面将对部分最佳惯例进行讨论。

平衡的预算意味着稳固的财政管理。制定财务报表应以一般既定会计实务为基础，这样才利于统计结果与同级政府作比较。建立和维持稳定的预算，可以在出现负债问题时提供库存资金。避免以一次性税收收入来平衡预算也是一种好方法。一份涵盖多年的财政计划可以确定资本项目需求，并按计划进行融资。经营预算采用类似的方法，可以识别结构性空缺，即哪些收入增长缓于支出增长的速度。只有着眼未来，政府才能通过更完善的意外事件方案避免各类意外事件的发生。

问责制，比如中期财务报告和年末审计财务报告，是至关重要的。必须对债务进行监督，所有负债必须一一记录在案，因此债务的偿付影响着经营预算。如果所管辖区有主页，相关债务信息应该及时更新。必须监督负债能力以维持借贷能力，这就意味着应以现有收入流为一些资本项目进行融资，而不是通过借债实现。

债务发行期限不应长于资产的经济期限。信用评级服务机构也希望债务能迅速偿付。对于一个机构来说，10 年期限内能强制性支付 65% 或更多的本金，说明信用是不错的；而偿付率低于 40% 则被认为其欠缺财务管理能力。

偿还债务的能力是和经济基础联系在一起的，而经济基础又为公共债务的偿还创造公共资源。因此，一个详细而协调的经济发展战略是十分必要的，以评估涉及公私合作项目的收益与成本。高债券评级赋予这些机构多元化经济体制而非集中化的经济体制。从长远来看，只有制定有效的经济发展战略才能实现经济多元化。

投资者关系管理

活跃的二级市场意味着短期债券的持有人可将其投资产品以一定价格卖给其他投资者，这个价格则涵盖了信用票据现在和以后的风险。新债券的原始发行也会因发行人拥有的未偿有价证券在二级市场上的交换性而从中受益。因此，积极主动地管理投资者关系是很重要的。管理机构的工作人员必须了解并遵守所有的借债政策与法规。机构中应有联络人员充当官方发言人来收集处理市场相关信息。涉及有关利益群体的年度财务审计报告的条款，应体现透明性原则，明确财政责任。保持与信用评级机构的公开沟通也会促进信用相关信息的交流。

旧债替换

根据债务最初发行时达成的法律协议，在到期期限前可以偿还债务。发行新债以取代旧债是一个选择。对未偿清债款的融资又会提出新的经济或法律需要。如果未清偿债务的票面利率较高，以低利率的新债来偿付此债务是有利的。处理再融资最好设定预定存款数额。不是经济原因的话，可以用再融资更改借债的法定支付期。或许旧债具有的复杂法律限制不再适用，而这可能成为先偿付旧债、再借新债的重要原因。具有认购期权的债务给予发行人选择权，在约定认购期内而不是到期后赎回债券，当然这不是一项义务。任何在规定期限前的赎买都可能会损害债券持有人的经济利益。

金融突发事件

债券持有人希望本金和协议的利息能够按时得到全额偿还。债款未支付则让投资者陷入困境，也会减少以后向发行人借的资金。违约意味着资金的损耗，或创造财富机遇的浪费。即使延期一天付款也会让人心里不安，因为投资者的经济负担在日益增加。违约很少是突然发生的，相反，它是所有法律、政治、管理和财政问题的大爆发。因此，违约反映了一系列潜在的问题，这些问题给投资者增加了很多负担，却未得到解决。

债券契约中对违约的界定不仅局限于未按时还款，还指未按协议约定的程序还款。债务人必须接受债券契约中详细规定的法律义务和责任。违反任何一个条款，与经济性违约相比，都是技术性违约。但是，如果发行人没有纠正契约违反行为的话，技术性违约会变成经济性违约。因此，违约的完整解释应该是疏忽或未能信守承诺，或未能履行相关义务。财政突发事件的最终后果就是破产，迫使发行人重新构建融资结构。而这可能会导致未偿款的拒付。当然，这种做法也会使发行人被长期隔离在资本市场之外。因此，这种做法也是不明智的。

结 论

本文探讨了地方政府在债务管理中的基本问题，根据以下六个问题展开讨论：地方政府如何使用债务？地方政府何时使用债务？地方政府如何评估偿债能力？地方政府使用何种债务形式？地方政府如何发行债务？地方政府如何管理未清偿债务？本章通过讨论债务政策的制定解答了上面的问题，并突出强调了政府管理人制定符合实际的债务政策的目标。

本章参考文献

Adams, Carolyn Teich. 1988. The Politics of Capital Investment: The Case of Philadelphia. Albany: The State University of New York Press.

Ahmad, Ehtisham, Maria Albino - War, and Raju Singh. 2005. "Subnational Public Financial Management: Institutions and Macroeconomic Considerations." International Monetary Fund Working Paper/05/108, IMF, Washington, DC. http://www.imf.org/external/pubs/cat/longres.cfm?sk=18225.0.

Alaska, State of, Department of Revenue. 2002. "Alaska Public Debt 2001 - 2002." Treasury Division, Department of Revenue, Juneau. http://www.revenue.state.ak.us/treasury/debtbook/2002_public_debt_revised.pdf.

Allix, Marine, and Sandra van Thiel. 2005. "Mapping the Field of Quasi - Autonomous Organizations in France and Italy." International Public Management Journal 88 (1): 39 - 55.

Angelides, Philip. 2002. "The State of California's Debt Affordability Report." State Treasurer, Sacramento. http://www.treasurer.ca.gov/publications/2002dar.pdf.

Applegarth, Paul V. 2004. "Capital Market and Financial Sector Development in Sub - Saharan Africa." Center for Strategic and International Studies, Washington, DC.

Bahl, Roy. 1984. Financing State and Local Government in the 1980s. New York: Oxford University Press.

Bahl, Roy, and William Duncombe. 1993. "State and Local Debt Burdens in the 1980s: A Study in Contrast." Public Administration Review 53 (1): 31 - 40.

Christensen, Jakob. 2005. "Domestic Debt Markets in Sub - Saharan Africa." IMF Staff Papers 52 (3): 518 - 38.

Citizens Budget Commission. 2000. "An Affordable Debt Policy for New York State and New York

City. " New York. http: //www. cbcny. org/debt1018. pdf.

Clingermayer, James C. , and B. Dan Wood. 1995. " Disentangling Patterns of State Debt Financing. " American Political Science Review 89 (1): 108 – 20.

Coleman, Henry A. 2003a. "Fiscal Stress: It's Not Just a Big City Problem. " New Jersey Policy Perspective, Trenton. http: //www. njpp. org/fiscalstress. html.

———. 2003b. Personal interview, September 4. Cordes, Joseph J. 2002. " Corrective Taxes, Charges, and Tradable Permits. " In The Tools of Government: A Guide to the New Governance, ed. Lester M. Salamon, 255 – 81. New York: Oxford University Press.

Corsetti, Giancarlo, and Mervyn Kin, eds. 1997. The Debt Burden and Its Consequences for Monetary Policy: Proceedings of a Conference Held by the International Economic Association at Deutsche Bundesbank, Frankfurt, Germany. Hampshire, UK: Palgrave Macmillan.

Council of State Governments. 2002. CSG State Directory: Directory III—Administrative Officials 2002. Lexington, KY: Council of State Governments.

Croce, Enzo, and V. Hugo Juan – Ramon. 2003. " Assessing Fiscal Sustainability: A Cross – Country Comparison. " Working Paper 03/145, IMF, Washington, DC. http: // www. imf. org/external/pubs/cat/longres. cfm? sk = 16610. 0.

Fitch IBCA. 1999. "Municipal Default Risk. " Fitch, New York. http: //www. fitchibca. com.

Florida, State of, Division of Bond Finance. 2002. " State of Florida Debt Affordability Study Update: 2002 Report. " Tallahassee. http: //www. fsba. state. fl. us/bond/pdf/publications/ DARrpt02. pdf.

Hackbart, Merl M. , and James Leigland. 1990. " State Debt Management Policy: A National Survey. " Public Budgeting and Finance 10 (1): 37 – 54.

Hildreth, W. Bartley. 2003. State and Local Government Debt Issuance and Management Service. Austin, TX: Sheshunoff Information Services, Inc. , updated yearly.

Hildreth, W. Bartley, and Gerald J. Miller. 2002. " Debt and the Local Economy: Problems in Benchmarking Local Government Debt Affordability. " Public Budgeting and Finance 22 (4): 99 – 113.

Johnson, Craig L. 1999. " State Government Credit Quality: Down, but Not Out!" Public Administration Review 59 (3): 243 – 9.

Larkin, Richard, and James C. Joseph. 1996. "Developing Formal Debt Policies. " In Handbook of Debt Management, ed. Gerald J. Miller, 277 – 82. New York: Dekker.

Laskey, Amy R. 2005. "To Bond or Not to Bond: Debt Affordability Guidelines and Their Impact on Credit. " Tax – Supported Special Report, Fitch Ratings, Public Finance, New York.

Leigland, James. 1994. "Public Authorities and the Determinants of Their Use by State and Local Governments. " Journal of Public Administration Research and Theory 4 (4): 521 – 44.

Louisiana, State of, State Bond Commission. 2003. " Status Report: Net State Tax Supported Debt. " Louisiana Department of Treasury, Baton Rouge. http: //www. treasury. state. la. us/ divisions/bondcommission/agendas_ect/2003nstsdrpt. doc.

Maine, State of, State Treasurer's Office. 2003a. "Debt/Bonds." Office of State Treasurer, Augusta. http: //www. state. me. us/treasurer/debts_bonds/index. html.

———. 2003b. Presentation to Standard & Poor's. Office of State Treasurer, Augusta. http: // www. state. me. us/treasurer/2003Rating - Agency Presentation. pdf.

Maryland, State of, Capital Debt Affordability Committee. 1996. "Understanding and Forecasting Condition or Ability to Repay Debt: Report of the Capital Debt Affordability Committee on Recommended Debt Authorizations for Fiscal Year 1993." In Handbook of Debt Management, ed. Gerald J. Miller, 283 - 322. New York: Dekker.

Maryland, State of. 2003. "$500, 000, 000 General Obligation Bonds, State and Local Facilities Loan of 2003, Second Series." Treasurer, State of Maryland, Annapolis. http: // www. treasurer. state. md. us/reports/MDState2 - OS. pdf.

Miller, Gerald J., ed. 1996. Handbook of Debt Management. New York: Dekker.

Miller, Gerald J., and Lyn Evers. 2002. "Budgeting Structures and Citizen Participation." Journal of Public Budgeting, Accounting & Financial Management 14 (2): 233 - 72.

Miller, Gerald J., and W. Bartley Hildreth. 2003. "State Debt Affordability Studies and the Results They Produce." Paper presented at the national conference of the Association for Budgeting and Financial Management, Washington, DC, September 18.

Miranda, Rowan A., and Ronald D. Picur. 2000. Benchmarking and Measuring Debt Capacity. Chicago: Government Finance Officers Association.

Mizruchi, Mark S., and Linda Brewster Stearns. 1994. "A Longitudinal Study of Borrowing by Large American Corporations." Administrative Science Quarterly 39 (1): 118 - 40.

Moak, Lennox. 1982. Municipal Bonds. Chicago: Municipal Finance Officers Association.

Moody's Investors Service. 2002. "Special Comment: Moody's US Municipal Bond Rating Scale." Moody's Investors Service, New York.

Moore, Richard H. 2003. "State of North Carolina Debt Affordability Study." State of North Carolina, Durham, NC.

Musgrave, Richard A., and Peggy B. Musgrave. 1989. Public Finance in Theory and Practice, 5th ed. New York: McGraw - Hill.

NASBO (National Association of State Budget Officers). 1994. "Debt Management Practices in the States." NASBO, Washington, DC.

———. 1999. "Capital Budgeting in the States." NASBO, Washington, DC. http: // www. nasbo. org/ publications. php.

NAST (National Association of State Treasurers). 2002. State Debt Management Network (Web site address list). http: //www. nast. net/debtnet/Debt2002/statelinks. htm.

North Carolina, State of. 2003. "Debt Affordability Study." Department of State Treasurer, State of North Carolina, Raleigh. http: //www. nctreasurer. com/NR/rdonlyres/D80A0D06 - C6D3 - 47D8 - 88F2 - 156D6CE337D3/0/debtstudycoverletter. doc.

Oregon, State of, State Debt Policy Advisory Commission. 2002. "Report." State Debt Policy

Advisory Commission, Oregon State Treasury, Salem. http://www.ost.state.or.us/divisions/dmd/sdpac.

Perdue, John. 2003. "Debt Capacity Report, State of West Virginia, Fiscal Year 2003." State Treasurer's Office, Charleston. http://www.wv.gov/OffSite.aspx?u = http://www.wvsto.gov/.

Petersen, John E. 2003. "Rating the Body Politic." Governing Magazine, January. http://66.23.131.98/archive/2003/jan/finance.txt.

Petersen, John, and Mila Freire. 2004a. "Fiscal Devolution." In Subnational Capital Markets in Developing Countries, ed. Mila Friere and John Peterson, 11 – 27. New York: Oxford University Press.

———. 2004b. "Market Setting and Legal Framework." In Subnational Capital Markets in Developing Countries, ed. Mila Friere and John Peterson, 29 – 45. New York: Oxford University Press.

Petersen, John, and Miguel Valadez. 2004. "Subnational Governments as Borrowers." In Subnational Capital Markets in Developing Countries, ed. Mila Friere and John Peterson, 49 – 62. New York: Oxford University Press.

Peterson, George E. 1998. "Measuring Local Government Credit Risk and Improving Creditworthiness." World Bank, Washington, DC. http://www.worldbank.org/html/fpd/urban//mun_fin/toolkit/tools.PDF.

Rabin, Jack, W. Bartley Hildreth, and Gerald J. Miller. 1996. Budgeting: Formulation and Execution. Athens, GA: Vinson Institute of Government.

Regens, James L., and Thomas P. Lauth. 1992. "Buy Now, Pay Later: Trends in State Indebtedness, 1950 – 1989." Public Administration Review 52 (2): 157 – 61.

Salamon, Lester M. 2002. The Tools of Government. New York: Oxford University Press.

Simonsen, Bill, Mark D. Robbins, and Raymond Brown. 2003. "Debt Affordability." In Encyclopedia of Public Administration and Public Policy, ed. Jack Rabin, 308 – 12. New York: Dekker.

Singh, Raju, and Alexander Plekhanov. 2005. "How Should Subnational Government Borrowing Be Regulated? Some Cross – Country Empirical Evidence." International Monetary Fund Working Paper/05/54, IMF, Washington, DC. http://www.imf.org/external/pubs/cat/longres.cfm?sk = 18077.0.

Smith, Charles. 1998. "Measuring and Forecasting Debt Capacity: The State of Oregon Experience." Government Finance Review 14 (6): 52 – 4.

Standard & Poors. 2001. "Default Research: Municipal Rating Transitions and Defaults." Standard & Poors, New York.

Stiglitz, Joseph E. 2000. Economics of the Public Sector, 3rd ed. New York: W. W. Norton.

Tannenwald, Robert. 1999. "Fiscal Disparity among the States Revisited." New England Economic Review July/August: 3 – 25.

Tigue, Patricia. 1996. Capital Improvement Programming. Chicago: Government Finance Officers Association.

Trautman, Rhonda Riherd. 1995. "The Impact of State Debt Management on Debt Activity." Public Budgeting and Finance 15 (2): 33 – 51.

U. S. Advisory Commission on Intergovernmental Relations. 1982. "Tax Capacity of the Fifty States: Methodology and Estimates." Washington, DC.

———. 1993. "State Fiscal Capacity and Tax Effort." Washington, DC. U. S. General Accounting Office. 1998. "Leading Practices in Capital Decision – Making." GAO/AIMD – 99 – 32, GAO, Washington, DC.

———. 2001. "Debt Management: Insights and Tools from Selected Nations." GAO – 02 – 14. GAO, Washington, DC.

Van Thiel, Sandra. 2004. "Why Politicians Prefer Quasi – Autonomous Organizations." Journal of Theoretical Politics 16 (2): 175 – 201.

Vermont, State of, State Treasurer. 2003. "State Treasurer's Annual Report." State Treasurer's Office, Montpelier. http://www.tre.state.vt.us/Download/2002Annual%20Report.pdf.

Virginia, State of. 2002. "Debt Capacity Advisory Committee: Report to the Governor and General Assembly, December 23, 2002." Office of the Governor, Richmond. http://www.trs.state.va.us/debt/dcac.htm.

Washington, State of. 1996. "State Finance Committee: Debt Issuance Policy." Office of the State Treasurer, Olympia. http://tre.wa.gov/BondDebt/dipolicy.htm.

White, Roland, Roy Bahl, Junald Ahmad, and Matthew Glasser. 1998. "Policy Framework for Municipal Borrowing and Financial Emergencies." Republic of South Africa, National Treasury, Department of Finance, Pretoria. http://www.info.gov.za/otherdocs/2000/mun_fin.pdf.

World Bank. 2003. "Financial Management and Creditworthiness: Module F Trainers' Manual." World Bank, Washington, DC.

Yankelovich, Daniel. 1991. Coming to Public Judgment. Syracuse, NY: Syracuse University.

Press. Local Debt Management 155.

第五章

确保效率和廉洁的地方政府内部控制

Jesse Hughes

政府对内部控制的法律规定和监管的基础各不相同。本章阐明了构成内部控制的原则、会计必须遵守的规则以及使用所获资源和支出通过预算的规则。本章举例说明了内部控制，这些例子可以帮助管理者确保内部控制系统全面和有效。

政府内的所有人员在各自负责的领域负有评估风险，建立必要的内部控制程序以降低风险的责任。基本规则是“管理”负责建立和实施内部控制，“审计”负责检查这些控制的适合性和有效性。

腐败和洗钱

有效的内部控制可以帮助预防、检测和纠正腐败风险，但腐败难以避免。如办理登机手续的警务人员拖延退回护照，文书把某些人的文件推到待办文件的最后，海关人员拖延盖图章。这些腐败不容易衡量。巨额的资金流经公众，多少钱转入私人口袋？在试图衡量腐败程度的过程中，国际透明度组织开发了一个每年发布约 150 个国家的清廉指数。该指数以国内的调查和专家评估为根据。从旨在打击腐败的联合国发展计划中得到的经验如下（UNDP 1998：11－12）：

第一，很显然，跨境贪污表明需要在国际和地区性的基础上打击腐败，这样工作的可持续性在很大程度上取决于稳定的国内反腐败政策的支持和协调。全部工作不应只集中在跨境和“大腐败”上，也应包括直接影响到大多数人生活条件的“小腐败”。尽管这些非法交易的规模可能很小，但是累计起来会对现代社会有相当大的经济上和政治上的损害。

第二，反腐败没有单一的方法。腐败的原因及逻辑各不相同，各种情形产生的结果差异也需要在设计反腐败战略时考虑。通常考虑以下几点：

■ 特殊的政治和管理是促进和坚持反腐败改革所必要的；

■ 战略行动要尽可能融合三个组成部分：执法，通过机构改革预防，动员市民；

■ 除了制度建设，还应在重要活动中提高专业水平，确保司法独立和磨练技术技能（法律，会计/审计和调查性新闻）；

■ 与政治和管理一样，专业技能的增强有利于控制腐败，这在政治竞争压力常常迫使政治家采取行动的民主社会中同样适用，因此，民主化是一个必要条件，但不是减少腐败的充分条件；

■ 尽管经济自由化不是减少公共部门腐败的灵丹妙药，但减小州的规模，就减少了潜在腐败的数量，使公共部门提高了效率。

第三，时间和顺序的问题。对短期优先事项和初步行动的确定，方法的一致性，改进政治和管理方式等所有促进和保持改革所必需的，都需要给予更多的关注。

第四，在依靠社会的积极性打击渎职的过程中需要谨慎，因为相信民权社会的内涵是反腐败措施或发展结果可持续的充分保证，是过于乐观的看法。在计划反腐败议程时，发展的目标是首要的。

洗钱是向合法渠道转移非法获得的资金（例如贩毒赚的钱）。金融行动特别工作组是一个政府机构，其成立的目的在于设立标准，以及制定反洗钱和反恐筹资的各项政策。为了达到这个目标，金融行动特别工作组已出版了 49 个建议[①]。这些建议不一一列举，但它们已受到国际货币基金和世界银行的认可，成为反洗钱和反恐融资的国际标准。

内部控制的目标和范围

本部分内容转载自“内部控制—完整框架：执行摘要”（COSO 1992），已获许可。

高级管理人员一直在对他们管理的组织寻求更好的控制方式。实施内部控制就是为了保持组织在规定的过程中。内部控制有助于组织目标和任务的实现，并尽量减少过程中的意外的发生。内部控制使管理部门能迅速应对变化的经济和竞争环境，转变需求和优先事项，以及对未来增长的结构进行调整。内部控制提升了效率，减少了资产损失的风险，有助于确保财务报表可靠及依法依规。

由于内部控制有许多重要的作用，所以对更好的内部控制制度和内部控制绩效评价的需要在不断增加。内部控制越来越多地被作为解决许多潜在问题的方法。

什么是内部控制

内部控制对不同的人意味着不同的事情，这会在立法者、监管者和其他人之间引起混乱。沟通不畅的结果和不同的期望会在组织中产生问题。如果内部控制没有被明确定义，没有成为法律、法规、规章，那么产生的问题是复杂的。

内部控制的概念实现了立法者、管理层和其他人的需要和期望，同时有助于组织实现其目标，但内部控制不是万能的。内部控制的定义和描述是：

- 建立一个满足各方需要的共同的定义；
- 对政府机构、企业和其他实体——或大或小的公共或私有部门提供一个标准，评估他们的控制系统，并决定如何改进。

内部控制广义的定义是一个过程，受组织的……［立法机构］、管理人员和其他人员影响。为实现组织的目标，内部控制在以下类别的事项中提供合理保证：

- 运营的效果及效率；
- 财务报告的可靠性；
- 遵守适用的法律和法规。

第一类涉及实体的基本目标，包括绩效目标和资源的保护。第二类涉及可靠的财务报表的起草，包括中期和简明财务报表，以及从公开发布的预算控制这些报告中选取的财务数据。第三类涉及组织须服从的法律和遵守的法规。这些不同但有重叠的类别满足了不同的需求，并直接集中满足不同的需求。

内部控制系统在有效的不同水平上运营。三个类别中的每一个都可以分别地判断内部控制是否有效，这取决于……［立法机构］和管理人员在以下方面有相应的保证。

- 清楚组织业务目标实现的程度；

■ 公布的财务报表是可信的；
■ 适用的法律和法规都得到遵守。

内部控制包括五个相互关联的组成部分。这五个部分都源于组织的管理运行方式……［它的活动］，并与组织的管理过程一体化。虽然各组成部分都适用于所有组织，但是小型的和……［中型的组织］与大型组织相比可能实现的方式不同。一家小公司的控制措施可能不正式，结构更少，但它仍然可以有有效的内部控制。这些组成部分是：

控制环境

控制环境决定组织的风格，影响了雇员的控制意识。它是内部控制其他组成部分的基础，提供原则和结构。控制环境因素包括诚信、道德价值和雇员的能力；管理理念和经营作风，管理分配权力和责任的方式，组织和发展雇员；以及被……［立法机构］规定的特殊事项和指南。

风险评估

每个组织都面临着必须评估来自外部和内部的资源的各种风险。风险评估的先决条件是目标的建立，与不同层次和内部一致相关联。风险评估是识别和分析相关风险、实现目标、形成确定风险应如何进行管理的基础。因为经济的、产业的、监管的和经营的状况将不断发生变化，组织需要建立机制来识别和处理与变化相关的特殊风险。

控制活动

控制活动是确保管理指令被执行的方针和程序。它们有助于保证采取必要的行动应对风险以实现组织的目标。控制活动发生在整个组织上、各个层次上和所有操作程序里，包括批准、授权、验证、核对、经营业绩评述、资产安全及职责划分等不同的活动范围。

信息和沟通

相关信息必须被识别、获取，并以某种形式在时限内沟通，使雇员能执行相应的职责。信息系统产生的报告包含营运、财务及与遵从有关的信息，这使企业的运行和控制成为可能。不仅内部产生的数据要处理，外部事件、活动和有必要通知的特殊情况以及决策和外部报告也都需要处理。有效的沟通还必须在组织的下层、中层和上层更广泛的意义上存在。所有工作人员必须得到高层管理者的明确信息，即必须认真对待控制责任。他们必须了解内部控制制度中他们各自的作用，以及个人活动如何与他人的工作相关。他们必须有向上游传递重要信息的手段。此外，还需要与外部各方，如……供应商……和各股东进行有效的沟通。

监控内部控制制度

必须对内部控制制度进行监控——一个不断对内部控制体系的运行质量进行评估的过程。它通过持续性的监控活动、间歇性的评估或两者的结合来实现。持续性监控须贯穿于业务经营的全过程。它包括日常的管理和监督活动，以及员工履行职责过程中的其他活动。间歇性评估的范围和频率将主要取决于对风险的评估和持续监控程序的有效性。内部控制缺陷应向上级汇报，作为重大事项报告给高层管理人员和……［立法机构］。［内部审计职能往往建立在一个主体内部，以协助监控内部控制系统的有效性和高效性。］

这些组成部分之间有一种协同的关系，从而形成一个随着环境的变化而动态反应的综合系统。内部控制制度是和主体的经营活动交织在一起的，并因基本业务而存在。内部控制在基于构建主体基础结构并与企业的本质相分离时是最有效的。“内在”控制提供质量和授权的主动权，避免不必要的成本，并能对不断变化的环境快速响应。

在一个主体努力实现的三类目标与构成要素之间有着直接的关系，目标是主体争取实现的东西，而构成要素则代表着要实现这些目标需要什么。从任何一个类别来看——比如，业务运行的有效性和高效性——所有的五个构成要素必须存在和有效地运作，才能得出运营的内部控制是有效的结论。

内部控制的定义——一个深受人们影响、提供合理保证的过程性基础概念——与目标、组成、有效性标准以及相关讨论的分类一起，构成了这个内部控制框架。

内部控制能做什么

内部控制可以帮助主体实现其业绩［目标］，防止资源的损失。它可以确保财务报告的可靠性，而且有助于确保该主体遵从法律和规定，避免其声誉遭受损害和其他后果。总之，它可以帮助一个主体到达想要的目标，避免经营过程中的隐患和意外。

内部控制不能做什么

不幸的是，有些人有更大和不现实的期望。他们寻求绝对性，并相信：

内部控制可以确保一个主体的成功，也就是说，它将确保实现基本的……目标或者意图，至少能确保其生存。

有效的内部控制只能帮助实现主体的这些目标。它可以提供有关主体在实现其目标方面的进展或缺乏进展的管理信息。但内部控制不能将一个天性较差的经理变成一个很好的经理。而且，在政府政策和计划……或经济条件发生变化时可以突破管理的控制范围。内部控制不能保证成功，甚至生存。

内部控制可以确保财务报告和遵守法律法规的可靠性。

这种信念也是没有道理的。一项内部控制制度，无论如何精心构思和运作，只能向管理当局和……［立法机构］提供关于实现主体目标的合理的而非绝对的保证。在所有的内部控制制度中，取得成就的可能性均受到固有限制的影响。这其中包括可能是错误的决策的判断，以及因为简单的错误或失误而导致失败的现实。此外，控制可以规避两个或更多人的勾结行为以及凌驾于制度能力的管理。另一个限制因素是，内部控制制度的设计必须反映这一事实：内部控制受资源的约束，控制的收益必须综合考虑成本因素。

因此，尽管内部控制可以帮助某一主体实现其目标，但它不是万能的。

职能和责任

组织中每个人都对内部控制负有责任。

管理层

首席执行官负有最终的责任，应该行使内控体系的所有权。与其他任何员工不同，首席执行官设置上层基调，包括积极的控制环境中的诚信、道德及其他因素。在一个大的……［主体］内，首席执行官通过赋予高级管理人员领导权并加以指导，并审查他们控制活动的方式，来履行职能。高级管理人员则向具有部门职能的全体员工委派更为具体的内部控制政策和程序。在一个较小的主体内，首席执行官的影响……通常更为直接。在任何情况下，在大量的责任中，一个经理实际上是在他或她的责任范围内的首席执行官。特别重要的是财务人员及其他员工，他们控制一个主体贯穿上下的操作和其他单元业务的活动。

……［立法机构］

管理当局向提供管理、指导和监督的……［立法机构］负责。有效的……成员［立法团体］是客观的、有能力和好问的。他们还应了解主体的活动和环境，并在必要的时候履行其职责。管理当局可能处于超越控制的状况，忽略或压制来自下属的沟通，使故意歪曲结果以掩盖其踪迹的不诚实管理成为可能。一个强有力的、积极的……［立法机构］，特别是在与有效的沟通渠道和技能较强的财务、法律和内部审计职能相结合时，往往最能识别和纠正这样的问题。

内部审计人员

内部审计人员在评估控制系统的有效性方面发挥着重要作用，并致力于持续的有效性。鉴于在主体中的组织地位和权力，内部审计往往起着重要的监控作用。

其他人员

从某种程度上说，内部控制是一个组织中每个人的责任，因此它应成为每个人岗位描述中明确或隐含的一部分。几乎所有的员工都会运用内部控制系统中产生的信息，或采取其他行为来实施控制。此外，所有人员应与上级沟通经营问题，对违反行为守则、违反其他政策或违法的行为负责。

一些外部团体往往有助于主体目标的实现。外部审计人员提供一种独立和客观的意见，通过财务报表审计直接作贡献，并且间接提供有助于管理当局和……[立法机构] 履行职责的信息而间接作贡献。在实行内部控制中向主体提供的有用资料是……那些与……[主体，如] 财务分析人员、债券评估机构和新闻媒体办理的业务。不管怎样，对于该主体的内部控制制度，外部各方不需要承担责任，这也不是内部控制工作的一部分。

COSO 的风险管理框架

在十多年前，全国虚假财务报告委员会下属的发起人委员会（COSO）发出的“内部控制集成框架”……[该文件已经以转载摘要的形式在前文略述，已经帮助了] 企业和其他主体的评估并加强他们的内部控制制度。这个框架已经被纳入政策、规则和条例，并被数以千计的企业使用，以更好地控制他们的活动朝着实现其既定目标进展（COSO 2004：v）。

由透明国际发布的（国际）清廉指数显示，鉴于许多臭名昭著的商业丑闻，许多国家提高了对腐败层级的认识，号召通过新的法律、法规和上市标准，加强公司治理和风险管理。作为一个主体的全面风险管理框架的整体需求，提供关键原则和概念、一种通用的语言、清晰的方向和指导，变得更加引人注目。因此，为填补这方面的需求，COSO 于 2004 年发表了“企业风险管理——综合框架”。这一框架“扩展了内部控制，在关于企业风险管理更广泛的议题方面提供了更有力、更广泛的焦点。它并不打算也不会取代内部控制框架，而是内部控制框架范围内的具体化，主体可以参照这一框架，在满足他们内部控制需要的同时，走向一个更全面的风险管理流程”（COSO 2004：5）。

“在管理中最关键的挑战是确定主体致力于创造价值时，准备和可能接受的风险数量”（COSO 2004：5）。基于这些综合框架，许多地方政府已经制定或正在考虑立法，以扩展长期存在的需求来维持内部控制系统；还需要对认证和独立的审计人员进行管理，以证明这些系统的有效性。所有的地方政府都鼓励采取基于这些框架的类似法规，以提供更全面的风险管理和内部控制流程。

为了帮助实现改善其风险管理流程的目标，许多地方政府都在建立或加强其行政单位的内部审计职能。内部审计专业实务由国际内部审计师协会（2004）发行的一个框架提供支撑。这个框架提供了一个道德准则、内部审计标准、发展和实践参考及实务公告。所有的地方政府都应进一步鼓励加强内部审计职能，并采用这个内部审计人员所属的专业实务架构。

本节的其余部分是“企业风险综合管理框架：执行摘要”，已得到 COSO 2004 年的文件许可转载。

概　述

企业风险管理的一个基本前提是每一个主体存在的目的都是为它的利益相关者提供价值。所有的主体都面临不确定性，对于管理当局来说，挑战在于确定追求增加利益相关者价值的同时，还准备承受多少不确定性。不确定性潜藏着对价值的破坏或增加，既代表风险，也代表机会。企业风险管理使管理当局能够有效地处理不确定性以及由此带来的风险和机会，从而提高主体创造价值的能力。

当管理当局制订战略和目标，以追求增长和报酬目标以及相关的风险之间的最优平衡，并且为了实现主体的目标而提高效率和有效地配置资源时，价值得以最大化。企业风险管理包括：

■ 协调风险容量与战略。管理当局在评价备选战略、设定与选定的战略相协调的目标，以及在构建管理相关风险机制的过程中，要考虑主体的风险容量。

■ 增进风险应对决策。企业风险管理为识别和在备选的风险应对——风险回避、降低、分担和承受——之间进行选择提供了严密性。

■ 减少经营意外和损失。主体增强了识别潜在事项并加以应对的能力，从而降低意外的发生和由此带来的费用或损失。

■ 识别和管理贯穿于企业的多重风险。每一个主体都面临着影响组织的不同部分的无数风险。管理当局应做好对相互关联影响的有效应对，以及对多重风险的整体应对。

■ 抓住机会。通过考虑潜在事项的各个方面，管理当局能占据识别并主动地实现机会的先机。

■ 改善资本调配。获取丰富的风险信息可以使管理当局有效地评估总体资本需求，并改进资本配置。

在企业风险管理中存在的这些能力有助于管理当局实现主体的业绩……目标，并防止资源损失。企业风险管理有助于确保报告的有效及合规性，并有助于避免对主体声誉产生损害以及由此带来的后果。总之，企业风险管理不仅帮助一个主体到达期望的目的地，还有助于主体避开前进途中的隐患和意外。

企业风险管理的定义

企业风险管理可以应对价值创造或维持风险和机会。其定义如下：

企业风险管理是一个过程，通过一个主体……［立法机构］、管理当局和其他人员实施，应用于战略制订并贯穿于企业之中，旨在识别可能会影响主体的潜在事项，以及在该主体的风险容量之内的管理风险，并为主体目标的实现提供合理保证。

这个定义比较宽泛是出于多个方面的考虑。它抓住了关于……［组织］如何管理风险这一至关重要的核心理念，为［所有部门］的应用提供了基础。它直接关注特定主体既定目标的实现，并为界定企业风险管理的有效性提供了依据。

目标的实现

在既定使命或愿景的背景下，管理当局制订战略目标，选择策略，制订贯穿企业之中并与战略相一致的其他目标。为实现一个主体的目标，企业风险管理框架（构架）将目标分成以下类别（四类）：

■ 战略目标。高层次的目标，协调并支撑主体的目标。

■ 经营目标。有效和高效地利用其资源。

■ 报告目标。与主体报告的可靠性相关。

■ 合规目标。与适用主体的法律和法规相关。

对主体目标的这种分类使我们可以关注企业风险管理的不同侧面。这些各不相同却又相互交叉的类别——一个特定的目标可以归入多个类别，反映了不同的主体需要，并且可能成为不同管理者的直接责任。这个分类还有助于从每一类目标中区分出所期望的目标。另外一种被一些主体使用的关于资源安全性的分类也将被叙述。

由于与报告的可靠性、对法律和法规的遵从性等相关目标的实现处于主体的控制范围之内，所以，企业风险管理可望为实现这些目标提供合理保证。然而，战略目标与经营目标的实现并不总是处在主体的控制范围之内。相应地，对于这两类目标，企业风险管理能够确保管理当局和……起监督作用的〔立法机构〕及时地了解主体向既定目标前进的程度。

企业风险管理的构成要素

企业风险管理包括八个相互关联的构成要素。它们源于管理当局经营企业的方式，并与管理过程融合在一起，这些构成要素包括：

■ 内部环境。内部环境围绕一个组织的特色，并为主体中的人们如何看待和应对确立了基础，包括风险管理理念、风险容量、诚信及道德价值观以及经营所处的环境。

■ 目标设定。在管理当局识别影响它们实现的潜在事项前，必须先有一定的目标。企业风险管理确保管理当局采取恰当的程序去设定目标，确保所选定的目标支持和切合该主体的使命，并且与它的风险容量相一致。

■ 事项识别。影响主体目标实现的内部或外部事项必须加以识别，从中区分风险事项和机会事项。机会被反馈到管理当局的战略或目标制订过程中。

■ 风险评估。要对识别的风险进行分析，仔细考虑风险的可能性和影响，以便形成应该如何对它们进行管理的依据。既要对固有风险进行评估，也要对剩余风险进行评估。

■ 风险应对。管理当局选择一系列措施——回避、承担、降低和分担风险等，使风险与主体的风险容限及风险容量相协调。

■ 控制活动。制订和执行政策与程序，以确保管理当局所选择的风险应对措施得以有效实施。

■ 信息与沟通。相关的信息以一种方式和动机加以识别、获取和沟通，可以确保员工履行其职责。有效沟通还可产生一个更加广泛的效应，使信息在下级、同级和上级间流动。

■ 监控。对企业风险管理进行全面监控并适时加以修正。监控通过持续的管理活动、对企业风险管理的个别评价或者两者相结合来完成。

企业风险管理并不只是一个构成要素仅仅影响接下来的那种严格意义上的顺次过程。它是一个多方向的、反复的过程，在这个过程中几乎每一个构成要素都能够影响另一个要素。

目标与构成要素之间的关系

目标是指一个主体力图实现什么，企业风险管理的构成要素则意味着需要什么来实现它们，两者之间有着直接的关系。这种关系通过一个三维矩阵模型（见图 5－1）来描述。

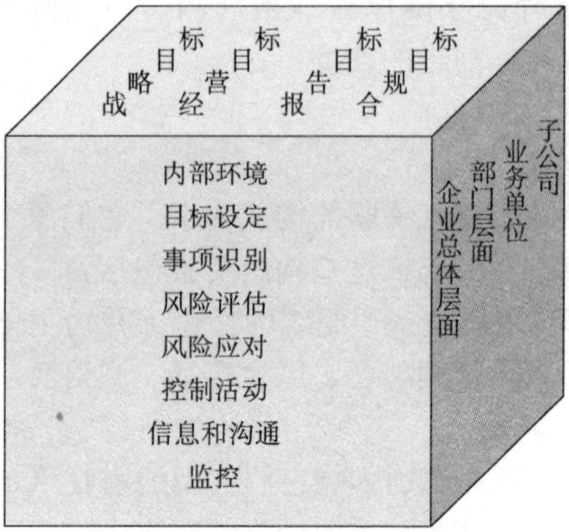

图 5－1　风险管理模型

资料来源：从 COSO（2004）改编。

图 5－1 通过目标分类、构成要素、主体单位，或相关的任何一部分，着力描绘了一个主体的企业风险管理全貌。

有效性

确定企业风险管理是否“有效”，是在对八个构成要素是否存在和有效运行的评估基础之上所作出的判断，因此，构成要素也是有效的企业风险管理的判断标准。如果这些构成要素存在且正常运行，那就表明可能不存在重大缺陷，而风险可能已经被控制在主体的风险容量以内。

如果确定企业风险管理在所有四类目标上都是有效的，依次为……他们了解该主体的战略和经营目标的实现程度、主体的报告是可靠的，并且符合适用的法律和法规，那么就意味着立法机构和管理当局已经为其提供合理保证。

以上八个组成部分在每一个主体中发挥的作用将有所不同，比如，中小规模的主体在实施这些构成要素时可能不太正式和不太健全。但是只要每一个构成要素存在和正常运行，它们仍然可能拥有有效的企业风险管理。

局限性

虽然企业风险管理带来了许多重要的效益，但是局限性依然存在。除了以上讨论的因素，还有实际产生的局限性：决策过程中的人为判断可能是错误的，在确定应对风险和建立控制时需要考虑风险应对的相关成本与效益。由于类似的简单差错或错误等人为失败会导致故障的发生，控制可能会通过两个或多个人的串通而被绕过，管理当局具有凌驾于企业风险管理决策之上的能力。这些局限妨碍某一个……［立法机构］和管理当局为主体目标提供合理保证。

内部控制

内部控制是企业风险管理不可或缺的一个组成部分。企业风险管理框架围绕内部控制，形成一个更加健全的概念框架和管理工具。内部控制在“内部控制——整体框架”中进行定义和描述。由于该框架经受住了时间的考验，是现行规则、规章和法律的基础，该文件仍然占据着内部控制的概念定义和框架构建……［因此，］那个框架的全部将被参照性地纳入这一部分。

职能与责任

一个主体中的每个人都对企业风险管理负有一定的责任。首席执行官负有最终的责任，并且行使其所有权。其他管理人员支持风险管理理念，促使其符合风险容量，并且在各自的职责范围内根据风险容限去管理风险。风险管理人员、财务人员、内部审计人员以及其他人员通常都对风险管理负主要责任。其他人员根据既定的指引和规程来负责实施企业风险管理。立法机构对企业风险管理提供重要监督、监控并使其与主体的风险容量一致。诸多外部方面……经常提供对实现企业风险管理有用的信息，但是他们对主体企业风险管理的有效性并不承担责任，他们也不是主体的企业风险管理的一部分。

适用于私营和公共部门的国际会计师联合会标准

近年来，许多发达国家和发展中国家已经着手对政府在社会中的作用重新进行了彻底评估。跟随这股潮流，政治—行政关系的重新定义已经发生演变，旨在确保更大的问责制和下放给管理人员更大的权力。关于内部控制，国际会计师联合会（IFAC）已承认，公共部门主体的管理机构需要确保建立和实施内部控制框架，并在主体的年度报告中（国际会计师联合会，2001）列入有效性的声明。国际会计师联合会关于内部控制的具体评论如下（国际会计师联合会 2001：45－6）：

■ 尽管内部控制是一个过程，但是其成效是经过一段之间后的某个或多个时点的进程状况或情况。内部控制系统以不同的效率水平运转。控制在提供主体可靠地实现其目标的合理保证的范围内才为有效。

■ 在对主体的内部控制框架有效性的报告中，管理机构需要在年度报告中，列入他们建立内部控制框架有效性的声明，包括对组织类型的适用性和在实践中的有效性。声明概述了他们已经制定的安排，旨在使他们能够作出必要的声明。这些可能采取一种不同系统、风险和机遇的复查形式，以及监控关键的控制程序和步骤。针对该系统测量的标准就是这样被确定的，得出结论的日期也是一样。

■ 关注向员工提供执行和维持内部控制系统的技术，并确保负责系统中主要变动的人员是有适当经验的。

■ 目标随着时间的推移而不断变化，因此管理当局需要定期评估主体控制以及向管理机构传递结果的有效性。

■ 程序和控制活动需要不断修订，特别是确保它们在重大变革时期的持续相关性和可靠性。

■ 内部控制的有效性需要定期进行审查和测试。审查的范围覆盖所有的控制活动，包括那些与财务、业务、预算、合规和风险管理相关的活动。管理层对这些方面负主要责任。

国际会计师联合会设立了以下仅限于内部控制评价（国际会计师联合会 2006 a）的国际审计准则（ISAs）。

“ISA 315 ——充分关注主体及其环境，并评估重大错报风险。审计人员应该获取对某一主体及其环境的认识，包括其内部控制情况，以识别和评定财务报表重大错报的风险是因欺诈还是错误，从而设计和执行进一步的审计程序“（国际会计师联合会 2006 a：350）。

“ISA 330——针对评估风险的审计人员程序。为了将审计风险降低到可以接受的水平，审计人员应当明确在财务报表层面的风险评估的总体应对措施，并制定和执行进一步审计程序，以应对在认识层面的风险评估“（国际会计师联合会 2006 a：404）。

适用于私营和公共部门的国际内部审计师协会标准

国际内部审计师协会建立了针对风险、控制和在其保证（A）和咨询（C）活动中的管理评估的标准（国际内部审计师协会 2004：7 –9）：

2110——风险管理

内部审计活动应通过风险识别、评估重大风险暴露及促进风险管理和控制系统的改进来协助组织。

2110. A1——内部审计活动应监控和评估组织风险管理系统的有效性。

2110. A2 ——内部审计活动应评估风险暴露，涉及组织的治理、经营以及与信息系统有关的以下方面：

■ 财务和经营信息的可靠性和完整性；

■ 经营的有效性和高效性；

■ 资产的安全性；

■ 遵守法律、法规和合同的情况。

2110. C1——在咨询业务中，内部审计人员应该应对符合既定目标的风险，并警惕其他可能存在的重大风险。

2110. C2——内部审计人员应把从咨询活动中获得的风险知识融入到识别和评估该组织的重大风险暴露中去。

2120——控制

内部审计活动应通过评估其有效性和高效性以及通过促进持续改进，来协助组织维持有效的控制。

2120. A1——在风险评估结果的基础上，内部审计活动应评估涉及组织的管理、运营以及信息系统控制的充分性和有效性。

这应当包括：

■ 可靠性以及财务与经营信息的完整性；

■ 经营的有效性和高效性；

■ 资产的安全性；

■ 遵守法律、法规与合同的情况。

2120. A2——内部审计人员应确定已经建立并符合该组织那些要求的经营和程序目标的范围。

2120. A3——内部审计人员应审查经营和程序，以确定其范围与既定目标和宗旨相一致，以进一步作出操作和方案是否正按计划贯彻或执行的决定。

2120. A4——评估控制需要适当的标准。内部审计人员应确定管理层在何种程度上已建立适当的标准，以确定目标和宗旨是否已经完成。如果适当，内部审计人员应在其评价中运用那些标准。如果不适当，内部审计人员应与管理人员一起制定适当的评价标准。

2120. C1——在咨询业务中，内部审计人员应处理与经营目标一致的控制，并对任何重大控制薄弱环节保持警惕。

2120. C2——内部审计人员应将从咨询业务中获得的知识纳入识别和评估该

组织的重大风险暴露过程中去。

2130——治理

内部审计活动应评价并提出适当的建议，在实现下列目标的过程中改进治理程序：

- 在组织内部提升适当的道德和价值观；
- 确保有效的组织绩效管理和问责机制；
- 在适当的组织范围内，有效地沟通风险和控制信息；
- 在董事会，内、外部审计人员以及管理当局之间有效地协调活动和沟通信息。

2130. A1——内部审计活动应评估组织的与道德操守有关的目标、程序和活动的设计、执行和有效性。

2130. C1——咨询业务的目标应与整体价值观和组织目标相一致。

国际最高审计标准组织
在公共部门内部控制方面的鉴定需求

本节包括部分最高审计机关国际组织的文件，这些文件经许可转载。

一个关于审计手册的工作组，从欧洲法院、中欧和东欧国家及塞浦路斯、马耳他和土耳其中精选的最高审计机关，被委派了解决内部控制系统审计的任务（最高审计机关国际组织 n. d. ）。他们采用了 COSO 开发的框架，并在他们的报告中确定了一个理想的公共内部财务控制系统的下列关键组件（最高审计机关国际组织 2004：10）：

1. 建立健全有效的财务控制系统的管理意识和责任。
2. 一个强大负责指导和统筹协调公共财政的中央机构/组织（最好是财务部负责）。
3. 中央确定的会计、财务报表、报告和包括内部审计在内的控制标准（最好由如上所述的同一机构/组织负责）。
4. 在内部和外部控制环境中，明确的程序和清晰的责任与义务界限。
5. 在预防、检测和指令控制系统和程序基础上的风险评估，如公共采购、打击欺诈和腐败、规划和遴选项目。
6. 由政府和其他公共部门主体提供的清晰、易懂的财务和业绩报告。
7. 有效的内部审计职能。

8. 强劲持续的外部监督（通过议会和最高审计机关）以及内部与外部审计间健全的专业关系。

工作组还确定了以下关键的内部和外部审计职能（最高审计机关国际组织 2004：7）：

1. 管理当局负责建立和组织内部审计作为在机构内部控制系统内的一个“监督职能”，和在管理当局、利益相关者与外部审计之间的连接点。内部审计也有风险管理的作用，可以帮助实现一个组织的基本目标。事实上，内部审计是独立客观并提供保证和咨询的活动，旨在增加价值和改进风险管理、控制和治理过程的有效性。

2. 外部审计人员的作用是评估内部审计开展的工作，并在可能的情况下信赖它。外部审计人员可能从一个有效的内部控制系统中得到审计保证，但这样做将需要确保它在本财务期间已恰当地经营。外部审计人员将对之后的内部控制系统有效性评估，以及对可以归入内部审计工作中的可靠性评估作出判断。

3. 内部审计是内部控制框架的一个重要方面，公共主体的管理应明确界定内部审计的职责，并确保它拥有权威性和独立性的合理水平，包括有权向最高管理层报告。开发和提供有效的内部审计服务的关键正规中介组织，应该是作为一个精英中心的中央协调组（CHU）[②]。他们应该负责制定和协调……基于国际最佳实务的控制和审计原则，通过提升最佳公共内部财务控制……以及包括贯穿整个公共部门的内部控制制度和内部审计的实践和质量评估/符合性测试，来协调健全财务管理的深入发展。

4. 在评价内部控制有效性的过程中，外部审计人员可以利用内部审计同僚的工作成果，使他们成为内部控制结构的一部分，并将其恰当地按照执行中系统的有效性指引提供给外部审计人员。外部审计人员必须永远记住，不管怎样，外部审计人员对得出的全部结论负最终责任，它是建立在运行系统检验、内部审计小组的工作质量、面对接受检查主体的内部控制和风险管理的工作态度等基础上的。为使内部审计工作得到有效评估，外部审计人员必须了解内部审计工作的目的（职能）、程序和方法，以及［考虑］工作人员的素质和他们参与工作的独立性和客观性。

职能和责任相分离的情况总结如下（最高审计机关国际组织 2004：84）：

管理人员的内部控制职能和责任

■ 创建一个积极的控制环境。

——建立积极的道德基调；

——提供适当的行为指导；

——移除不道德行为的诱惑；

——适时制定纪律；

——为员工准备书面的行为守则。

■ 确保人员具有和维持履行其职责的能力水平。

■ 明确界定权力和责任的关键方面。

■ 建立适当的报告路线。

■ 建立完善的基于管理当局风险分析的管理控制政策和程序。

■ 通过培训、管理沟通和各级管理人员的日常活动，来加强管理控制的重要性。

■ 通过年度评估和给高层管理人员的报告来监控组织的控制操作活动。

审计人员的职能和责任

■ 保持实质上和表面上的独立。

■ 确保审计人员的专业技能。

■ 对风险领域的管理建议。

■ 建立审计战略计划和目标。

■ 执行审计业务。

■ 评估信息技术系统。

■ 建议改善经营和加强控制的方式。

■ 持续跟进以确保建议得到充分和有效的执行。

■ 协调外部审计人员的审计活动。

■ 实施审计质量保证体系。

■ 定期评价内部控制实务的有效性。

■ 持续监控整个组织的内部控制实务操作并对其适当修正。

最高审计机关国际组织框架

最高审计机关国际组织还为建立和维护内部控制提供了一个框架，通常用来确定风险管理、内部控制和审计的概念是否得到了充分执行（最高审计机关国际组织 2001）（见图 5 –2）。

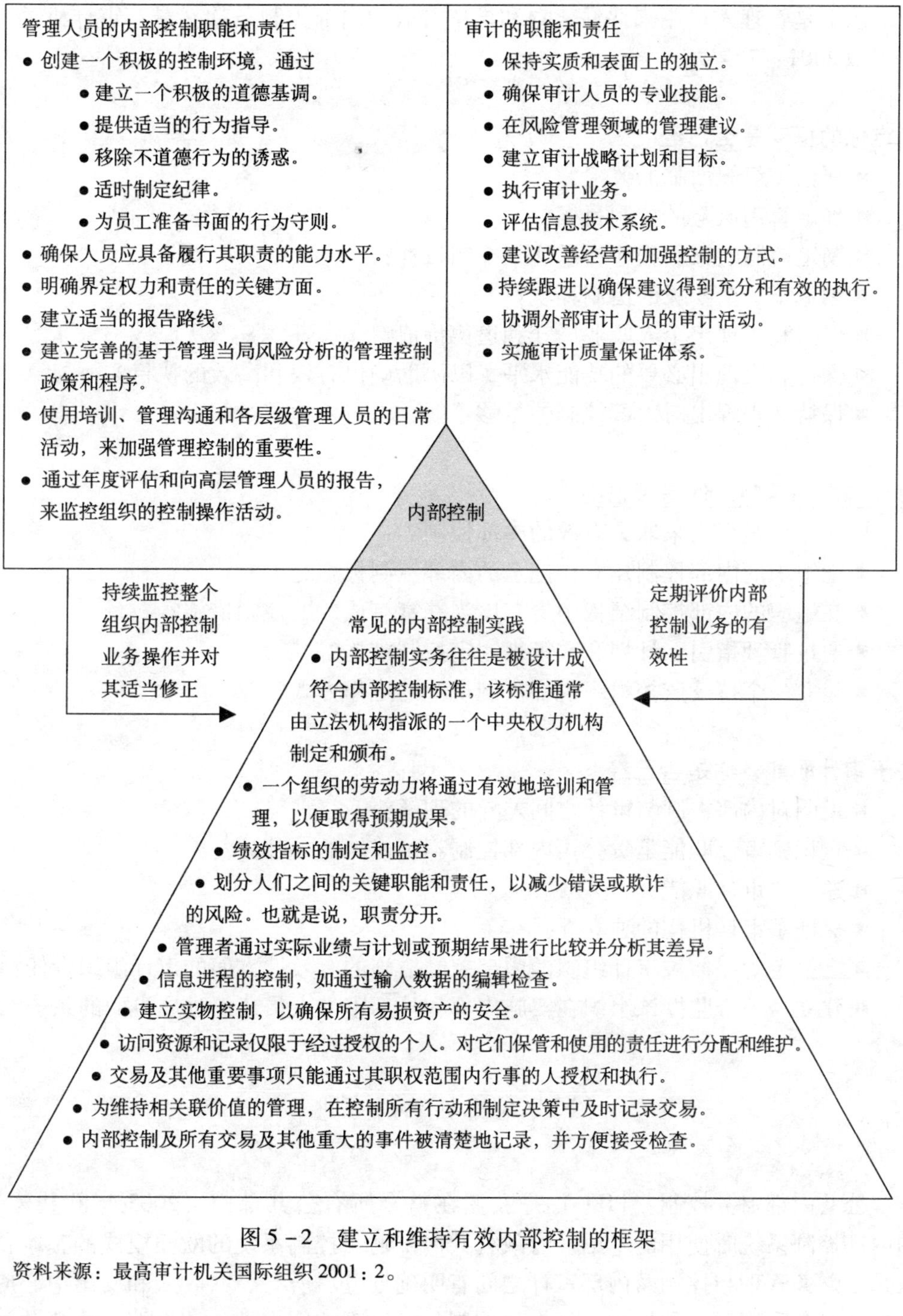

图 5－2 建立和维持有效内部控制的框架

资料来源：最高审计机关国际组织 2001：2。

以下是管理人员用来评估建立和维持有效的内部控制条款（最高审计机关国际组织 2001：7）：

确定你的框架是否已经

- 评估该组织面临的风险？
- 确定管理风险的控制目标？
- 制定控制政策和程序，以达到控制目标？
- 创造了一个积极的控制环境？
- 保持和表现出个人职业操守和道德价值？
- 保持和表现出必要的技能水平，以协助确保有效和高效的执行？
- 保持和表现出对内部控制的足够了解，以有效地履行职责？

为实施内部控制，你是否已经

- 在整个组织内采取了有效的内部控制？
- 把组织的内部控制建立在健全的内部控制标准之上？
- 在组织的内部控制结构中含有恰当并富有成效的控制措施？
- 通过管理指引、计划和政策来制定控制措施？
- 建立一个持续监控组织内部控制规范的运作方式？

关于审计职能，你是否已经

- 说明对内部控制与审计之间差异的理解？
- 意识到审计职能是贵公司内部控制不可或缺的一部分？
- 建立了审计职能？
- 保证了审计机构的独立性？
- 已给定对评估被审计组织的内部控制措施的有效性方面的审计组织责任？
- 建立了一个监控该组织在实施内部和外部审计人员建议进展方面的系统？

公共内部财务控制

公共内部财务控制（PIFC）是欧盟在整合所有公共部门（2005 年欧共体）的内部控制系统时使用的术语。有效公共内部财务控制系统的欧盟模式的基本特征是在财务管理与控制及内部审计之间有明确划分。所有公共收入和支出中心应该受到公共内部财务的控制，所有的控制与审计系统应当纳入该系统。该公共内部财务控制模式包括下面三个规范性要素。

■ 管理问责制：作为适当的财务管理和控制系统的管理责任，包括事前的承诺、付款、招标和承包，以及不当支付款项的回收等审批程序。

■ 独立的内部审计：作为一个职能，负责通过传统的财务审计以及基于系统的绩效审计，评估财务管理系统的充分性。

■ 集中统一：作为一个机构，负责贯穿于整个公共部门的公共内部财务控制执行的协调一致性。通常，有两个中心协调单位：一个用于管理问责制，另一个用于内部审计。

该委员会通过监控一系列步骤来评估公共内部财务控制的发展进度，由负责公共内部财务控制发展的中央机关实施。第一个步骤是公共内部财务控制政策或战略文件的起草和实施，其中包括提供一个当前控制系统的缺陷分析及引导系统升级的一些建议，同时还要顾及到国际公认的控制和审计标准。第二步是起草和实施有关内部控制和内部审计的框架和执行法规。第三步是经营和优秀员工组织的建立，如权力分散的内部审计单位，收入和支出方面适当的财务服务机构，以及两个职能（财务管理控制和内部审计）的中心协调单位。第四步是为财务控制和内部审计人员建立持续培训的设施。

欧洲联盟成员在控制和管理系统的最佳实践（西格玛基准）

西格玛（用于支持改善治理中欧与东欧国家的管理）（2001 年）确定了内部和外部审计人员在他们六个基准（财务控制，公共采购管理制度，公众服务，公共支出管理系统，外部审计，决策和协调机制）中的以下需求：

■ 一个功能上独立且拥有相应职权和范围的内部审计或督察机制必须到位。它可以由一个或数个组织主体组成，但必须符合以下条件：保持功能上的独立、有适当的审计授权（在审计的范围和类型方面）、使用国际公认的审计标准。

■ 实施适当的审计标准和方法的协调和监督是否到位也应加以考虑。

■ 六个基准中有一个适用于外部审计。它指出，欧盟候选国的资产和拥有资源管理的一般财务控制标准和各成员国一样需要一个有效的对所有公共部门资源和资产的外部审计，这应以持续和协调的方式进行。外部审计也在财务控制系统如何实施和发挥功效的评价和报告方面起到一个关键作用。

发展中国家地方政府内部控制的相关性和可行性

每个预算机构应实施适合其组织结构专属的内部控制系统。所有内部控制系统应当记录在案。除了有关账目的年度报告之外，每个机构应当从其管理人员那里获得关于其内部控制制度运行的保证声明。该声明应证明所有经批准的内部控制系统已经进行了审查，并继续有效地运行。

本章没有具体说明系统的确切性质，因为各机构的情况有所不同。特别是大型机构需要更复杂的控制系统。然而，所有系统应符合以下所列原则，审计人员将参照这些原则对一个机构的系统的有效性作出判断。一旦执行，系统应每年接受审查。对这些一般控制原则的负面回应则要求管理部门审查特殊领域运作的有效性。

控制的一般原则

组织结构

■ 工作应从效益最大化、避免重复、实现目标，并保持一个纪律严明的控制环境等方面进行组织。

■ 良好的内部沟通需要确保系统持续适应不断变化的情况。

管理审查和监控

财务业绩应进行监控，以确保：

■ 员工了解系统；

■ 记录和系统准确有效地持续；

■ 政策、时间表和目标得到连接；

■ 用行动验证不足之处；

■ 阻止和发现错误和欺诈；

■ 采取适当的预期和补救行动。

管理监督和控制

程序应确保：

■ 内部检查被有效地执行；

■ 控制上的薄弱环节被证实并报告高级管理人员。

职责划分

应界定职能和责任，以确保：

- 涉及风险的活动领域是分开的，例如负责批准付款的人员不应输入数据、支付款项、检查交易或销毁文件；
- 工作的每一个方面被独立地监督、验证或协调；
- 串通的机会减少；
- 有更多的发现无意识错误的机会。

授权和批准

适当的授权和批准程序应确保：

- 管理政策得到遵守；
- 只有合法的活动才得以执行；
- 什么级别的开支需要什么审批都要明确；
- 系统和资产的使用得到了控制；
- 管理当局的运作已被记录，一个明确的管理和审计线索得以维护。

物理防护

适当的物理安全保障应：

- 限制进入系统、资产和记录；
- 制定明确的资产使用及其保管责任的控制；
- 在一个系统发生故障时记录能被重新启用。

内部控制的具体原则

以上设立的一般原则在以下领域应遵循。每个部分都关系到每个领域的某些具体原则的应用。这些原则被设计得更适合于大型机构。规模较小的机构可能需要更简单的内部控制制度，但它们仍然应当符合上面列出的一般原则和载于下文的对这些原则的具体应用。职责分工不明确，因为少量工作人员的职责可能由于上司的密切参与而被抵消了。控制风险可以接受，因为控制上的改善可能比他们力求阻止的损失更有价值。

会计和预算制度

会计人员不得参与其他财务相关的经营任务。程序应确保：

- 按照法定要求妥善保管账簿。

■ 平衡和调节程序得以贯彻执行，以确保交易的正确记录以及总分类账和辅助记录之间的一致处理。

■ 资产负债表中的账户信息，应从外部核实。

■ 系统提供相应的信息以便使原始文件追踪到财务报表，反之亦然。

■ 日记账凭证被授权并承担相应的解释说明。

■ 财务规则应指定预算编制方法，预算内变化、预算系统执行报告所需要的批准，对收入和资本项目的财务影响报告所需要的批准。

■ 每个期初预算当由一个而且只能由一个被称为预算负责人的人员来管理。

■ 高级管理人员应监督那些报告给他们的预算管理。

固定资产

■ 固定资产记录应包含确认说明、可靠的预算负责人、价值、购买日期和预期寿命。

■ 对实物安全应作出适当安排。

■ 对记录应进行定期实物检查。

■ 应达到适当的资产利用率。

库　存

■ 所有的库存记录应保存订单、收据、批号、退货和注销。

■ 库存文件应有交易各方的签字。

■ 仓库管理员不应该只负责整理新库存或注销库存。

■ 定期比照库存记录的实物检查应当由仓库管理员以外的人员来执行。

■ 至少每年应安全检查一次。

薪　酬

■ 有关一定数量的雇员，他们的等级、职责、工作时间等控制应该由委派的人员来行使。

■ 所有的工作人员都应该有书面的职务说明。

■ 人事档案应该是全面的。

■ 必须获得书面授权，才能开始对所有新员工支付薪酬。支付员工薪酬的所有时间表和数量的变化，必须以书面形式获得授权。

■ 对所有授权人员的签名记录必须保留。

■ 薪酬计算应独立检查。

■ 雇员应在以现金付款前适当确定支付和获得的收益。

■ 应不时地对收款人的存在进行独立核查。

■ 发薪人员不应只从事支付薪酬这部分工作。

订货和支付票款

■ 只有获得授权的人员才可以订货，订货程序必须得到控制。

■ 付款前，所有发票必须有一个授权的签名和一个收到货物的签名。

■ 负责审核付款发票的人员绝不能同时也是授权人员。

■ 付款程序必须规定对交付质量、数量、提供服务、部分订单、重复付款、折价销售等进行抽查。

收银员和收入

■ 在邮件打开和收到现金并记录时，必须有两个人在场。

■ 所有现金支付必须经出纳以外的人员授权并签字。

■ 负责回收应收账款的人员不能负责现金收入。

■ 出纳持有现金的最高数额必须明确。

■ 现金实物安全的安排必须经允许并记录在案。

■ 对现金定期检查应当由独立人员行使。

■ 系统必须适当地记录所有类型的收入款项。

■ 提高收入款项和跟进债务账目必须有书面程序。

■ 快速变现的最高现金额度必须具体。

■ 公众必须被告知获得收益的销售细节。

■ 购买股票必须独立地预定和控制。

■ 销售票据与现金的调节应该由一个独立的人员进行。

信息技术

在会计和预算中计算机的使用应始终遵从严格的安全和控制原则，因为对错误和欺诈的范围比手工系统更大。物理系统安全应当包括以下内容：

■ 计算机的安全保障；

■ 报警系统；

■ 最大限度地减少火灾和水灾的风险；

■ 备份文件的单独存储；

■ 综合的硬件和软件清单；

■ 员工培训。

操作系统必须采取以下措施：

■ 通过用户和终端记录所有交易；
■ 记录作为交易过程一部分的使用者的身份；
■ 限制通过该系统内部和外部方式访问的数据库文件和程序；
■ 防止更改财务数据，通过正常更新过程中订立的交易除外；
■ 允许检测、报告和调查未经授权的访问数据；
■ 防止恶意或意外破坏或数据被滥用；
■ 允许在某一特定的操作中对不成功的或未经授权的尝试次数设置限制，并提供这种尝试的审计线索。

用户识别密码必须具有以下特性：

■ 能被控制；
■ 不是很明显——没有名字、出生日期；
■ 不放在户外或办公桌上；
■ 不能由个人独享；
■ 定期更改（最好是每 90 天更改一次）。

应用程序的控制应包括以下内容：

■ 完整的系统文件；
■ 对输入数据的有效性检查；
■ 所有交易事项的审计跟踪；
■ 访问授权控制；
■ 程序变化过程的记录和授权。

组织实施内部控制

在地方政府中，建议按照图 5－3 所示的组织结构建立实施的概念框架和原则，它们在本章之前已被 COSO、国际会计师联合会、内部审计机构、最高审计机关国际组织、经济合作与发展组织学会分会以及中欧国家和最高审计机关的工作组所认同。

外部审计的职能由最高审计办公室执行。它具有直接向立法机构报告的一个独立的功能。当国际审计标准被完全采纳时，最高审计办公室将主要负责对地方政府公布的财务报表的公允性发表意见。与这一章指出的一样，国际审计准则的补充条款由最高审计机关国际组织和欧盟发布。为了符合国际标准，财务报表将按照由国际会计准则委员会[③]为政府的商业性公司的国际会计准则与国际财务报告准则，和由国际会计师联合会（IFAC 2006 b）为其他政府业务规定的国际公

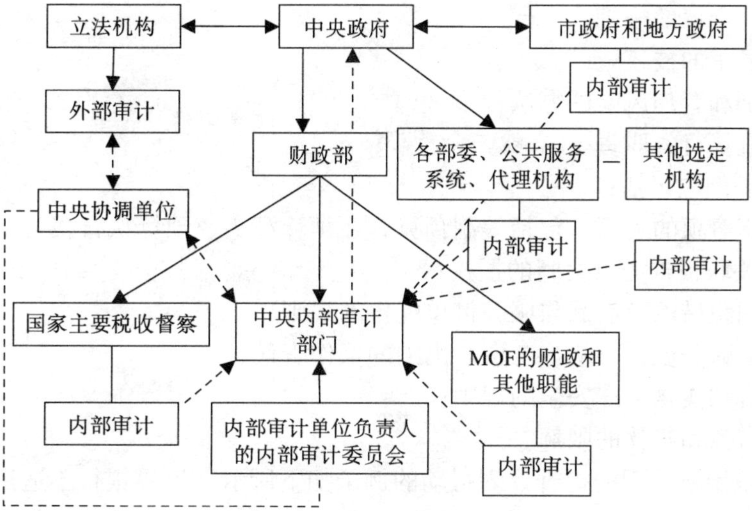

图 5－3 实施组织结构的建议

注：MOF = 财政部。

共部门会计准则的规定来编制。为了表明财务报表公允的审计意见，外部审计人员将对内部控制的充分性和对遵守法律法规的程度进行评价。

有人建议，内部审计职能是最初作为中央内部审计部门负责协调地方政府的内部审计与国际内部审计师协会的国际标准的一致性而建立的。最初，内部审计在财政部内部执行，这种情况一直延续到中央内部审计部门的工作人员，完全有资格在这些专业技能方面培训其他机构。按照这种说法，内部审计职能在部委、直辖市、区市县以及地方政府内部设置并直接向他们报告。

进一步的建议是希望由公共内部财务控制（PIFC）专家小组设立中央协调组（CHU）。虽然已建立的两个中央协调组存在一定的分歧，但在初期履行阶段只有一个要求，就是履行协调和统一的职能。有人认为，中央协调组是成功引进和发展公共内部财务控制的一个基本条件，在现实中，其概念已经变成了公共内部财务控制本身的一部分。实际上，公共内部财务控制已被界定为三大支柱：通过财务管理控制系统的管理问责，功能上独立的内部审计，以及中央协调组的一套方法和标准。

每个机构都应该有一套规定业务如何执行的现行指令，以及一套如何监控财务管理的财务规则。这两个现行指令和财务规则应规定正式审查和指令及规章更新的最长期限。在环境发生重大的变化时，当然，也可以要求他们随时更新。

现行指令应包括：

■ 财务和经营政策决议方法的制定；

■ 召开会议的规则；
■ 对员工的授权；
■ 识别和管理风险的方法；
■ 审查执行的职责。

财务条例应包括：

■ 预算事项的责任，包括编制预算，在预算源头、预算执行报告与特定情况下的财务关联报告需求之间的授权；
■ 合同租借以及商品与服务订单配售的规则；
■ 每个财务流程，例如工资、出纳的操作责任；
■ 存货和实物资产安全的规则；
■ 对借款和贷款的限额。

在拉脱维亚运用的提升计划行动的例子如下所示（世界银行不适用）：

执行项目	责任	截止日期	是否已执行
制定一个与公共资源责任、员工问责和个人道德相关的思想体系说明 向行政官员讲授内部控制培训课程。 向行政官员发放管理职责手册。 沟通内部控制在正式通知、内部通讯、电子邮件、年度报告等方面的信息。发布行政官员内部控制的年度责任报告。 为一个新的行政官员提供内部控制的系统认识。 修改部门规章和法规来明确国务秘书（或行政长官）在组织中内部控制的整体责任。 针对指定部门级别的内部控制基本职责，修改行政职务的工作情况说明。 包含在人才评价或评估中的对内部控制效果的评价。 当雇员无视自身的内部控制责任，包括不作为的行为时，采取适当的惩戒性措施。 要求各部门完成风险评估和实施计划，每两年更新一次，并提供给内部审计主管。			[是/否]

本章注释

①这些建议列于 FATF 的网站 http：//www. fatf – gafi. org。

②附件 6 中的中央协调组已在最高审计机关国际组织（2004 年）描述。

③国际会计准则委员会在 1973 至 2000 年发布了国际会计准则。国际会计准则委员会于 2001 年被新的国际会计准则理事会所取代。国际会计准则理事会颁布国际财务报告准则，并修订和补充先前发布的国际会计准则。

本章参考文献

COSO (Committee of Sponsoring Organizations of the Treadway Commission). 1992. "Internal Control—Integrated Framework: Executive Summary." http://www. coso. org/publications/executive_summary_integrated_framework. htm.

———. 2004. "Enterprise Risk Management—Integrated Framework: Executive Summary." http: //www. uta. fi/ ~ kulaou/COSOERMsummary. pdf.

EC (European Commission). 2005. Chapter 28, Financial Control: The Acquis and Public Sector Financial Management. Brussels.

IIA (Institute of Internal Auditors). 2004. "International Standards for the Professional Practice of Internal Auditing." Institute of Internal Auditors, Altamonte Springs, FL. http: //www. theiia. org.

IFAC (International Federation of Accountants). 2001. Governance in the Public Sector: A Governing Body Perspective. New York: IFAC.

———. 2006a. Handbook of International Auditing, Assurance, and Ethics Pronouncements. New York: IFAC.

———. 2006b. Handbook of International Public Sector Accounting Pronouncements. New York: IFAC.

International Accounting Standards Board. 2006. International Financial Reporting Standards. London: IASB. http: //www. iasb. org.

INTOSAI (International Organization of Supreme Audit Institutions). http: //www. intosai. org.

———. n. d. "Guidelines for Internal Control Standards for the Public Sector." Internal Control Standards Committee, Brussels.

———. 2001. "Internal Control: Providing a Foundation for Accountability in Government." INTOSAI, Vienna. http: //www. intosai. org/Level3/Guidelines/3_Internal ContrStand/3_INT_Ae. pdf.

———. 2004. "Internal Control Systems in Candidate Countries." Vol. 1 and Vol. II (Annex 6 and 13), Working Group on Audit Manuals, Report to Supreme Audit Institutions of Central and

Eastern European Countries, Cyprus, Malta, Turkey, and European Court of Auditors, Vienna.

SIGMA (Support for Improvement in Governance and Management in Central and Eastern European Countries). 2001. "Public Sector Financial Control Baselines." Organisation for Economic Co-operation and Development and the European Union, Paris. http://www.oecd.org/dataoecd/56/58/36579529.pdf.

Transparency International. n. d. http://www.transparency.org.

UNDP (United Nations Development Programme). 1998. "Corruption and Integrity Improvement Initiatives in Developing Countries." UNDP, Management Development and Governance Division, New York.

World Bank. n. d. "Latvia Internal Control System Handbook." Unpublished, World Bank, Washington, DC.

第六章

地方政府的内部控制与审计

Mustafa Baltaci 和 Serdar Yilmaz

内部控制与审计框架旨在通过限制可能造成浪费、分配不当和腐败的财务行为，来提高财务和行政管理能力。在发展中国家的公共和私营部门，这些财务管理工具在权力下放方面被普遍忽略了。本章认为，要实现在地方或低于中央一级的国家政府的效率和效益，内部控制和审计应该成为一个财政分权计划的重要组成部分。

近年来，在许多发展中国家实施的财政分权计划已经给予地方政府更多的服务职能和更多有权使用的公共资金，以政府间转移支付的形式，或通过的授权来提高当地更多来源种类的税收。然而，在未能有效提升公共财政管理制度的前提下，日益膨胀的扩大责任和权力支出，对提供服务的结果影响很小。中央和地方各级有效公共财政管理制度的缺失有时会造成财政失衡、薄弱的问责制、政权争夺和公共服务的恶化。在某些情况下，在地方政府的财政管理中，随之而来的弱点已对他们的民族经济构成威胁。例如在阿根廷，地方政府存在的财政困扰显著增加了因维护太多信用差的借款而容易受到外部冲击的风险。同样，由于地方政策能力薄弱、内部控制和外部监督的缺乏等因素，巴西、哥伦比亚和印度也有地方政府造成过量的财政赤字，以及财政入不敷出期望紧急援助的经历。因此，非常需要维护地方财政走上正轨和监控对结果负责的地方政府官员等措施的存在。现代内部控制和审计框架可以帮助其实现这两个目标[①]。

现代企业内部控制及审计制度中的良好范例大量存在。美国和英国一直提倡在各级政府中进行内部控制和审计。特别是欧盟对其候选国家，已在内部控制及审计制度方面加大投资力度、提升治理和管理的基准（SIGMA），欧盟的一个经济合作与发展组织的联合实体，已被挑选为鼓励转型期国家建立有效的内部控制和审计制度的催化剂。

然而，内部控制和审计的例子在地方一级是罕见的，尤其是在发展中国家。在许多情况下，改革派更加重视中央政府一级的提升能力和控制机制建设。遗憾的是，建立地方一级政府的内部控制和审计实践却很少或从未得到重视，即便在那些通过分权委任给地方政府更多责任的国家[②]。

本章试图通过建立一个在地方一级使用的内部控制和审计概念框架来弥补这个执行漏洞。接下来的章节介绍了产生弱势地方政府问责制结构的一系列因素。随后的章节介绍了内部控制，尤其是社会关注的现代内部控制制度的概念，并强调了内部控制和内部审计的差异。结论性章节总结了主要观点及其与公共财政管理的关系。本章共有五个探讨国家例证要点的附件。

改进地方分权问责制的必要性

财政分权是一个广泛的概念，涉及政府机构、预算过程，以及体现一个国家的中央与地方关系的财务规划。随着分权程序的履行，规划项目、作出决策和管理公共职能的法定权力正从中央政府及其机构转移到地方政府。虽然分权背后的动机在每个国家是不同的，但是隐含的目标始终是改善公共服务质量和增加公共管理系统的有效性。

从以往分权效果的回顾中可以看出，他们经常在本地服务和改善公共管理方面达不到预期效果。许多发展中国家已经发布报告，分权导致了松散的财政纪律和弱化的支出管理，原因是薄弱的地方政府在管理能力与广用贤才方面，普遍存在管理不善或公共资源分配不当或两者均有，并夹杂着猖獗的腐败现象。为了应对这些不良影响的冲击，分权的结构必须确保遵从规则和条例、支出控制并执行监控。伴随着外部审计程序有效性的现代内部控制框架，既能援助外部审计进程，也有助于中央政府对地方政府的成效、腐败、浪费和滥用等方面的监控效果。

然而，许多国家的地方政府仍旧缺乏控制和审计程序。下面就以选定的国家作为现行分权改革的例子，表 6－1 提供了内部控制制度和由于制度的不足或缺乏而导致问题的概要。

表 6－1　　地方政府和选定国家的内部控制

国家	地方政府内部控制系统的特点	内部控制缺乏产生的问题
阿根廷	改善内部控制和审计系统方面缺乏法律文书，没有政治意愿	地方政府的高水平债务和提供地方服务的失败
波斯尼亚和黑塞哥维那	缺乏现代企业内部控制及审计制度	对滥用、误用、欺诈和违规行为的保障措施不健全；普遍腐败；行为不当和滥用公共基金；以及公众对政府机构不满
中国	事前费用控制和合规性审计	常见的法律和法规问题；不合法避税的做法
哥伦比亚	财政管理机构的职能和职责的法律框架界定不明确；无效的内部控制机制	疏忽、腐败、滥用公共基金
印度卡纳塔克邦	低效率的控制和审计惯例，过时的规则手册，缺乏及时、可靠的信息；注重合规性审计；以及跟进审计结果的不足	频繁的滥用、误用和欺诈案件，采购环节的违规和舞弊行为；不遵守既定的规则和程序
印度尼西亚	薄弱的内部控制和审计制度	采购中的串通操作导致的不道德和不经济的行为
菲律宾	薄弱的内部控制环境；不存在内部审计，缺乏及时的财务信息	遵循法律、法规和规章的不足，欺诈和违规行为；过高的公共采购和采办费用

例如，波斯尼亚和黑塞哥维那共和国是一个高度分权的政府架构的联邦制国家，那里缺乏现代内部控制和审计制度，各级政府没有健全有效的预算实践（世界银行 2003a）。该控制系统的缺乏导致防卫滥用、误用、欺诈、违规等行为的失效（世界银行 2003a）。至少有一个国家的有关报告得出结论，如果不建立一个有效的地方一级的控制系统，那么侦查和控制公共采购中的不当行为将会不可能实现（世界银行 2002b）③。

在菲律宾，尽管 1991 年颁布的地方政府法典下放给地方政府更多的职责，地方一级（审计委员会 2003，世界银行 2004d）的内部控制环境和财务问责制的体制规划仍然非常薄弱。关键控制机制的缺失是地方政府部门成为弱势政府的因素之一（世界银行 2003c，2004d）。欺诈、违规行为、合规性的缺失以及地方政府无法及时制定出准确的财务信息，是履行责任义务的主要障碍。

同样，印度尼西亚最近决定将主要服务交付项目的决策权从中央下放到地方一级。然而，诊断性研究报告指出，欺诈和腐败的检测和预防系统的缺乏是发展地方问责制的一个主要障碍（世界银行 2003b）。现金管理效率低下、采购环节的串通行为，以及内部控制和审计薄弱，与其他现实问题相比，已经是国家分权程序持续关注的内容。据报道，只有 5% 的地方政府预算的交易是由区域和省内部审计机构审计，只有 50% 的地方当局接受了外部审计机构的定期审计检查（Khon and Sondhi 2005）。

在印度，1993 年宪法修正案的目标是加强公民在地方政府决策过程中的参与度。然而，20 世纪 90 年代末的地方财政危机暴露了问责制在公共财政框架中的大量缺陷（世界银行 2005c）。印度的许多地方政府已经通过财务管理改革方案，并已通过财政责任的决议。在卡纳塔克邦，公共采购制度的违规和弊端已经导致了对该制度的不信任。为了改革公共采购制度，州政府明确制定了卡纳塔克邦式公共采购法，以加强招标过程的透明度和尽量减少操纵与腐败行为的机会（世界银行 2004b）。

在阿根廷，20 世纪 90 年代的特点是各级政府的赤字和债务经常发生。加强地方政府财政能力的效果最近已显现（世界银行 2002a）。随着 1999 年和 2004 年财政责任法的颁布，地方政府已开始实施财政改革，以确保市民对他们的财政政策执行活动的可预测性进行控制。但是，最近的诊断研究表明，在改善地方水平内部控制制度方面，法律文书和政治意愿比较缺乏（阿利亚 2005）。

在中国，2002 年地方政府占政府总支出的 70%（世界银行 2005b）。然而，内部控制和审计仍然是地方支出管理中的薄弱环节（芒特菲尔德和黄 2005：94）。地方政府有自己的审计局，但它们是“由行政部门直接管理，损害它们的独立性”（芒特菲尔德和黄 2005：94），重点主要是合规性审计。据中国审计署（外部审计机构）的最新报告，地方政府正通过给予减税或免税（或两者）或执行退税政策等方式进行非法税收操作（中国审计署 2004）。

哥伦比亚在过去 15 年来一直致力于主要权力下放的尝试。但是，在界定包括地方财政控制在内的经济主体的职能和责任方面的法律框架仍然不明确。在目前的情况下，财政控制高度集中，省主计长办公室拥有很少的自主权。此外，层次复杂的官僚机构往往使控制过程缓慢（世界银行 2005a）。这些因素导致了因欺诈、失职、腐败而使地方存在严重风险的脆弱的内部控制环境（世界银行 2005a）。

通过这些和其他类似的例子得出结论，地方政府必须改善其分权的行政和财政管理能力，以产生更好的效果。财政分权计划的成功取决于加强地方政府更有效地管理收入和支出以及提供切实高效服务的能力。此外，在有些国家，腐败、浪费和低效率的公共服务很普遍，这些问题通常在地方一级更加复杂。现代内部控制和运作良好的内部审计制度，旨在对所有提供这些问题的利益相关者提供关键保证。在保障检查有效和高效内部审计的现代内部控制制度缺失的情况下，地方政府很容易浪费、腐败和效率低下。

现代内部控制

内部控制框架是确保可靠的记录，维护资产，提升运营效率，并监督遵守政策和指令的一整套政策和程序[④]。内部控制从广义上讲包括为确保他们有足够的资金提供服务；确保所有交易符合法律框架，并确保做法与政策组织目标和执行标准一致等等监督管理活动。内部控制意味着要建立一个在所有行动得到积极监控、违规行为得到纠正以及不足之处报告给高层管理人员基础之上的系统。根据最高审计机关国际组织，它不是关于“一个事件或情况，而是贯彻一个主体的一系列活动。这些活动发生在整个主体持续不断的经营之中”（2004：6）[⑤]。这种内部控制的组织政策和程序的缺乏，可能导致以下问题：（1）不道德、不经济、效率低下及无效的经营；（2）薄弱的问责环节；（3）非法活动；（4）缺乏应对浪费、滥用、管理不善、错误、欺诈、违规行为的保护措施[⑥]。

直到最近，“控制”均已被视为是中央政府机构通常由财政部来运作的事前的财务和运营控制系统。最近，公共部门的管理模式经历了从传统的事前支出费用检查，到当代财务和非财务内部监控的显著转变。当代的内部控制定义包括更广泛的范围，这不仅指传统的财务费用控制职能，而且还规定了有能力监督提供服务效力的管理。因此，现代内部控制是一个确保机构领导进行的运作与规定的政策和程序保持一致，机构提供服务的有效和高效，机构保护资产和所有权免受不当使用，机构及时和准确的账户记录，以及准确地生成财政和非财政性信息的管理工具。

现代内部控制框架的目标是确保资源得到妥善管理和问责制得以维持。在此框架内，管理控制范围可以从事前费用控制，到法规遵从检查，存货控制，持续记录、报告和监控（见图6-1）。然而，现代内部控制框架已经超越了传统的财务及合规控制。它是建立在评估诸如收入归集、会计和采购业务，政策和决策程序；支出的有效性，以及人力资源管理等经营活动的管理信息、财务规则和监管程序之上的一个系统。它包括一个多功能工具，确保政策和程序符合法律框架，并能确保提供有效和高效的服务[⑦]。

当代控制活动包括了一系列广泛的参与范围，如审批、核查与审查经营活动。这些控制活动可总结如下：

■ 会计控制的目标覆盖保障资产和财务记录的可靠性相关的程序和记录。一个强有力的包含统一会计检查的内部控制制度，为会计和管理人员检查公共资源的错误与滥用行为提供了可能。

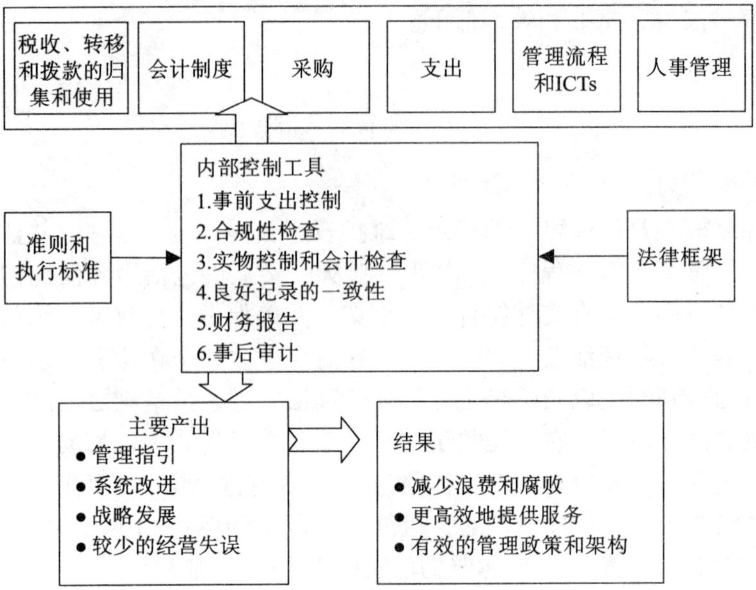

图 6－1　内部控制程序

注：ICT ＝信息和通信技术。

■ 经营控制被应用在与员工在实现组织目标进程中授权活动的决策过程有关的应用程序和记录方面。例如，实物检查是一个重要的管理工具，工作人员利用它通过对本主体拥有的货物和流动性项目的常规检查来管理控制进程。实物检查有助于确保该组织的财产能够被正确使用。

■ 管理控制通常包括所有员工实现主体的目标所需的计划、政策、程序和做法。在这种情况下，例如，分层检查提供了一个有力的工具，以确保责任的执行遵循了政策和程序的一致性，这些控制活动有助于建立一个自下而上的各管理层次之间的业务沟通，同时它减少了产生腐败和滥用的机会（最高审计机关国际组织 2004）。

在传统的财务控制框架中，这些工具通常未被利用并且相关的体制规划也具有相应的缺点。比如，控制责任是由财政部（MOF），而不是应给予考虑的公共机构承担。作为预算编制和财政拨款的唯一专门机构，财政部行使地方政府和行业机构的控制功能。财政和执行检查通常由财政部公共事业机构委派的财务总监执行。财务总监向财政部，而不是公共机构汇报违法行为。财政部在没有指定个别控制人员的情况下从总部实施事前控制，这种集中管理模式往往由财政部批准进行广泛的部门活动，如提供购买、采购和招募人员的批复等。如图 6－2 所示，在一个集权的内部控制模型中，财政部单独向包括地方政府在内的支出机构派遣财政控制人员，以监督公共财政管理业务。

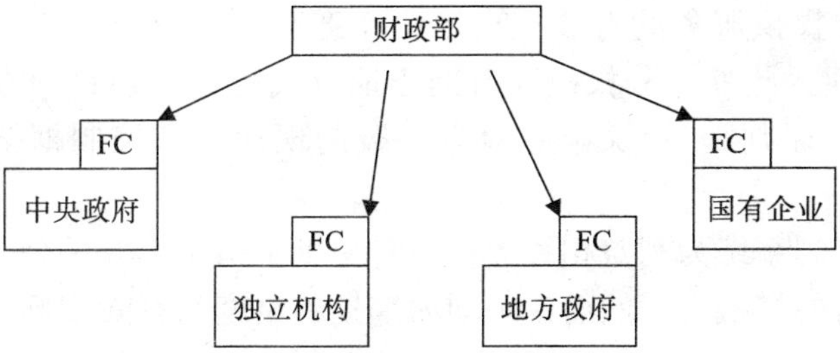

图 6-2　集权的内部控制模型

注：FC = 财务总监。

不管怎样，当代的内部控制模式都认为每一个公共机构应负有责任。它要求每个公共机构而不是局外人来管理内部控制程序。它基于一个前提，每一个机构在提供成效的过程中负责管理他们的财务。因此，公共机构必须组建一个财务管理部门。该控制者的工作不仅是财务控制，还包括参与决策的公共财政管理的交易流程。例如，这种参与包括在采购委员会的一个常设席位。现代内部控制在主体的管理程序中加入了所有层面的执行检查和平衡情况。规范和价值观念是内部需求，而不是外部强加的，还要注意这种观念在该机构内的横向和层级的相互作用。因此，现代内部控制向所有工作人员分配责任，而不仅局限于预算和会计人员。

在分权的内部控制模型中，财政部只有有限的权力，因为内部控制与个别组织的任务相一致。有限的权力并不意味着中央政府已不起任何作用。事实上，中央政府应规定标准并监督地方一级的内部控制系统的有效性。例如，在英国，地方当局必须通过普遍接受，并经专业团体，诸如公共财政及会计和国库学会认可的规则和程序，来申请自己的系统。在阿尔巴尼亚，每个预算金融机构有一个办事处，负责预算执行中的第一层级的控制。财务干事确保文件的完整性，预算分配情况的有效性，以及部门规章的遵从性。部长理事会确保有效的内部控制框架的建立和维持。这个过程增强了国家管理部门的认识，给部委提供了通过内部控制系统反映报告的积极纠正任何缺陷的动机（经合组织/公共内部财务控制专家组 2004）。在美国，独立审计法指定了一个为中央向地方当局专项转移支付资金的控制框架。相应地，白宫行政管理和预算是法律赋予发布制定框架和协调控制工作的机构。其他国家的例子详见附录 6-1。

分权计划向地方政府移交更多的财政责任时，一种分散化的现代控制方法是可取的。在财政分权体系中，地方政府拥有预算编制和执行职权，所以他们也应负责管理内部控制制度，以强化下级执行问责制的链条。一种分散化的现代控制方法，将授权地方政府掌握资源和资产的可靠性记录；完善以结果为导向的政策；确保提供服务的有效、高效和经济性；以及应对潜在风险时采取必要措施的积极性。此外，分权模式有助于地方政府通过建设内在的价值观和原则实现“辅助性原则”。有关建立地方一级的现代内部控制框架问题的讨论详见附录6－2。

现代内部控制系统为利益相关的参与者提供了一个对有关公共部门主体的日常活动更加了解的好机会。然而，一项内部控制制度的有效实施，不仅受到管理层和员工的态度，而且也受建立保障措施的深刻影响。内部控制管理制度的以下特征对它的效力非常重要：

■ 对设计、实施、监督、维护和记录内部控制制度具有决定性的领导；

■ 与组织目标保持一致并经过充分考虑的内部控制设计；

■ 依照既定政策、程序、法规和伦理规则执行工作的忠诚员工；

■ 有效的风险识别和系统监控机制；

■ 内部审计工作和独立的内部审计人员，作为内部控制系统的一部分，提供了一套健全的保障程序。

内部审计：控制系统的一个关键模块

“内部控制”和“内部审计”是相近并通常交错在一起的关系，且经常交替使用。然而，它们之间也存在着功能和业务性的区别。内部控制是确保实现健全的财务管理和提供服务的系统；而内部审计是对这些系统的检查。内部控制程序的目的是提供一般性的保证，通过事前支出检查来减轻支出可能出现的风险；而内部审计人员从事事后遵循、执行和财务审计。内部控制与内部审计最大的不同点是，内部审计的运行独立于主体的管理和内部控制结构[8]。

一个有效控制系统应包括适用于决策过程的每个阶段的财务和非财务控制，如图6－3所示。该系统有三个主要组成部分：风险识别，内部控制制度的发展和应对潜在风险的程序，检查内部控制有效和高效的内部审计程序的建立（艾伦和托马西2001）。它包括在监督管理决策、活动和计划成果中起保障作用的、独立的内部审计人员。在一个组织中，制定一个控制系统的操作方法是领导班子的责任。管理团队应监督控制制度的运作，并确保信息平稳地传递给主要参与者，特别是管理团队、内部审计人员和外部审计人员。

内部审计的目标应该是增加价值和改善组织的运营和控制结构。内部审计为政府和有关各方提供了一个了解那些公共机构按照预算和有效服务要求执行程度的有力工具。因此，内部审计是“一个明确界定的活动和公认的职业”（马德森

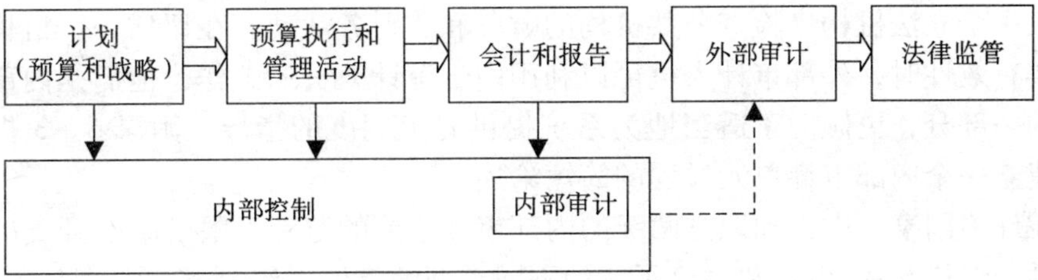

图 6－3　公共财政管理流程

2003：5），由确定该组织的决策是否健全和有效的专业人士执行。理想情况下，内部审计人员不允许参与每天的日常管理活动，不得干预决策圈。这种范围的限制性暗示了内部审计由事前向事后审查的转变，这意味着审计人员应对已发生的交易和支出的符合性和效益性进行测试。

从功能性观点上看，在监督收益和授权的合理使用方面，内部审计作为一个支撑要素协助内部控制的有效性。内部审计，在这个意义上被看做是整个控制系统的不可或缺的组成部分。这是在确定外部审计检查政策制定是否正确、有效，并遵循政策和程序之前的最后一个环节。但是，内部审计必须独立运作，独立于管理部门。图 6－4 描述了这些联系。

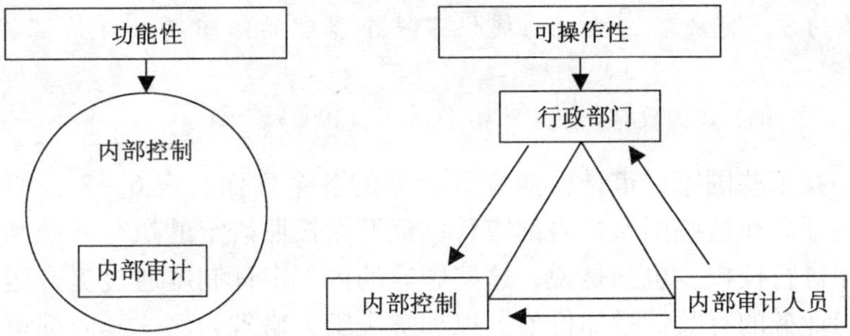

图 6－4　内部控制与审计的功能和业务联系

虽然审计和管理之间有某种程度的持续沟通，但是政府不得有任何影响审计结果的干预。其任务、范围、方法和结果应由内部审计人员（即由首席审计师或审计委员会）通过寻求高级管理人员指导确定。内部审计人员通常是与政府沟通两项内容：第一，何时交付审计报告；第二，何时讨论审计结果。

如果一个审计委员会是为方便高层管理人员和审计人员的沟通而组成的，那么审计人员可以给这个委员会提交他们的报告。在内部审计人员和外部审计人员（最高审计机构）之间还应存在一种联系。具体来说，外部审计人员独立地并通常代表一个立法机构来检查公共机构的财务和非财务活动。在评估一个机构的控制框架有效性时，外部审计人员可以利用内部审计人员的工作，他们是内部控制系统的一部分，更倾向于适当地为系统提供有关制度的指导。附录6－3提出了关于建立一个内部审计单元过程的简短论述。

在许多国家，中央和地方两级的内部审计职能的范围仅限于事前开支的控制和遵循。专栏6－1界定和讨论了三种不同类型的审计工作。

专栏6－1 审计的三种类型

合规性审计包括对机构服从和遵循有关政策、法律、目标情况进行评估的审查。合规性审计体现了开展审计的基本要素。

财务审计评估内部控制系统，并保证会计信息和财务报告的质量。财务审计包括财务报表、账目、会计、收入及其他财务相关的问题。财务报表审计对有关被审计主体的财务报表是否遵循会计准则是否如实反映了财务状况、经营业绩以及为现金流量提供合理的保证。财务审计还确定：（1）财务信息是否已经遵循了既定或明确的标准；（2）主体是否已经遵守具体的财经法规的要求；（3）为实现控制目标，财务报告和维护资产的内部控制结构是否得到适当的设计和执行。

绩效审计的目的是审查一项特定活动是否以一个已产生有效、高效和经济的结果的方式完成。这被视为提供了一个合理的组织绩效评估证据的客观审查。

资料来源：摘自美国政府责任办公室（GAO）（1999）。

然而，在某些国家，审计已演变到治理的各个方面。表6－2说明了内部审计的变化特征。在这些国家，内部审计已经开始按照既定的执行标准和组织目标对评估程序进行授权。也就是说，这些国家的内部审计制度通过提升运作效率来给公共部门业务的有效性增加价值。以加拿大安大略省为例，其内部审计就经历了20世纪90年代后期的文化和职能转变。1998年，作为对改善其内部审计服务的第一步，省政府将全省23个部门提供审计服务的小单位合并，创建了一个内部审计长领导下的综合内部审计部门。过去的一年中，该部门进行了健全其使命、价值观和战略目标的战略规划工作。这个工作的战略计划，为该部门建立了一个以客户为中心的设想和为省级提供服务需求的框架。转型进程获得了高级管理层和内阁的支持并且批准了一项内部审计指令，作为该部门最重要的确保健全的公司治理工具。改造完成后，客户满意率稳步上升，由1999年的75%上升到2003年的88%。工作人员和客户现在将审计人员看作业务伙伴和提供切实、有效的计划程序的贡献者，而不是对手（拉普安特2004）。

表 6－2　　内部审计的演变

传统认识职能	现代定义职能
警察	在组织中的合作伙伴
财务焦点	控制重点
专注于有形资产	还注重无形资产
合规性为基础	基于业绩和风险
反应	主动
事前	由事前转到事后

资料来源：摘自经合组织/公共内部财务控制，专家组（2004）。

不管怎样，内部审计是地方政府的一项艰巨的任务。附录 6－4 讨论了内部审计的基本要素。建立审计机构需要回答一系列关键问题，例如从哪里开始，如何组织审计工作，审计的范围，以及如何同时确保完整和独立（见附录 6－5）。如上所述，明确说明了发达国家的地方政府存在健全的内部控制和审计制度的例子，事实上这些国家在分权方面也均处于较低的水平。然而，在发展中国家，政府或者在财务管理上没有尽责，或者没有能力处理此类事务。

然而，良好做法的例子在一些地方政府促进财务问责制和内部审计机制的国家尤为明显。例如，阿根廷、中国香港、新加坡为它们的城市创建了道德规范办公室。许多发展中国家的最高审计机构在其审计工作中已开始包含地方政府。其他地方最近也发起了在地方一级的内部审计制度。例如，在巴基斯坦，西北边境省已在内部审计单位的建立和运作上取得了积极进展。内部审计单位都建立了 4 个主要部门，卫生、教育、警察和公共工程。西北边境的省政府现已决定，在所有其他省级部门设立内部审计人员（世界银行 2004 c）。在印度奥里萨邦，城市地方机构的审计每年由国家财政部门的地方基金审计人员进行。审计成功地覆盖了所有的本地交易。当贪污被侦破时，有关审计人员有让犯错员工返还贪污财物的权力。据报道，有关当局为应对严重违规行为采取了必要行动（苏布拉马尼亚姆 2005）。

结　论

这一章认为，财政分权计划的成功在于加强地方政府更高效地管理收入和支出，以及更有效地提供服务的能力。在许多发展中国家，地方政府受到分权政策的不利影响，因为他们没有提供必要的手段来加强地方政府绩效的监控和执行问责制检查。在不存在问责程序的情况下，滥用和浪费公共基金是不可避免的。因此，国家有重点关注地方政府有效的内部控制和审计机构的透明财务体系的需求。

本章确定了内部控制和审计是作为增加地方政府运作的有效和高效的公共财政管理（PFM）系统制度的重要组成部分。一个有效、高效、透明和以规则为基础的公共财政管理系统制度，是政府实施财政分权计划的必要工具。在公共财政管理框架内，内部控制和审计功能支持财政分权程序，通过提升公共资源利用的透明度和问责制，确保公共资源的分配与公民的优先权一致，并支持全部的财政纪律。一个运作良好的内部控制和审计制度给所有利益相关者提供了更广泛的产出和结果，为了由此减轻和消除风险的管理提供更好的指导，为有效的战略发展规划设计提供帮助，消除系统内固有的错误和不一致，并通过多个检查加强廉政建设。因此，当移交给地方政府更多权力时，有效的分权战略要求各级地方政府加强其内部控制和审计功能。

在进行控制和审计改革中，地方政府从业人员需要考虑内部控制和内部审计的不同动态。无论内部控制还是内部审计制度，都不是完整的或者神奇的独立解决方案。它们并不一定能解决公共财政管理的所有挑战。相反，改善治理结构和问责制框架包括对公共财政管理问题的整个系列的更广泛战略，包括规划、预算、会计、采购、公共债务、资产管理、报告、外部审计和法律监督。除了分权计划的覆盖面，我们相信改革政府间的财政制度应包括内部控制和审计，因为它们在加强问责制和地方政府运作责任与效力方面发挥着关键作用。

附录 6-1　世界各地地方政府的内部控制与审计

美国，是拥护地方政府内部控制的国家之一。在它异常分散的公共部门结构的帮助下，美国特别是地方机构已经对现代内部控制业务取得了认同。根据目前美国的法制建设，地方政府负责设计内部控制系统，当被授予的审计权力遭遇风险时，并按照政府责任办公室（GAO）有关政府审计的标准执行。政府责任办公室与政府审计人员一起，通过设计有效的内部控制和审计，确保地方政府不重蹈同一风险的覆辙。政府会计标准委员会颁布国家和地方政府标准的会计指导方针和财务报告准则，而白宫管理和预算办公室设置了使用联邦基金的内部控制标准。根据这些标准，每一个地方政府官员有责任关注有关的管理控制条件。例如，一个城市的管理部门负责建立和维持一个适当的内部控制制度。至关重要的是，管理层在顶部设置了明确的基调，通过明确规定正直、诚实、公正的管理预期，规定道德规范和利益冲突的指导方针，并通过定期评估适当控制是否到位来管理。然而，管理层须向市议会提供政策、指导和监督。该委员会要求各部门对它们的控制问题问责。该市的审计人员在评价控制系统的有效性中具有重要作用，并有助于通过作出有关建议来提高当前管理控制的有效性。此外，所有其他工作人员都认识到他们的责任，从而促进城市的管理控制。

美国地方的审计制度也是独特的。国家审计人员负责监督国家有关部门和低层级政府的一些程序。例如，在宾夕法尼亚州，州审计长，一个公选官员，领导一个团队开展州有关部门的工作绩效和财务审计。此外，他或她启动审计程序，以确保养老金计划由政府当局为他们警务人员设立，支付消防队员经费，并适当地为非制服员工提供资金，以让当地遵从适用的法律、规章、合同、程序和政策[9]。州审计人员扮演着作为国家业务的内部审计人员和指定市政项目的外部审计人员的双重角色。在市政一级，每个城市一般都拥有自己的审计人员。

在宾夕法尼亚州的主要城市——费城，一个公选的城市控制者在处理该座城市有关保障公众利益的金钱问题上具有广泛的职权和责任。该管理者的办公室执行年度财务和绩效审计，包括每个城市官员、部门、董事会和委员会，以及任何接收市政拨款的代理机构。当管理者认为有必要时或由市长要求作为专项审计时，年度财务审计和费城学区的其他审查也会切实履行。该管理者担任城市活动的内部审计人员，而在学区审计时则成为外部审计人员[10]。

作为公选官员，纽约市审计长担任首席财务官和城市管理者。审计长办公室的任务是通过向市长、市议会和一般公众提供定期资料，确保纽约市的财政状况。审计长对城市规划和运作、财政政策和金融交易提供相关建议。此外，审计长负责管理养老基金，执行预算分析，审计城市机构，监督预算和合同等方面的授权工作，并为付款准备认股权证。审计长办公室雇用大量的工作人员，包括会计师，律师，信息技术分析家，经济学家，工程师和预算、金融及投资分析师[11]。

在瑞典，审计人员的任期由国家法律和地方法规规定，如地方政府法和公司法。在地方政府（自治区县议会），当预备事项、行政和执行的责任取决于公选代表委员会和议会起草委员会时，最终的决策权力由议会行使。本地政府审计调查（瑞典政府的官方报告 1998）强调，审计是整个大会的手段，公民的优先事项应该是它的主要焦点。大会选举的审计人员具有四年任期。所有审计人员独立履行各自的任务。审计人员的检查和决定应遵循“地方政府一般公认审计标准”，这是由瑞典地方当局联合会和瑞典郡议会协会（瑞典政府的官方报告 2004）发布。

在法国，1982 年的分权法律指派了一个新的法庭——区域性审计室，对地方当局账目的事后审计负责。该法庭的职责是核实这些领域内社区的公共会计师和公共机构的账目；审查这些社区以及直接或间接依赖于或接受他们财政援助的公共机构的管理情况，并通过提供咨询意见、正式通知，或在某些情况下建议，帮助社区及其公共机构核实预算，并根据法律规定的程序加以调整。法院有权通过费用批准机构或管理当局确认管理上是否存在任何违规行为，来核实管理的效率。然而，法国的模式未必符合地方政府的现代内部审计的定义。审计室在一定程度上更像那个地区小型化的会计法院[12]。

在澳大利亚新南威尔士（NSW），廉政公署发现，80%的总经理认为内部审计是重要的。然而，同样的研究发现，到2001年，只有约20%的议会有审计宪章、内部审计人员或审计委员会。地方政府法、地方政府（财务管理）规章条例（1999），以及地方政府会计实务和财务报告委员会的建立均需要财务审计。根据公共财务和审计法（1983）11条，州政府机构受到必须建立可操作内部审计制度的约束。新南威尔士州财政部于1995年6月还发布了配套的“最佳实践指南——内部控制与内部审计”。在维多利亚的管辖区内，地方政府法令（1989）包含要求议会拥有审计委员会的内容。审计委员会应至少由三个成员组成，包括两名非议会成员。该指导方针要求议会拥有和审查内部审计人员宪章、资格和资源，以及批准审计计划，并监督管理层对审计报告的反应等方面的权力（新南威尔士州地方政府部门2005）。

在英国，“地方政府内部审计实务守则”由公共财政及会计特许学会于2000年发布。该学会在2003年更新了守则，并发布了一份咨询报告。主要账目和审计法规要求所有在英格兰、威尔士、苏格兰和北爱尔兰的主要地方政府组织依照实务守则作出内部审计的相关规定。地方政府内部审计人员作为独立的公共机构主体，由审计署任命并负责确保公款经济、有效和高效地花在地方政府区域的住房、医疗、刑事司法以及消防和救援服务上[13]。

附录6-2　在地方政府建立有效的内部控制

并非所有的地方机构都有能力和专业工作人员承担内部控制相关的主要职责。除了过时的会计和规划技术外，许多地方政府都在努力应付无效的预算程序。在建立有效的地方政府内部控制系统中，规模不同的地方组织存在着各种不同障碍。例如，在大多数城市的地方政府似乎更愿意采用先进的内部控制做法和程序，因为他们有更多获得收入的机会和更强的能力。较小的地方政府（以财政能力和总人口衡量）不断设法解决，诸如不可持续的收入和预算赤字，无法支付公共雇员的工资以及债务偿还等基本问题。多数大城市的政府可以更容易构建框架齐全的内部控制制度，而相对较小的城市可能只是在某个系统上提升层次。无法建立有效的内部控制制度的小地方政府可以考虑选择其一。例如，一个没有或仅有很少预算人员安排的本地服务机构可考虑与其具有类似的缺陷的周边地区使用统一的控制程序。聘用同一批会计人员及相关联的内部审计人员，可能有助于降低沉重的人工成本。

下面介绍一种在地方政府建立内部控制制度的简单易懂的五步战略。

第1步：了解结构现状

地方政府必须首先适当地检查当前的控制系统。一个包括在现有的行政管理和财务程序内那些运作和不运作的详细分析报告，将为下一个步骤提供有益的提示。简而言之，一些地方政府组织当前面临的典型问题有：（1）缺乏明确的目的和组织目标；（2）缺乏或不明确管理控制结构相关的法律框架；（3）缺乏基本的道德操守和专业技巧；（4）普遍存在的个人不当行为；（5）高风险欺诈、滥用和浪费；（6）低效的会计和现金管理；（7）缺乏现行的问责制度，从而导致重大项目的混乱和延误；（8）惰性和缺乏动力。预期风险和监控程序也需要包括在评估中。如此广泛的工作通常由地方政府雇用的专业顾问来完成。

第2步：设计一个控制框架

根据以上弱点和优势的初步分析，需要设计适当的控制框架。制定适当的框架富有挑战性，并需要高级财务管理知识。然而，地方政府可以采用一个通过微调并得到公众普遍接受的内部控制指引，来作为现成的控制评估框架。COSO 报告的“内部控制整体框架”（COSO 1992）和最高审计机关国际组织的“公共部门内部控制标准准则”（最高审计机关国际组织 2004）已在界定和评估内部控制方面被公认为最通用的标准[14]。

这两个准则指引提供了一个轮廓鲜明的包括五个相互关联部分的框架：（1）控制环境；（2）风险评估；（3）控制活动；（4）信息和沟通；（5）监控。

控制环境，作为内部控制所有其他组成部分的基础，提供了行为准则和结构。它包括道德价值、管理特色和经营作风、权力层次（经理层之间相互作用的水平）。风险评估是指一个组织处理有关风险实现既定目标的能力。控制活动是有助于确保管理层的指令正确执行的政策和程序。它们包括审批、核查、审查经营业绩等在内的一系列广泛活动。有关信息识别、获取并以一种工作人员能够及时地履行他们责任的形式传达是重要的。一个与内部和外部各方的有效沟通渠道也是一个关键因素。监控是在一段时间内评估系统性能的一种方式。它要求内部控制缺陷必须向上汇报给高层管理人员。这项职责由内部审计人员部分地执行。

然而，在作出决定后，管理部门必须进行持续监控。

某些国家的中央政府可以扮演制定内部控制标准和监督地方政府执行的双重角色，如英国。这实现了地方政府的某种标准化水平，并使其更易于对评价内部控制系统的有效和高效性进行外部监督。

第3步：制定和修订法律框架

地方政府的一个强有力的法律依据是需要明确的义务、职责、政策、流程和目标。对主要任务、责任方和当局有一个明确的定义，将有助于使内部控制的效率更高。一个有机结合的法律框架，也使对比实际结果与预期目标基础上的管理成为可能。

被提议的法例应明确指定有关的财务执行者及其职责。控制活动的三个重要的执行者是授权官员（高级管理人员或指定人员）、项目经理（部门主管或计划经理）和会计人员。该项目经理提出一项活动（例如，购买、采购和支付咨询费），高级管理人员报批需求（或签署的建议），最后会计人员从有关预算拨款中支付。财务管理的这种责任分工，是基于以下事实：没有人可以承担其他两个的任何责任[15]。某些情况下，然而，包括诸如采购人员或采购委员会的其他人员，他们在负责决策制定的项目经理和高级管理人员之间撒谎。高级管理人员在任何情况下，有权否决被请求的购买行为。地方政府的高级官员（市长、州长，或秘书）通常被指定为高级管理人员，尽管该项权力往往授予一个较低层级的个人。

第4步：探索实践内部控制的手段

尽管现代内部控制的职责渗透到政府的各个层面，有形的工具仍然需要。控制的通行做法是提供一些切实可行的实用工具，例如实物检查、会计检查和对比检查。因此，控制流程的工作人员负责对主体拥有的实物和流动资产进行定期检查。实物检查有助于确保该组织的财产被恰当地使用。在许多情况下，每个单位必须拥有为所有项目负责的公共财产清单。发现丢失物品可能需要采取纪律措施并追究造成损失的个人责任。

各国政府在仔细检查会计活动方面被寄予厚望。处理快速流动的财务活动可能使一些公共会计人员和收银员容易面对账户中的数量犯错误。事实上，账单并不总是和数量对应，现金收据可能没有记录，付款可能没有交付给正确的人。一个拥有连贯会计检查的健全的内部控制制度将使会计和管理人员在管理程序中依靠更多的现存数据和记录。

同样，分层控制提供了一个有力的工具，以确保责任按照政策和程序办理。这些控制通过在管理层次中的功能性交流帮助建立自下而上的信任的同时减少了腐败和滥用的机会。同样，有些活动需要各业务部门之间的合作。在这种情况下，账户控制被称为横向检查，这使管理人员能够正确纠正有意或无意的错误。在建设项目周期内，例如，作为一个监督工程进度的资本管理单位，承包人将有被支付应付账款的权利。如果应付账款的评估认为，付款请求不当，它可能需要拒绝该请求，或者返给建设单位进行仔细复审。

最后，内部审计作为切实保障措施的出现，将确保内部控制的有效性，并给予准确的指导管理。

第 5 步：实施规划框架

实施无疑是一个内部控制活动最重要的组成部分。这需要坚持不懈的持续性、领导才能、耐心和献身精神。它要求的内部控制被那些对它有决定性影响的人拥有。行政机构、立法机构和纳税人在这一持续进程中发挥作用；立法机构不是脱离行政机构的独立主体。立法机构一般在负责建立法律框架的时候，提供管理指导。

附录 6-3 从头开始：在地方政府建立审计单元

建立审计机构并不需要打开一个充满未知问题的潘多拉盒子。然而，一些关键问题在审计形成过程中必须回答。例如，需要知道从哪里开始，做些什么，如何在地方政府组织审计工作及其审计范围，以及如何建立必要、完整和独立的标准。下面的分析显示了在地方政府实行内部审计的要求。

一个直接的议程

当组建审计机构时，明确的、由决定性的政治驱动授权的议程是一个主要特征。因此，地方政府往往是给定一个与外部压力（例如，在中央政府的强制性监管，预算要求和捐助机构的建议）或内部需求（例如，地方性通过法律，更新会计和预算政策，和渴望改革公共服务的政策执行人员）相关的议程。拟议的政策不仅是内部审计要素，也是问责制的有关要素（如良好的控制环境、风险管理、监控和透明度）的最好概括。如果授权由一个强大的主管领导拥有，则可能会更成功。

法律框架

审计章程必须由授权机构付诸实施。该章程应：

■ 提供内部审计、目标、任务、被审计业务、首席行政总裁及审计人员的释义、地位、任务、职责的简单定义；

■ 澄清谁将拥有内部审计单位预算的权力；

■ 明确任命一名首席审计师和个别审计人员的方法；

■ 明确内部审计人员必备的素质和专业标准；

■ 略述审计标准和认证程序；

■ 命名和解释审计和审计报告、审计范围、审计计划、记录，以及接收并遵循审计报告的授权机构的类型。

与内部控制相关，财政部（或财政部门或外部审计人员）可能在设定框架内并在监控其有效性中发挥作用，以实现全国审计标准的统一。

首席审计师

一个符合规定要求素质的有经验人员应由执行局（委员会）或立法机构任命为独立的首席审计师。首席审计师确保管理的内部审计标准、道德规则、审计工作的条例执行到位。首席审计师确保内部审计人员的任用和运作符合这些规定，并使审计按照宪章规定的要求进行。审计结果由首席审计师送交高级管理人员，以便让高级管理人员能够设法解决提议的增援方案。一个行政部门首席审计师的任用和解聘必须受到法律的确认，从而消除任何党派对他或她独立性的影响。

独立性

高级管理人员和当地政府官员不应该干涉任何雇用和解雇内部审计人员，以及与审计工作范围相关的决定，所有这些交由立法机构审查。内部审计人员应被授予充分、自由和不受限制地接触所有财务记录、人事记录、合同、文件和报告的权力。为了审计结果的需要，管理部门应增进与审计单位进行谈判的融洽关系。管理部门正式宣布（或许采取内部通报方式）对员工行为的公开支持可能对界定关于审计工作和审计结果是一个很大的帮助。因而审计的独立性需要通过法律法规来保障，它需要花时间使审计文化在组织内完全吸收。

审计委员会

在有些情况下，一个审计委员会就有关审计结果以及后续控制的增援事宜与首席审计师进行适当的协商。该委员会促进行政机关和首席审计师之间在审计结果方面进行沟通。此外，行政部门可以有特殊的要求，内部审计确认某个特定程序中的缺陷和不足，该委员会对提出的这种请求给予协助。审计委员会最好包括来自高层管理、预算和会计官员，立法代表，以及内部审计负责人等方面的代表。因此，该委员会的成员，应该由立法机构指定，并至少有一名成员由该机构的成员任命。

审计范围和工作

审计人员应被指定为当地主体的各部门、办公室、活动和程序开展执行情况、财务及绩效审计。审计范围的限制将会削弱内部审计的有效性并严重损害预期结果。因此，审计应涵盖所有项目，并打破内部边界或地域限制，与此同时内部审计人员的审计工作不仅能够在总部进行，而且还应在各分公司、附属公司、国属企业和相关机构内进行。

附录6-4 内部审计基本要素

在其“内部审计专业实务国际标准”中，国际内部审计师协会规定：“内部审计是一个独立、客观的保证和咨询活动，旨在增加价值和改善组织的运营。它帮助一个组织通过系统化和规范化的方法来评价和改进风险管理，控制和管理过程的有效性来实现目标”（国际内部审计师协会 2005：10）。根据这个定义，黛蒙德（2002）认为，对内部审计职能的广义理解是让其作为公共财政管理的一个重要组成部分。如果超越狭隘的概念理解，这一新方法包含了一个更广泛的内部控制的定义，更多地体现在管理控制、信息和沟通过程的强调方面。

这个广泛的定义企图打破最初需要进一步解释的四个关键点：独立，客观保证，增加价值和系统规范化的方法。

独　立

据范·甘斯贝格，“内部审计必须对管理作出积极贡献，而同时不会成为它的仆从，而是以忠实的身份向董事会或其他同等理事机构报告”（范·甘斯贝格 2005：1）。审计应该远离导致与其客观性相背离的任何干预。这种威胁可能来自各种源头，如，降低审计人员能力或改变某一审计程序方面的政治或行政压力。这些威胁可能有不同的形式，如削减预算，有限的物资和设施，以及被办公室解雇。一个具体的严格约束各方的审计章程被认为是减少对审计的外来影响最有效的方法。同样，个人品行不端（滥用、贪污、贿赂）无疑会影响审计的独立性和客观性。因此，一种在内部审计防止这种非法行动提供保障方面的道德守则是必不可少的。

国际内部审计师协会指出，一个独立自主的私营主体的内部审计由执行委员会管理，并由一个行政首席执行官（CEO）运行。在这个意义上说，内部审计人员必须向首席执行官汇报，并由其来充实建议。然而，董事会而不是首席执行官，拥有雇用、解雇和管理内部审计人员和审计工作的权力。

内部审计的组织结构在公共部门机构中显示的变化，强调关于客观性的两个明显问题：法定独立性和预算独立性。由于受到防止腐败行为的意识和行为驱动，高级管理人员往往急于干预审计审查、工作范围和结果。为了防止这种企图，内部审计的地位应该调整，以便能够有效地发挥功效。首席审计师应当被赋予强势的地位，以从这种影响中独立出来。首席审计师负有和高级管理人员促进有效的讨论与协商内部审计结果的责任。他或她确保审计结果在管理活动中得到反映。此外，首席审计师有责任采取措施，防止个别审计人员卷入任何管理业务、偏见性审查以及潜在的利益冲突中。首席审计师编制年度工作计划，以确保没有内部审计人员在有效时间范围内卷入可能危及正常关系的某一个部门。

第二个问题关系到内部审计单位的预算。只要以立法监督为目标分配给审计单位的资金，应该由单位自行而不是任何其他服务标准来确定。否则，任何感觉受到威胁的管理人员可能会利用预算编制的职权，来限制审计工作的适用范围和有效性。

客观保证

在评估该组织的程序、系统和过程之后，内部审计人员须递交一份建立在有力证据基础上的明确的结论性审计报告。一个内部审计人员是在该组织的法律框架、目标和业绩标准约束的范围内运用适当方法来评估可利用的证据，并提供书面评价。在证据存在不足时，审计人员就可以依靠常识得出具体的结论。然而，审计人员应该记住，他或她既不是有权告发某人的起诉人，也不是能够惩戒不当行为的法官。相反，审计人员需要考虑是公众的钱是否已经或正在按照执行框架和法律法规使用。审计约定通常涉及三个方面：被审计单位，或与既定活动有责任关系的人员；审计人员，或与评估活动有关的人员；高级管理人员，或需要处理书面审计建议评定的人员（国际内部审计师协会 2005）。

增加价值

内部审计的目的是给组织提供价值，通过识别经营性改进工作来增加达到组织目标的机会，并通过客观保证来减少风险。不断变化的内部审计特征已经给增值的定义带来了一些修改。例如，传统方式从公众程序遭受的损失中进行储蓄——堵塞漏洞——是一项基本目标，与目前有效、高效、经济、道德地提供服务比较，已显现其初级目标。

一个系统化、规范化的方法

内部审计工作的方式有一些例外，类似的接触和行动会产生相似的结论。审计服务需要保护个人偏见并遵守审计标准。针对全球广泛存在类似的违规和不当行为，为了简化评估主体的过程，国际内部审计师协会在 1978 年首次发布审计标准。有些国家跟进发行政府审计标准，如美国政府责任办公室。这一努力是值得赞扬的，因为一个政府审计使用的统一方法，通过即将应用的方法和要实现的结果方面的解释，极大地有利于公共项目评估。地方当局、内部审计准则对帮助那些可能正在困惑业务从哪里开始，以及如何处理财务和绩效审计方面的审计人员来说是必不可少的。

附录 6－5 风险管理的重要性

一个有效的内部控制循环是一个动态的过程，政府当局应时刻准备解决出现的风险和问题。风险评估对内部控制极为重要，因为它使管理人员能够识别并减少潜在的风险。如果不承认存在风险，地方政府的财政管理制度在外部环境（例如，经济冲击、货币贬值、通胀高企、或中央政府在税收或转让方案中的政策变动）和内部状况（例如，财政赤字、在专项资金违规行为、贫乏的养老基金管理、负债过多或资本项目严重超支）将会非常脆弱。风险特点因环境的设置而各不相同。不过，公认的风险可能以公告组织的任何一种方式发生——滥用、欺诈、系统性和个人的错误、浪费、管理不善、预算和会计效率低下、不可靠财务记录、不胜任的道德价值、管理监督和监控的不足、在行使预算权力和产生可靠的信息方面存在的各种故障。

在处理潜在的风险方面，最高审计机关国际组织的内部控制标准指南（2004）提出了四个阶段的风险评估模型：识别风险、评估风险、评定“风险偏好”[16]和提出对策。该模型包括识别和抵御风险的行动，还包括用于检测和修复内部控制制度存在缺陷的行动。因此，风险管理在制定正确的内部控制机制方面发挥了次要但仍然重要的作用。

在一个健全的风险评估制度中，一种阻止负面影响的准确反应是适当的。在消除风险及其成因、处理风险、容忍风险的程度等方面的反应各不相同。毕竟，确定风险的严重程度是管理层的责任，该组织的愿望是减少已知风险的数量，风险响应的等级以及防御未来风险的行动范围。

本章注释

①内部控制和审计不一定是独立的管理工具，它们只有在会计和管理制度运作良好的范围内有效。内部控制和审计的职能应该建立并获得更广泛的管理改革，如战略规划、会计、预算、中期费用框架、采购、报告、外部审计、公共债务和资产管理。

②关于内部控制和审计文献资料相对稀少，它集中体现在中央一级政府的实践上。例如，国际货币基金和世界银行研究内部控制和审计人员的重点放在了中央政府内部审计重要性方面（黛蒙德 2002；范·甘斯贝格 2005），而地方一级没有引起他们的注意。

③只有波斯尼亚和黑塞哥维那联邦的 10 个州中的三个州——萨拉热窝图，兹拉联邦和比哈奇，最近推出了内部控制和审计职能，以加强反对浪费和腐败的防线（世界银行 2003a）。

④公共部门借鉴了当代私营部门内部控制的做法。COSO 是一个自发性的民间组织，全称为“全国虚假财务报告委员会下属的发起人委员会”，旨在通过对商业道德、有效的内部控制和公司治理的研究来改善财务报告的质量。1992 年，COSO 发布了的“内部控制集成框架”，被誉为内部控制指引的旗舰。这个框架由五个部分组成：（1）控制环境，（2）风险评估，（3）控制活动，（4）信息和沟通，以及（5）监控。有关详细信息，请参阅 http://www.coso.org。

⑤最高审计机关国际组织是国际最高审计机构的专业组织，它属于联合国或其专门机构。国际最高审计机构组织公布的指引融合了内部控制、概念，目标，控制环境，风险评估，控制活动，监督，职能和责任的详细分析。虽然采用这些指引对成员国不具有强制性，但是最高审计机关国际组织标准应该是各级包括地方一级的政府建立内部控制制度的指导原则。有关详细信息，请参阅 http://www.intosai.org。

⑥根据最高审计机关国际组织，内部控制制度的目标是：（1）执行有序，道德，经济，高效和有效的业务；（2）履行有责任的义务；（3）遵守适用法律规定；和（4）保护资源，防止丢失、滥用和破坏（2004）。

⑦内部控制具有固有的局限性，并不一定提供绝对保证。事实上，只有保证合理的水平是可以实现的，相当于在指定考虑的成本、效益和风险范围内，处于一个令人满意的信心水平（最高审计机关国际组织 2004）。

⑧内部审计不是公司治理的近期问题。国际内部审计师协会（IIA）成立于 1941 年，以促进私人持有公司审计，来帮助发展中的企业架构能预见未来风险和保护公司避免失败。自那时以来，国际内部审计师协会已经通过发布审计标准、颁发专业证书，并提供培训方案等途径成为内部审计业务的主要促进因素。目前，国际内部审计师协会是参与各种活动，围绕政府审计有关的出版报告和研究，通过增加对公共部门动态的重视力度来不断提高标准，积极为不同政府部门的代表举办各种研讨会和讲习班。有关详细信息，请参阅 http://www.theiia.org。

⑨有关详细信息，请参阅 http://www.auditorgen.state.pa.us。

⑩有关详细信息，请参阅 http://www.philadelphiacontroller.org。

⑪欲了解更多有关纽约市主计长办公室的信息，请参阅 http：//www. comptroller. nyc. gov。

⑫如需更多有关区域审计授权的资料，请参阅 http：//www. intosaiitaudit. org/mandates/mandates/Mandates/France. html#France_H6。

⑬如需更多关于审计署的角色信息，请参阅 http：//www. auditcommission. gov. uk/。

⑭美国 2002 的萨班斯法案需要组织遵循内部控制的充分性，和承担不遵从的严重后果。美国证券交易委员会，对萨班斯法案的强制执行负责，只承认 COSO 框架作为一个可接受的控制模式。

⑮欧洲委员会（2002）详细说明了财务监管框架内的“职责分离原则”。（第 2343/2002）

⑯风险偏好是“在判断行动是必要之前，该主体准备暴露的风险总数”（最高审计机关国际组织 2004：25）。

本章参考文献

Allen，Richard，and Daniel Tommasi. 2001. Managing Public Expenditure：A Reference Book for Transition Countries. Paris：Organisation for Economic Co – operation and Development/Support for Improvement in Governance and Management（OECD/SIGMA）.

Arlia，Alejandro. 2005. “Argentina：From ‘Funny Money’ to ‘Fiscal Responsibility’.” Federations 4（4）：19 – 20.

Chartered Institute of Public Finance and Accountancy. 2000. “Code of Practice for Internal Audit in Local Government.” CIPFA，London. http：//www. cipfa. org. uk.

Commission on Audit，Republic of the Philippines. 2003. “Strengthening of Accountability in Poor Local Government Units – Audit Component.” Local Government Units Review and Assessment Report，World Bank IDF Grant No. 27436，Manila.

COSO（Committee of Sponsoring Organizations of the Treadway Commission）. 1992. “Internal Control – Integrated Framework.” http：//www. coso. org.

Diamond，Jack. 2002. “The Role of Internal Audit in Government Financial Management：An International Perspective.” Working Paper 02/94，International Monetary Fund，Washington，DC.

European Commission. 2002. Regulation Number 2243/2002，“Official Journal of the European Committees.” http：//www. europa. eu. int.

IIA（Institute of Internal Auditors）. 2005. “International Standards for the Professional Practice of Internal Auditing.” Institute of Internal Auditors，Altamonte Springs，FL. http：//www. theiia. org.

———. 2006. “The Role of Auditing in Public Sector Governance.” Institute of Internal Auditors，Altamonte Springs，FL http：//www. theiia. org/download. cfm? file = 3512.

INTOSAI（International Organization of Supreme Audit Institutions）. 2004. “Guidelines for Internal Controls Standards for the Public Sector.” Internal Controls Standards Committee，

Brussels, Belgium. http://www.intosai.org.

Khan, Asmeen, and Rajiv Sondhi. 2005. "Reforming Local Financial Management and Accountability in Indonesia." PowerPoint presentation. http://www1.worldbank.org/publicsector/decentralization/March2005Seminar/Seminar.htm.

Lapointe, Jacques. 2004. "An Audit Transformation." Internal Auditor (October): 62 - 6.

Madsen, Johannes Stenbaeck. 2003. "Capacity Development in Internal Audit: A Case Illustrated Approach to Developing Internal Audit Capacities." PowerPoint presentation at PFM Capacity Development Course, World Bank, Washington, DC, May 3 - 5.

Mountfield, Edward, and Christine P. W. Wong. 2005. "Public Expenditure on the Frontline: Toward Effective Management by Subnational Governments." In East Asia Decentralizes: Making Local Government Work, 85 - 106. World Bank: Washington, DC.

National Audit Office of China. 2004. "Audit and Investigation Findings on the Tax Collection and Management." Report No. 2004 - 04 (Serial No. 05), Beijing. http://www.cnao.gov.cn/main/articleshow_ArtID_917.htm.

NSW (New South Wales) Department of Local Government. 2005. "Internal Audit Discussion Paper." Circular No. 05/33, Australia.

OECD/PIFC (Organisation for Economic Co - operation and Development/Public Internal Financial Control) Expert Group. 2004. "Internal Control Systems in Candidate Countries," vol. 2. Working Group on Audit Manuals, Vienna. http://www.sigmaweb.org.

OECD/SIGMA (Organisation for Economic Co - operation and Development/Support for Improvement in Governance and Management). 2004. "Assessment Report: Albania Internal Financial Control." Paris. http://www.sigmaweb.org.

Schaeffer, Michael. 2005. "Local Government Accountability: Challenges and Strategies." Decentralization Thematic Group, World Bank, Washington, DC.

Subramanian, P. K. 2005. "FM Diagnostics in Indian Local Governments: Innovations and Challenges." Presentation at World Bank Course on Local Budgeting and Financial Management, March 29 - 30. http://www1.worldbank.org/public sector/decentralization/March2005 Seminar/Seminar.htm.

Swedish Government Official Reports. 1998. "Local Government Auditing Inquiry." SOU: 1998/71, Stockholm.

———. 2004. "Examining and Determining Accountability in Local Governments." SOU: 2004/17, Stockholm.

U. S. GAO (United States General Accounting Office). 1999. "Government Auditing Standards." U. S. GAO, Washington, DC. http://www.gao.gov.

Van Gansberghe, Cecilia Nordin. 2005. "Internal Audit: Finding Its Place in Public Finance Management." World Bank Institute, Washington, DC.

World Bank. 2002a. "Argentina: Country Financial Accountability Assessment Report." Latin America and the Caribbean Region Financial Management and Accountability Team, World Bank,

Washington, DC.

World Bank. 2002b. "Bosnia and Herzegovina: Country Procurement Assessment Report." Report No. 24396, World Bank, Washington, DC.

———. 2003a. "Bosnia and Herzegovina: Country Financial Accountability Assessment Report." Report No. 26927 – BA, World Bank, Washington, DC.

———. 2003b. "Decentralizing Indonesia: A Regional Public Expenditure Review Overview Report." Report No. 26191 – IND, East Asia Poverty Reduction and Economic Management Unit, World Bank, Washington, DC.

———. 2003c. "Philippines Improving Government Performance: Discipline, Efficiency and Equity in Managing Public Resources." Report No. 24256 – PH, World Bank, Washington, DC.

———. 2004a. "Decentralization in the Philippines: Strengthening Local Government Financing and Resource Management in the Short Term." Economic Report No. 26104, World Bank, Washington, DC.

———. 2004b. "India Karnataka State Public Financial Management and Accountability Study." Report No. 28607 – IN, World Bank, Washington, DC.

———. 2004c. "Pakistan NWFP Provincial Financial Accountability Assessment." Report No. 27706 – PAK, Financial Management Unit, South Asia Region, World Bank, Washington, DC. http://www1.worldbank.org/publicsector/decentralization/March 2005Seminar/3Lee/World%20Bank%202004%20NWFP%20Provincial%20Financial%20Accountability%20Assessment%202004.pdf.

———. 2004d. World Development Report: Making Services Work for Poor People. Washington, DC: World Bank.

———. 2005a. "Colombia: Country Financial Accountability Assessment Report." Report No. 31915, World Bank, Washington, DC.

———. 2005b. East Asia Decentralizes: Making Local Government Work. Washington, DC: World Bank.

———. 2005c. State Fiscal Reforms in India: Progress and Prospects. New Delhi: Macmillan India Ltd. Internal Control and Audit at Local Levels 225.

第七章

侧重于调查腐败的外部审计和绩效评估

Aad Bac

在国际上，政策领域的数量和重要性令这些地方政府的权力范围很大。在一个国家，分权的程度在某种程度上是基于中央政府对地方政府的信任。地方政府管辖的人口众多。在一些国家，地方政府权限仍然很小。在另一些国家，地方政府权限范围已经开始大规模地增加，逐步形成相当大的主体。两个方面的因素已经影响了官僚机构的规模、管理的反应能力、问责制的意识和质量、审计和检查的存在、审计结构的框架和审计质量。

本章概述与地方政府有关的审计要素：

- 政府专项审计的原因；
- 审计对象；
- 审计范围；
- 审计结论的使用者；
- 审计人员；
- 被审计单位；
- 审计工作；
- 审计报告。

什么使政府专项审计如此重要?

审计作为一种职业大概可以追溯到19世纪中叶。在苏格兰，最古老的职业团体可以追溯到1850年。那一时期，工业革命带来经济的蓬勃发展。随着商业主体的不断增多，所有者和管理者的距离不断增大。这就需要由独立审计提供监督职能。在此之前（例如在16世纪和17世纪的英国及荷兰殖民贸易公司）的一些大公司已进行了相关的审计操作，这也是在私营部门出现独立审计人员的大体原因。

相反地，从早在公元前500年的中国（国际会计中心的发展，1987）和巴比伦帝国（圣经，丹尼尔6：2-3）就可以发现，复杂的委任结构现状要求全面的专项审计措施，尤其在政府领域。古代中国与巴比伦帝国一样控制着广阔的疆域，那时可能最急需的就是控制措施。在随后漫长的年代里，审计机构也不断地发展和演变。

对政府部门的审计与对私营企业的审计的区别不仅仅在于历史渊源。在私营部门，主要审计成果是一个关于报告主体的利益相关者是否被提供了真实而公允的会计记录的意见。这种意见，以简式审计报告的模式，与财务报告一同发布。在董事会履行其监督职能时，一个详式审计报告可能被用于董事会（或监事会，在大陆法体系下），为董事会履行其监督职能。审计人员的意见，往往主要服务于使用该主体的财务报告的匿名公众。

在公共部门中，审计人员的意见往往也是为了服务于普通大众，但这只是次要的。由于审计人员行使职能所处的环境（以民主制作为参考），公众也由选举产生的法律主体来代表。在这里，审计人员的意见主要服务于在民主进程中的正式监督程序。简式审计报告（一个全面的意见）和详式审计报告（附详细的调查结果）需要一并提交给，例如，与监管当局认同的财务报告相关的地方性理事会会议。

私营部门审计和政府部门审计的其他差异来自于环境因素和任务关联因素。

环境因素

基于环境因素的第一个差异是政府组织对真理与合法行为的重视。如果政府本身不遵守法律和规章，又如何期望市民这样做呢？政府在社会中通过法律和规章进行干预，因此公民有权期待合法和公正的回报。其结果是审计政府组织的环境是法律规则的主体。这一套法律规则以“不成文法则”为补充，这些不成文法则是从惯例和公序良俗中产生的。

遵守法规是政府机构中一个重要的文化决定因素。对政府机构的良好审计必须基于对官方机构的特征及其内涵的充分掌握和理解。

作为政府组织的第二个重要文化决定因素也是真实的——官方组织（官僚机构）与政治组织（行政机关和立法机关）之间持续的协作关系。两者是相辅相成的，共同履行公共管理的任务。

商业决策过程主要取决于有关主体的基本工艺过程和经济限制条件的技术和科学因素。因此，企业管理关注的是科技理性和经济理性。

政府的决策过程更加复杂。除了科技理性和经济理性，也有法律理性和政府的配置作用，即政治理性。此外，政府部门的经济理性包括微观和宏观经济两个组成部分。

在政府决策中，四个合理因素必须保持平衡。科技理性、法律理性、经济理性是官僚机构的责任，而政治理性是实现平衡的决定性的因素，它产生于政治组织。审计人员应该意识到公共部门审计的这一特点。

任务关联因素

政府的成功无法用收入和支出报表来加以衡量，因为这是用来衡量私营部门主体的方式。政府组织没有将收益需求作为目标。相反，他们有收入和支出的目标。所以，政府行为必须用其他标准来衡量。因此，政府审计有一个比私营部门审计更广泛的目标。审计一个政府机构会计系统的重要性，不仅在于评估其财务报告，而且能获取对决策有用的信息。

行为不容易评估，这也是经常发生的情况，那么审查导致结果的过程就像程序中的元素一样变得很重要。会计系统是重要的，因为它所包含的信息是对决策的佐证。这证明了对会计系统内在质量的专项审计的意图。

另外一个后果是需要关注一系列过程，包括资源的取得（经济），资源的使用（有效），以及社会需求的满足（高效）。因此，除了通常的财务报表审计，政府审计还包括财务管理审计和“规则”审计，即评估政务的处理对法律法规的遵守情况。

这一方法对政策执行的管理同样有效，例如，用于评估效率和效力的现金价值审计。

在一个没有自动外部预警信号的组织中，如私营部门中的市场信号，内部控制制度就变得至关重要。当然，内部控制制度自然会受到审计人员的关注，因为一个良好的内部控制制度有助于审计人员执行有效的审计。然而，内部控制制度往往是提供给政府机构本身的唯一预警工具。因此，内部控制系统的质量是稳定政府业绩的一个重要前提。这就是为什么政府审计人员往往需要审计内部控制制度的原因。

因此，对政府部门的审计，不仅关心结果的表述（从真实而公平的视角），而且关注政府行为的满意度与控制措施。本章后面，涉及审计的范围时，将会更多地讨论这三个审计类型。

政府部门审计中另一个具体方面是关注重要性（如果经济或政治决策被不同的使用者证明是不正确或不完整的，那么这些不准确或不完整的信息就具有重要性）。在私营部门审计中，重要性具有绝对面（具体数额）和相对面（比例），也有一些不确定的定性组成部分（用户的不同的情感反应会导致不同的决定，但不是基于绝对的或相对的量化因素）。在政府部门中也一样，不过，经验表明重要性标准不仅仅来自私营部门。

事实上，公民认为他们拥有政府，政府把他们的钱全部或部分地花费在哪儿，都是按重要性标准产生的后果。很难取得任何证据，有时重要性可理解为产生的后果的情况下很多人仍认为是合理的。因此，政府部门遇到更严格（更低）的绝对数量限制，更严格（更低）的相对百分比和更大的政治（性质上）敏感，特别是在欺诈行为方面。荷兰会计师协会的研究表明，政府机构欺诈具有更大的敏感性，可以理解为，无辜公民必须承担的政府管理人员无法防止政府欺诈行为的后果是不公正的（罗亚尔 妮维雅 1969/1970：71）（钱花光了，却没有花费在公民利益上）。在一个私人公司，责任和后果更多地存在于每一个公司的关联方，所以被人利用的感觉较低。

审计对象

审计可能会出现在某些机构有权把责任移交给其他机构或个人的情形下。审计在强制监督没有职业审计人员协助而变得无效时是必要的。审计必须尽可能客观、详细地提出调查结果，并基于这些调查结果作出一个总体判断。主观上，坚守监督职能，意味着权衡发现问题的严重性以及是否应根据相应的调查结果给予制裁。这是一种职责，审计人员本身没有，也不应该有。因此，审计次于监督。审计对象包括现有的监督体系、使用审计服务的监督人员、现存的规章文件等。

有时，全部现金账务是恰当的，并且报告也符合预算执行文件。在其他情况下，会计和财务报告会更加复杂，将包括资产负债表和损益表。在另一些情况下，收入和支出报表将在财政预算执行文件中且被指定了用途；当收入和支出报表是明文规定时，它与预算执行文件一并出具。

一般来说，文件是审计的重点。审计可大致定义为“系统地审查或测试第三方是否遵守了某些标准或原则的主张或行为”（戈捷 2001：335）。政府审计活动往往是绩效审计。绩效审计的目的是衡量一国政府在执行其职能时为社会带来的政绩。另一个政府审计的实例是对政府机构行政管理的有序性和可核实的财务管理进行审计。上述定义忽略了第三个审计类别，即对制度的审计，如内部控制制度审计。内部控制制度需要经审核以判断该组织的可控报表的管理情况，或者，如果没有那种报表要求，也能在详式审计报告中报告相关目标。

审 计 范 围

本节涵盖了关于政府审计范围的一系列不同的观点。笔者认为应审查如下方面：

- 遵守财务报告相关法律法规；
- 遵守预算法；
- 遵守法律法规的政策范围和程序；
- 稳健的账户；
- 财务报告的真实公允性；
- 财务管理的有序性和可核性；
- 对法律法规的滥用或不当使用；
- 行政人员的欺诈和腐败；
- 绩效。

遵守财务报告相关法律法规

如果在私营部门，政府财务报告和预算会被统一规定。而为私营部门的财务报告拟订的法律和规章显然不适合在公共部门使用。

公共部门的财政报告不但与私营部门一样有事后报告，而且有事前报告，因为公共部门的预算是一份披露资源分配政策选择的公共文件。出于政府计划透明度的民主要求，以及由政府计划产生的财政后果，将意味着预算一定要公开并提供给公众。因此，在公共部门，与财政报告有关的法律和法规，普遍从预算文件中的预算程序和信息结构开始。这就是与公共部门的财务报告相关的法律和法规必须与私营部门不同的第一个原因。

第二个原因是基于政府部门与私营部门不同经济条件下运作的事实。私营主体由经济原则和市场规律所指引。公司的主要目标是实现高于产品和服务成本的收入。管理层的行为结果是公司资本的增加。损益表报告某一年实现的资本的增加额。资产负债表体现了截至年底累计的财务成果。一个稳健的资产负债表和揭示业务不断成功的损益表展现了一个成功的公司，该公司最终会在资本市场和证券交易所中处于强势地位。

政府机构的运作同样遵循经济规律，但由于没有市场，所以没有市场规律，主要目标也不是实现收入高于“生产产品和服务”的成本，而是通过来源于社会税收和其他收费的有限资源来实现社会效益最大化的目标。在特殊情况下，政府机构可以对提供的商品和服务进行定价，但他们不必而往往也不会对基于产品的生产成本进行定价。因此，政府机构收入和支出账目不只是资本增长的报告，而且是隐含重要价值的报告。因此，比收入和支出报告更加重要的财务报告文件和资产负债表只是因其与以往年度相关联而必须出具。出于这个原因，根据现有资源分配政策，政府机构的收入和支出账户具有特定的功能。

与私营部门相比，一个政府机构收入和支出账户的底线应不会是一个太高的数额，但总计接近零，这意味着政府的任务已圆满执行，并且公民没有被过重地课税。

第三个差异在于政府机构的成功并不是以各种活动结合而成的财务数据来表示的，而是由一系列不同的行为指标组成，因此，行为表现为不同的方式。在公共部门，有关财务报告的法律和规章通常包含执行力表现的有关规定。对账目的注释不仅比私营公司的财务报表更加宽泛而且更为必要。

尽管还有其他的差别，如果忽略其一致的用途，可以充分地得出结论，即私营部门和公共部门应制定两套不同的财务报告相关的法律和规章（贝克 2005）。

在世界各地，共有三种方式规范公共部门的财务报告：

■ 第一，许多国家在公法的范围内规范预算和财务报告。在这种情况下，立法机关已为自身预留了制定标准的角色。

■ 第二，一些国家已经建立了拥有一定权力的相对独立的委员会，为中央或地方政府的财务报告制定准则。在某些情况下，这种权力赋予该国的会计人员专业机构。

■ 第三，一些国家选择了私营部门和公共部门相同的标准制定者。这些标准的制定者在与私营部门或其他国家准则的协调操作上，具有不同的倾向性。

国际公共部门会计准则是一套针对公共部门的权威性标准体系，是各国准则制定者可以借鉴的权威准则（国际会计师联合会，2006）。

财务报告的组成必须遵守法律法规的要求。审计人员无论在私营领域还是在公共领域执业都要在表达意见的段落中插入明确的语句，声明财务报表遵从其适用的法律法规情况。

审计人员必须通过执行审计程序来作出职业判断。审计人员首先要充分掌握这些法律和规章，对其解释具有足够的认识。审计人员可以通过拟定有关政府机构的财务报告遵守法律法规情况的调查问卷形式促进审计质量的一致性。这些审计结果将关系到不遵守适用法律规章的某些细节。这种情况，从审计人员的简式审计报告的判断后果来看，是不会经常发生的。但是，审计人员的详式审计报告为被审计政府机构的监管当局披露这种不遵守法律规章的情况提供了基础。

遵守预算法

在私营部门中，经济发展进程受市场机制控制。根据经济学理论，需求与供应之间的关系决定价格。在公共部门，这样的自动调节机制无法利用。甚至在古代的公共部门，预算机制在控制行政执行后果中不断完善。特别是在民主制国家，预算传达了执行分配过程的结果，并且由选民代表批准。

对预算法的执行情况进行审计实际上是贯穿全年的。每一笔交易都必须遵守预算法。对于每笔交易，必须明确以下几点：

- 做预算的年份？
- 采取何种规则？
- 预算的数额？

考虑这三个因素后，如果交易是允许的，那么预算法执行情况已经完成。如果在一个预算年度某个预算计划的耗资超过了原来的分配或该计划的预算补助数额，就出现了预算超支。

违规有如下几种形式：

- 这项交易不是预算年度，即使这一年有仍然未使用的预算能力。
- 这项交易不是预算之内的计划。
- 实际支出高于预算，但由较高的补偿收入弥补。
- 一种由于不符合计划的安排而会发生的预算超支，但它不可能被早期发现和报告出来（例如，开放式的安排，不可更改的补贴结算模式，注销无法收回的数额）。
- 在计划框架中的预算超支，但没有早些报道出来也是错误的（例如，额外的工作指令，或执行中的缺陷）。
- 一种预算超支不符合该程序框架。资源都用于其他目的而不是由立法机构所希望的用途。
- 涉及费用的预算超支经调查后证实是违法的。
- 预算不超支，但缺失费用分配职能的执行程序。
- 投资预算超支，导致资本成本太高。

这些违规行为的严重程度各不相同。在某些情况下，这只是可以纠正错误的小问题；有些情况下的开支也能够随后获得批准；在另一些国家，管理者必须担负责任。如果没有进行修正，如支出不能追溯批准，或者如果它是一个应获处罚的行为，调查结果必须以详式审计报告的形式呈报给监督机构。

到目前为止，本节已经讨论了第一项执行标准、预算的执行情况。但是，把交易纳入预算之前，其他一些标准必须满足：

- 计算标准。数额计算正确。
- 生效标准。目前的支付和记录都是正确的。
- 交付标准。收到的货物和服务与合同内容相符。
- 支付对应标准。支付的资金流所对应的人或组织是正确的。
- 完整性标准。所有收入标准均有据可查。
- 可接受标准。该交易符合主体行为，更具体说，符合项目预算，以及成本和行为效果之间达到可以接受的平衡。
- 预算标准。符合上述标准的财务交易必须在核定的预算框架内，并符合议定和授权的程序。

另两项标准是指监管和遵守法律，它们属于下一节。这里提到它们是为了保持完整性，后面章节将详尽阐述。

- 条件标准。执行财务管理工作需要得到满足的必要条件。
- 滥用和不当使用标准。为防止滥用，有关政府计划执行与数据的准确性和完整性相关的内部检查被寄予厚望。为防止不当使用，无论是否是政府计划的第三方制定的内部检查都不能采取与原定计划相违背的行动。

遵守法律法规的政策范围和程序

法律法规适用于许多政府活动，特别是那些“非等价”交易。在等价交易中，同等价值是获得的商品和服务得以交换的前提。在非等价交易中，法律和规章界定了收取不计（或有限）报酬的商品和服务的权力。非等价交易的例子包括交易税、所得税、拨款和补贴，以及在支出方面的社会政策性支付。这符合上一节中所提及的执行条件标准，并在此发挥作用。

滥用和不当使用的标准是相同的。不必支付同等价值的政府服务和价值转移，容易受到滥用和不当使用。使用者可能会尝试通过提供虚假信息得到此类服务。不当使用的问题在于，法律规章无意中开启为某些类型用户获取合法服务的可能，但很显然，法律规章从未打算这样做。不当使用只能通过不断完善立法加以制止。

每一项交易都必须遵守所有的法律和规章，但没有对管理层遵守责任的限制，因此，内部控制系统必须进一步完备。

遵守法规是否也适用于审计有不同的回答。一些国家要求审计人员在审计中遵守一系列完整的适用法律、规章，而不管关联的程度。尤其是在这些国家中，按照惯例，审计有更合法的目标。而其他国家对审计赋予了更多经济视角，审计仅限于遵守明确可取具有直接财务后果的那部分法律规章。

在公共部门，审计人员必须充分掌握适用法律规章的具体情况，这些知识可能仅限于在明确获得直接经济后果的那一部分法律法规。需承担责任的审计人员必须通过他们的职员来传播这些知识，以确保在审计过程中得到充分的关注。这些法律和规章都必须是审计标准的一部分并覆盖整个审计过程。

违规会导致交易无效甚至非法。这样的结果以详式审计报告的形式披露，如果有足够的数量和内容，简式审计报告也是被认可的。

健全的账户

在许多国家，财务账户来自于一个基于现金的会计制度。这往往意味着不存在资产负债表。在某些情况下，可以使用一个改良的现金会计制度，其中包括几种资产负债表，但是审计人员通常不会对目前账户是否真实和公平表达意见。

在那些由法律环境决定政府审计体制的国家中，收付实现制体现了审计以合法性而不是以公平性为目标。确保遵守法律法规比保证提供报表的真实公允性更为需要。对合法性的审计比对公平性的审计应用了更强有力的实质性标准。

正如前三个部分所概述的，对前三个要素的遵守为审计人员提供了一个机会：审计人员可以对预算的执行、对具体政策程序相关法律法规的遵守情况、对基于正式法律或会计准则要求的会计和报告的遵守情况发表意见。实际上遵守这三个要求缺乏一致性，因为会计准则相关的法律法规与遵守预算法都与财务科目有关，而遵守政策领域内容相关的法律法规与财务账目中的个别交易报告有关。相关的情况将在本章的最后一节“审计报告”中有所阐述。

财务报告的真实公允性

当会计制度更倾向于改良的权责发生制，而不是收付实现制时，审计人员的任务是对财务报告的真实性和公允性发表意见。会计报告包括资产负债表、损益表和现金流量表，连同相应的附注。更高标准的会计准则往往伴随着一个对审计作用更有建树的看法。账户审计是合规审计的一个缩影，这一点从上一节可以明确。尽管信息的质量可能是作为财务报告相关的法律法规的一部分，但是这些法规与大多数其他会计监管要求不同，因为它们需要作出判断：首先，是报告主体的会计主管，其次，是对结果发表意见的审计人员。报告主体和审计人员必须问自己如何使需求信息的利益相关者得到最好的服务。

在极端情况下，会计主任在向用户提供有质量信息时可能会迫于压力而偏离了规则。越专业的会计制度，越不会让“超越真实和公平”成为它的一部分。如果允许超越真实和公平，它必须有着“遵守或解释”的说明。在大多数情况下，信息质量问题主要与说明的详细程度有关，例如履行、未履行或预算超支的原因等。这些质量问题的处理方法引起了政府审计人员的广泛关注。政府审计人员必须要问的关键问题是，在财务报告中提供的信息，是否有助于优化监督机制，这是一个比严格遵守现行法规更为深远的问题。

财务管理的有序性和可核查性

政府机构中的另一种常见审计对象是现行健全的和可核查（可审计）的财务管理状况。如果政府组织经常在外部预警信号缺乏和业绩指标难以界定的条件下运作，健全的财务管理意识可以令负责任的政治家和议员得到安慰。很难期望每年的财务管理审计是全面的，它太复杂、太宽泛。因此，不同类型审计的工作或政府部门往往有着不同的频率。对非常重要和高风险的流程或部门的审计非常频繁，对一般重要性和平均风险的流程或部门的审计频率低一些，低风险的流程和部门频率更低。当然，在制定这些优先事项时，有必要在前期审计时保留对后续审计的权利。法律和条例应确定对每个流程或部门审计的最低频率。

财务管理审计大致包括以下方面：

- 按照行政指令编制预算；
- 可接受的评估；
- 符合法律规定的预算体系；
- 符合法律规定的预算程序；
- 预算会计制度体系；
- 会计系统和内部控制；
- 预算体系的安全性、连续性和可核查性；
- 一般系统的安全性、连续性和可核查性；
- 预算体系的效率；
- 一般系统的效率；
- 有效的预算控制；
- 监管体系；
- 反馈系统；
- 及时更新预算；
- 准确和完整的税收；

- 新法律法规的可行性和可核查性;
- 承诺的可接受性;
- 合同的可接受性;
- 会计制度的结构;
- 及时的会计处理;
- 记录执行信息;
- 物料管理;
- 存货;
- 高效的风险管理;
- 风险指标的经常性检查。

对法律规章的滥用或不当使用

定价转让和非互惠交易容易造成法律法规的滥用或不当使用。滥用意味着非法交易。不当使用意味着虽然交易在形式上是合法的，但显然违背了立法的意图。

行政当局有责任确保各项政策能够预防并能打击滥用和不当使用。当然，要考虑特殊情况。即使现有政策已经被足够充分地一贯执行，财务报表中的数字依然可能存在不确定性，因为不可能核查构成这些数字的所有第三方信息。这种不确定性是财务管理所固有的，财务报表中这些不确定性是可以被接受或容忍的。如果信息得到充分披露，这些不确定因素不会影响审计人员的意见。披露应尽可能量化。

审计人员必须以核查第三方信息为目标，评估内部控制措施。如果审计结果表明内部控制不足或缺乏，则在这方面的财务管理是不充分的。因此，财务报表中的数字存在比固有的和不可避免的不确定性更多的不合规风险。这就会反映在审计人员对财务报表和财务管理质量发表的意见中。

行政人员的欺诈和腐败

欺　诈

审计人员检查出欺诈和腐败行为的可能是有限的，因为他们通常都没有与警察和情报人员相同的权限和手段。但审计人员在这方面有一定的作用。审计能够最有效地探测到产生欺诈和腐败的高风险领域。有时，他们的工作可能会揭露一些欺诈和腐败的实际案例，但通常这明显不是他们工作的目标，即使它是，他们的能力仍然有限。

需要对审计原则下财务报表欺诈的事实和欺诈的完成发现加以区分。审计人员有责任检测出由欺诈行为引发的财务报表重大错报。他们的审计程序应足够充分且覆盖广泛，足以找到导致欺诈行为的重大错报。但是，审计人员通常无法弥补内控系统中由主要工作人员联合导致的缺陷，因为审计人员在机构的会计制度中可能无法找到某些交易的任何痕迹。这种情况有时也被称为不言自明的保留。在这种情况下，审计人员只能依赖于偶然出现的信号，这些信号表明可能存在的欺诈。

国际会计师协会（2004）明确阐述，审计人员在规划和执行审计时，为了将审计风险降低到可以接受的低水平，应考虑财务报表中由于欺诈而存在重大错报的风险，因为欺诈与错误的区别在于是否故意为之。没有检测到因欺诈造成的重大错报的危害高于普通的未检测出的错误，因为欺诈可能包含复杂并精心组织的计划，旨在掩盖其行为。因此，审计人员和审计小组应在整个审计过程中保持专业的怀疑态度，即使审计人员可能根据以前的经验认为这些主体诚信经营并受到其监督或管理，也应认识到存在由于欺诈行为引发重大错报的可能性。

当了解了组织及其环境，审计人员应通过管理层、风险意识、欺诈角色模拟调查等作出相应的风险评估。组织的监督和监管结构也是重要的。

审计人员应当对不寻常或意外的某些关联保持警觉，这些关联可能表明或暗示欺诈导致的重大错报风险。

当出现如下情况时欺诈风险应予以特别考虑：

■ 不符合正常主体运作的重大关联方交易；

■ 重大的、不寻常的、高度复杂的交易，难以构成“实质重于形式”的问题；

■ 管理部门或监管人员监管不力；

■ 复杂或不稳定的组织结构；

■ 缺乏内部控制体系；

■ 对道德标准缺乏相关的守则和态度；

■ 存放或运作大量的现金；

■ 轻易兑换资产。

审计人员可能会通过如下情形发现潜在的欺诈行为：

■ 缺乏会计记录，如交易记录不全面、不及时或不正确；显著影响财务报告的后期调整；缺乏授权；提请或投诉；

■ 证据矛盾或缺少凭证，如文件丢失；无法解释的核对项目；账实不符、模糊的或者不可信的答复；与报表确认的余额不符；

■ 审计困难或审计人员和审计单位之间不寻常的关系，如拒绝提供信息，或拒绝合作，不合理的时间要求，拖延提供所需资料，不愿解决所发现的内部控制缺陷。

一旦审计人员已经发现现有的欺诈风险或已收到存在欺诈可能性的信号，他或她必须作出反应。根据欺诈风险的类型和复杂程度，应采取不同的具体反应，这些反应包括以下内容：

- 执行突击检查；
- 在临近年末时开展库存盘查；
- 改变审计方法；
- 实地观察操作和流程；
- 对每年年底的调整记录进行详细的审查并调查任一性质和数额不正常的科目；
- 利用分类数据执行实质性分析程序；
- 利用计算机作为辅助技术，例如在归集人口数据中的异常数据测试；
- 在被审计主体外部寻求外部审计证据，包括聘请专家；
- 审查重大和异常的开支。

有时，与影响财务报表的重大事件相比，政府审计人员对发现欺诈更加重要，因为欺诈行为损害了公民对政府的信任。因此，与审计人员在职责范围内发现财务报表中的重大错报的标准相比，审计人员在侦查政府机构的欺诈行为中采取的标准往往更加严格。

腐　败

对于腐败行为，定期审计受到技能和管辖权的限制。当然，审计人员可以得到更多的权力，类似于警察和情报人员，并且可以为这些任务接受培训。审计人员在腐败风险高发领域发挥了重要作用。他们在测试组织抵制腐败的水平方面也非常有用。

在敏感性活动与敏感性程度和水平之间有着明显的区别。敏感性活动往往是职员或管理人员所为。比如：

- 处理现金（授权，收取，或支付特别是非双向交易）；
- 订购承诺；
- 采购，保管，或使用资本性物资，或其他商品和服务；
- 处理机密资料；
- 处理许可证和资质证明；
- 管理监督和执法行为。

活动的敏感性程度取决于可能引起的损害程度。相应的损害可以从以下几点来看：

- 该组织的财务损失；
- 浪费纳税人的钱；
- 丧失信誉，损害公民对政府的信任；
- 对工作团队士气的负面影响，紧张、士气低落；
- 政策执行的影响。

因此，敏感性风险可以被界定为严重，甚至非常严重。重要的是要做出敏感性活动清单并能够判断是否有足够的内部控制措施确保组织抵御已识别的风险。清单必须为敏感性职位和活动而设。特别关注这些敏感性活动、程度和职位是非常重要的。

该组织抵抗可能腐败的水平，尤其取决于组织的体系，它来源于一套正式规则、程序、方法、工作指引、政策等。问题的答案将是来自于敏感性的活动、程度和水平的未来风险是否能够被规则、措施、政策所覆盖，这些规则、措施和政策的质量是否是充分的，是否真正被工作人员了解和运用。这些规则、措施和政策，都必须形成文件，以：

- 为员工提供处理敏感性事务的明确指引；
- 促进统一的规程，从而防止独断专行；
- 提供可控环节以保证漏洞的可验证性；
- 为员工和管理层创造沟通的渠道。

这些规则、措施、政策包括以下内容：

- 员工的招聘和培训政策；
- 员工职能的明确而全面的描述；
- 职责分离制；
- “四眼原则”（要求同一事务由两人执行）；
- 岗位轮换制；
- 接受馈赠的规则；
- 增加职责或工作的可接受性；
- 针对泄密者的政策；
- 对重大事项的认知价值。

上述规则、措施和政策的缺乏通常代表了全面的风险暴露。规则、措施、政策的质量好坏可以由一系列因素加以判断，例如：

- 现状（最近一次是什么时间，频率是多少）；
- 可理解性（是否具有可读性并且容易理解）；
- 明晰性（是否有多重涵义的倾向）；

- 可执行性（是否充分地实施了不相关联性）；
- 可行性（是否得到了实际应用）；
- 全面性（是否覆盖广泛且细节充分）；
- 一致性（他们是否不存在相互矛盾）；
- 法律的可持续性（他们是否经久有）。

绩 效

“价值审计”、“全面审计”、“3－E 审计”、“绩效审计”、“评价” 等都是同义词。在此类审计出现的情况下，往往很难精确地界定绩效。审计对象可以是管理制度和做法、管理层的业绩报告或业绩本身（勒克莱尔等，1996）。

这些类型的审计比财务审计缺少很多统一性。这些审计的规划阶段比审计人员惯用的常规审计包含更多不确定的多元因素。

在一个全面审计的计划阶段，审计途径必须得以选择：管理系统、管理业绩报告或业绩本身。该过程取决于所审计的政府组织，也可能受审计的政策领域或程序所影响。计划开始时应确定是否有需要认可的绩效。如果没有，将选择管理系统。如果绩效易识别并且能够被报告出来，则选择管理意见作为审计对象。有时，被认可的绩效，却不容易衡量，但从管理部门的常规报告中可以预期，例如，测量成本偏高。那么，应尽可能在审计时调查和测量其绩效的大小。绩效本身和它的计量工作也会被进一步审计和报告。

了解组织的关键在于执行一项全面的审计，否则，审计人员并不知道应该审查什么，并得出什么样的结论。如果没有这种技能，那么必须在充分计划审计之前具备。

审计范围必须界定，它可能是整个组织或一些部门或分支机构，或者可能是某些功能。与财务审计不同，对范围也没有明确的一般性要求。

根据审计对象，尤其是审计类型的不同，由审计人员提供保证的程度可能有所不同。因此，必须事先界定保证程度（“中等的”或“可以接受的”）。

在许多综合性的审计中，必须制定审计准则作为评估实际情况的标准。有时，必须与审计对象提前磋商审计准则，以防止在审计结束后对审计准则的合理性进行毫无结果的讨论。

另外一个关注点是在审计过程中确定审计结果的重要性。与担保程度一样，根据审计结果的重要性确定的措施将决定工作量的多少，审计意见的出具，以及关联报告的生成。

审计人员必须确定在预期的保证程度下，得出一个结论需要多少证据。审计人员必须计划如何并在何处收集证据。

审计结论的使用者

根据环境和立法的不同，审计结论的潜在使用者可能有所不同。本节将讨论三种类型的用户：立法机构、监管当局和一般公众。

政府审计结论的主要使用者是立法机构，由公民选举产生的代表组成。尽管有些利益相关者可能无法代表，立法机构仍然是地方政府所有利益相关者最理想的代表。利益相关者可能来自其他城市或是在其他地方定居的工作人员。尽管如此，在一般情况下，立法机构代表了利益相关者的大多数。在私营部门，审计报告，连同多种用途的财务报告，是针对一般的匿名利益相关者的。相比之下，向政府部门提供的财务报告主要是为了立法机关履行监督职能。

在政府部门中，地方政府经常受到上级政府的监督。这些监督机构可能是省、州或中央政府。监督的目标将至少是确保地方一级政府具有健全的财务管理制度，但在一些地区也包括某些决策或政策的制定和执行情况的监督。在此类监督中，地方政府的财务报告永远是必要的。

只有这样，财务报告和审计人员的报告才开始以一种方式把信息传递给其他具体利益相关者。在这一点上，政府部门的情况也类似于私营部门。

审 计 人 员

审计的作用可以用多种方式实现。在一些国家，最高审计机构享有在低层级政府审计中的授权。最高审计机构，往往是宪法机构，通常独立于政府。在联邦国家，地方政府机构往往扮演一个依次循环的中间角色，对更低一级政府行使权力。区域审计机关往往属于这种情况。在这种情况下，对下级政府的审计往往是宪法赋予这些区域性审计机构的职权。在权力统一下放的国家模式中，按照宪法规定，各地政府相对独立于上级政府。在这种模式下，根据一切工作更接近于全体选民的原则，这样的审计工作理应分配给各级政府。如果出于政策本身，审计应当考虑比地方政府管辖范围更大的地区，执行下一个更高的层级。这意味着对地方政府的审计，由地方组织执行。这可以利用当地的审计机关，而且还可指派私营机构的注册会计师审计。

有时候，在地方政府一级没有实行正式的审计，审计职能将被整合成监督关系，此种情况下，它将采取中上级政府部门检查的方式。

与私营部门审计一样，政府部门的审计人员，包括承担主要责任的审计师，执行审计人员，在审计工作中的所有其他工作人员。需要有一套引导对所有审计人员日常工作的价值准则和指导原则，由于文化、语言、民族、法律和社会制度、道德守则的差异，必须由每个国家自行制定。（最高审计机关国际组织1998）

道德标准大纲如下文所示：

■ 审计人员的行为应在任何时候、任何情况下，都是无可非议的，否则，审计人员的诚实性，审计工作的有效性和质量，审计机构的可靠性是值得质疑的。

■ 只有审计人员被视为诚实、可信和公正时，审计工作才可以进行。审计人员通过接受和运用体现完整性、独立性和客观性、保密性和胜任能力等概念的价值需求，来提升这方面的能力。

■ 诚信是遵守高标准行为的职责，在工作以及处理审计对象和审计对象的员工之间的关系时，不仅在形式上而且在审计精神和道德标准上，都要诚实、坦率、公平、合法行事。

■ 被审计单位和其他外部利益集团的独立性是必不可少的。审计人员的独立性，不应被个人利益所损害，不应被外界的压力或影响所损害，不应被偏见、最近的就业形势、财政参与等所损害。

■ 在处理所有议题和存在的问题时，客观性和公正性，特别是在报告时保持客观公正，是至关重要的。报告应准确和客观。审计意见和报告中的结论应完全基于所获得的证据，并根据审计标准收集，不应考虑被审计单位和其他各方的意见。

■ 无论从表面还是实际上都应保持独立性和公正性。

■ 特别是在政府部门工作的审计人员，在实际行为和思想意识上保持政治中立性非常关键。在政府部门工作的审计人员应与立法当局、行政部门或其他政府机构密切合作。参与政治活动可能导致个人冲突和困惑。

■ 审计人员应该认识到，当他们提供除独立审计以外的其他服务如提供管理意见时，利益冲突的风险会随之而来。他们应该拒绝礼品；他们不应与被审计单位的管理者或员工有往来，因为这些人员可能会影响或是威胁审计人员执法；他们应独立行事。

■ 审计人员应当保守职业秘密，除工作需要，不能披露在审计过程中获得的任何资料，也不应使用这一信息谋取个人利益。

■ 最后，审计人员必须称职，不能接受超出其能力的任务，并通过提升专业技能和继续教育保持竞争力。

被审计单位

被审计单位在不同国家中可能会有所不同。再次以民主制作为一个参照，最基本的议会在地方政府这一层级，包括公民选出的代表的立法机构，都将是监管当局。因此，最符合逻辑的审计对象是立法机构负责的那一级政府。这是地方政府的行政机构。政治高管们承担政府活动的最高职责，必须提交他们的财务报告和审计人员的审计报告。但有时从行政层级到政策的执行水平都存在巨大差异。如何处理行政机构的责任呢?

在许多国家，公共法律规定行政部门承担所有政府活动和行动的责任，而无视失败和错误往往都是由管理当局的政府一级所制造的事实。尽管这种状况不可避免，但是行政部门代表了政府活动、政府绩效、政府失败等等。这种模式下的行政部门的执行力被视为政府的顶级管理水平。

在其他国家，行政部门的官员应该对问责制采取行动得到了更明确的认可。在这些国家，公法为立法机关要求行政部门的官员答复在责任范围内的政府活动、政府绩效和政府的失败提供了可能。虽然在这种模式下的行政主管领导仍然被视为政府的最高管理水平，但在一些地区内，还是创建了行政责任制。

在一些国家，上述模式已经被用来明确区分作为政策制定者的政府（或事关市民利益的政府服务的“购买者”）和“生产”这些服务的代理机构。在这个模型中，作为政策制定者的政府的责任就是执行政策，而提供服务的代理机构的管理者应对所在的代理机构负责。

根据一国的有效模式，被审计单位可能是行政机关、政府官员，或两者兼而有之。

审计工作

审计工作要根据权威的审计标准执行。美国政府问责局出版的“黄皮书”中的一般公认政府审计准则，可作为参考之用。发布“审计准则”的最高审计机关国际组织的审计准则委员会等可能更具权威性（最高审计机关国际组织1992，1995年修订）。虽然没有专门适用于地方政府的标准，但对于中央政府和下级政府的审计标准区别不大。

最高审计机关国际组织的审计标准包括四个部分：

■ 基本原则；
■ 一般标准；
■ 现场标准；
■ 报告标准。

这四大部分被一部文件详细说明（最高审计机关国际组织 1992，1995 年修订）。这份文件的提纲列举如下（最高审计机关国际组织的报告标准是减少政府的具体问题，因此不包括在本节。作为审计工作的职能将在本章最后一节说明）：

基本原则

基本原则的重要性：

■ 遵守审计标准；
■ 在不适用审计准则情形下的专业判断；
■ 建立有效的工作问责制；
■ 充分的信息，控制，评价和报告制度；
■ 可接受的会计标准和具体的、可衡量的目标和业绩指标；
■ 对生成一份财务状况和会计成果方面的公正报告，运用通用会计标准的一致性；
■ 充分的内部控制制度；
■ 取得所有合法数据的完整方式；
■ 审计任务不受限制；
■ 持续采用改进的审计技术以保证审计措施的有效性。

一般标准

一般标准涉及审计人员使用的审计文件的质量和道德意义上的审计标准两个方面。与第一类政策和程序相关的要求是：

■ 招聘的审计人员具备适当的审计资格；
■ 发展和培训审计人员，使他们能够有效地执行任务，并以此作为审计和其他工作人员发展的基础；
■ 编写手册和其他书面指导性文件，指导有关审计工作的执行；
■ 在审计机构内部提供技能和经验的支持，在一项审计任务中，提供了一个良好的技能分配，并安排足够数量的审计人员，在适当的可接受的水平下，为实现审计目标应具备正确的计划和监督；
■ 审查审计人员内部标准和程序的有效和高效性。

道德准则包括如下方面：

■ 独立性；

■ 避免利益冲突；

■ 能力要求；

■ 对最高审计机关国际组织审计标准的遵守和关注，将意味着在计划、收集和评估证据、报告调查结果、得出审计结论和提出建议等各个环节都持有应有的谨慎。

现场标准

政府审计领域的现场标准要求如下：

■ 审计人员在计划阶段应确保以经济、高效、有效、及时的方式执行一个高质量的审计工作；

■ 审计人员在每个审计层次和审计阶段的工作都应有适当的监督，审计记录工作应由高级审计工作人员审查；

■ 审计人员在确定审计程度和审计范围时，应研究和评价内部控制的可靠性；

■ 审计人员，在执行常规审计时，应进行适用法律和法规的符合性测试，审计计划应提供发现对财务报表产生直接或间接重大影响舞弊、错误和非法行为的合理保证；

■ 开展绩效审计时，审计人员应作出遵守适用法律和法规情况的评价；审计计划，应对侦查出可能会严重影响审计目标的非法行为保证，审计人员也应对审计结果产生间接影响的一项非法行为暗示或交易提高警惕；

■ 审计人员在发现任何有可能对审计产生重大影响的违规行为、非法行为、欺诈或错误的迹象之后，应扩大审计范围，以证实或消除这种疑虑；

■ 就所审计的组织、计划、活动或职能，审计人员应获取充分的、相关的和合理的证据来支持审计人员的判断和结论；

■ 在常规性审计或在其他类型审计中，审计人员应分析财务报表，以确定财务报告及其披露的事项是否遵守了公认的会计准则，以按照那种标准获得合理的基准，来陈述财务说明。

审计报告

政府组织作为一个收入支出组织，实现明确的基础目标不是成功的标志。成功需要在每一个政策范畴展示，并以不同的方式来衡量。

因此，监督程序比私营公司复杂得多，对政府机构做一个详式审计报告是必不可少的。详式审计报告为审计人员提供了对各政策领域成果进行信息披露的机会。这可以促使立法机关将其监督职能扩大到执行行政机关政策的所有领域。

这并不意味着简式审计报告在政府审计中是无用的。相反，当详式审计报告可能由一系列对总体看法转达错误观点的证据组成时，简式审计报告就可以代表审计人员的综合判断。因此，审计人员的专业支持是非常有用的。

此外，财务报表也要提交给公众，如果没有必要被批准，且仅局限于一个整体的看法，简式审计报告就已经足够了。出于民主和透明的原因，而详式审计报告一般也将会公布。

虽然简式审计报告可以使用，但经验表明，使用者更期望一份全面的报告。因此，审计意见应明确包括合理的观点、常规事务，有时甚至是内部控制的质量情况。在监督程序的这些方面需要不同类型的意见。在某些情况下，需要审计人员对管理层的陈述保证发表意见，在另外一些情况下，审计人员仅对执行和管理系统发表意见。一个审计人员的简式审计报告，如果合并了太多不同的意见，报告只能混淆使用者的判断。

随着近年来私营部门和政府部门的财务报告的不断发展，与以往相比，管理职能逐渐超过了会计职能。很大一部分原因是由于对内控制度和相关法律和法规合规性的治理陈述和管理主张越来越普遍。审计人员及其报告的优势在于，如果这种管理主张是财务报告中例行和不可或缺的一部分，并且没有充分披露的账户或说明条文加以解释，根据内控审计、外部审计或绩效评估 253 号法律条文，将被视为账目的上缺陷，并一并出具有保留意见的审计报告。

本章参考文献

Bac, Aad D. 2005. "Perspectives of Harmonization in Government Accounting." In Mélanges en l'honneur du Professeur Jean - Claude Scheid, comptabilité, recherché comptable et profession comptable, ed. Evelyne Lande, 93 - 100. Paris: Conservatoire des Arts et des Métiers.

Center for International Accounting Development. 1987. Accounting and Auditing in the People's Republic of China: A Review of its Practices, System, Education and Developments. Richardson, TX: Center for International Accounting Development.

Gauthier, Stephen J. 2001. Governmental Accounting, Auditing, and Financial Reporting. Chicago: Government Finance Officers Association.

IFAC (International Federation of Accountants). 2004. "ISA 240: The Auditor's Responsibility to Consider Fraud in an Audit of Financial Statements." Effective December 15, 2004. IFAC, New York.

———. 2006. Handbook of International Public Sector Accounting Pronouncements. New York:

IFAC.

INTOSAI (International Organization of Supreme Audit Institutions) . 1992, amended 1995. "Auditing Standards. " Issued by the Auditing Standards Committee of the XIVth Congress of INTOSAI in 1992 in Washington, DC, and amended by the XVth Congress of INTOSAI 1995 in Cairo, Egypt.

———. 1998. "Code of Ethics and Auditing Standards. " Auditing Standards Committee, Stockholm.

Leclerc, Guy, W. D. Moynagh, J. - P. Boisclair, and H. R. Hanson. 1996. Accountability, Performance Reporting, Comprehensive Audit: An Integrated Perspective. Ottawa: Canadian Comprehensive Audit Foundation - FCVI Inc.

Royal NIVRA 1969/1970. " Controle van Overheidsrekeningen (The Audit of Governmental Financial Statements), Rapport van de Commissie Toepassing Beroepsregelen inzake enkele vraagstukken, welke bij de controle van overheidsrekeningen van belang zijn te achten (Report of the Committee Application Professional Standards regarding some topics deemed of interest when auditing governmental financial statements). " de Accountant 76 (2): 71 - 82.